民族文化研究叢書 130

한용운과 근대성

民族文化研究叢書 130

한용운과 근대성

김종인 지음

高麗大學校
民族文化研究院

이 책은 高麗大學校 民族文化硏究院이 새로운 民族文化의 暢達과 國學振興을 위하여 제정한 『芝薰國學硏究造成費』와 『民族文化硏究叢書刊行計劃』에 의하여 출판되었습니다.

책머리에

이 책을 기획한 지 무려 15년 만에 출간을 하게 되었다. 15년간의 세월에 비하면 책의 내용이 너무 부실하여, 출판 지원을 하고 그 동안 기다려준 고려대학교 민족문화연구원에게 미안한 마음이 있다.

출간의 지연과 내용의 부실함에 대한 변명을 하자면 저자의 연구 환경 변화 때문이라고 하고 싶다. 2006년에 "한용운과 근대성 - 불교문화사, 문학사, 사회사적 접근"이라는 주제로 민족문화연구원으로부터 지훈국학 연구비란 명목으로 소정의 지원금을 받았다. 당시 저자는 이 연구원 건물에 자리 잡은 고려대학교 BK21 사업단 소속 연구전임강사로 재직중이었는데, 연구전임강사들은 자신이 원하는 분야를 연구하면 되었고 저자는 한참 한용운에 대해 흥미를 가지고 있었기에 책을 쓰는 데 그다지 오랜 시일이 걸리지 않을 것이라고 생각했다. 그러나 이듬해에 BK21 사업단과의 계약 연장이 안 되어 떠나게 되면서 생계 문제 해결에 급급해하느라 연구를 중단하게 되었다. 그 후 부산대학교에서 인문한국(HK) [고전번역+비교문화학연구단]에서 비정규직인 HK 연구교수로 임용되었지만, 여기서는 연구단의 주제에 맞는 연구를 해야 했기 때문에 한용운에 대한 연구는 더 이상 진척시킬 수 없었다. 그러나 연구단의 주제에 맞추어 열심히 논문들을 쓰고 또 연구단에서 발행한 책에 모두 실었음에도 불구하고, 내가 쓴 논문들이 사업단의 연구 주제에 부응하지 않는다는 등의 황당한 평가를 심사위원들로부터 받아 연구단의 승격 임용 심사에 탈락하게 되어 부산대학교를 떠났다. 한국 학계의 고질병이라 할 수 있는 연줄 중심의 문화 때문에 그런 심사가 나온 것이라고 해석할 수밖에 없었다. 이후 2011년에 경희대학교 후마니타스 칼리지에 역시 비정규직으로 임용되어 일종의 강의전담 교수를 하게 되면서 최소한의 생계를 유지할 수는 있었으나, 연구 활동을 하기에는 더욱 어려운 환경에 놓이게 되었다. 그러면서 민족문화연구원과의 지훈국학연구비 계약 내용조차 한 동안 잊고 있었다. 그러던 중 2015년부터 민족문화연구원에서 주기적으로 계약 내용을 상기시켜 준 덕분에 틈틈이 한용운 관련 논문들을 써서 몇몇 학술지에 게재했다가 이번에 함께 묶으면서 수정과 재편집을 거듭하여 부실하게나마 이렇게 마무리하게 되었다.

한용운은 대중적으로 널리 알려진 인물이어서 그에 대한 수많은 연구들이 있지만, 대부분의 연구들이 중복적이거나 지엽말단적인 내용들을 다루고 있다. 그런 까닭에 한용운은 매우 피상적으로 알려져 있으며, 그가 어떤 인물인지, 특히 그가 가진 사상 체계가 어떠한 것인지 제대로 알려져 있지 않다.

한용운은 한국사회 일반에서는 주로 대중적 시인이요 민족지사요, 불교계에서는 불교개혁가로 알려져 있다. 그는 한국 근대사상사에서 매우 의미 있는 인물로 비중 있게 평가받아야 할 인물이다. 이해의 편의를 위해 도식적 논의 틀을 가지고 말하면, 한용운은 사회적 실천면에서는 문명개화론의 입장에 선 것처럼 보이지만, 사상적으로는 전통 철학인 불교의 철학체계를 근간으로 하면서 서양의 근대사상들을 수용하고 있다. 바로 이러한 사상적 특징과 태도 덕분에, 대부분의 근대초기의 문명개화론자들이 서구의 문화와 풍속만을 맹목적으로 추종하거나 일본제국주의의 지배를 합리화하게 된 것과 달리, 그는 가장 지조 있는 민족주의자로 남아 있었으며, 또 전통 사상가들이 맹목적 수구에 집착하여 후대에 사실상 아무런 실질적 영향을 주지 못한 것과 달리, 그는 지금까지도 사람들에게 영향을 미치고 있다. 그의 시는 여전히 일반 독자들에게 영감을 주고 있으며, 불교 개혁에 관한 그의 여러 글들은 불교인들에게 나침반 역할을 하고 있다. 이 책은 바로 이러한 그의 사상체계가 한국 근대사상사에서 어떤 위상과 의미를 지니는가를 최종적으로 보여줄 필요가 있는데, 여러 가지 한계로 인하여 거기에까지 이르지를 못해 아쉽다. 다만 애초에 개별 논문이었던 이 책의 각 장들은 그의 이러한 사상체계를 여러 각도에서 보여 주고 있다. 기회가 되면 어떤 형태로든 그의 사상체계를 한국 근대사상사에 위치지우는 작업을 해 보고 싶다.

특정 인물에 대한 연구에는 통상 생애 부분을 앞에 서술하는 것이 일반적이다. 하지만 그의 생애에 대해서는 이미 다수의 책들이 출판되었기에, 본서에서는 독자들에게 편의를 제공하는 차원에서 동국대학교 만해 마을 웹 사이트에 게재된 연보를 참고자료로 첨부하였다.

참고문헌은 두 부분으로 나누었다. 하나는 이 책에 실제로 인용된 문헌들이고, 다른 하나는 한용운 관련 연구자료 목록으로 한용운 연구에 관심이 있는 여러 사람들이 정리한 것이다. 목록은 한용운을 연구에 관심이 있는 이들의 편의를 생각하여 덧붙였다.

여러 가지로 부족한 점이 많지만 이 책이 한용운에 대한 이해를 깊게 하고, 근현대 한국사상사에서 그의 위상을 조명하는데 기여할 수 있기를 바라마지 않는다.

차례

제Ⅳ장 한용운 선(禪) 사상의 근대성

제Ⅴ장 만해의 근대성 수용과 '님'

제Ⅵ장 한용운의 한시(漢詩)

제Ⅶ장 한용운의 정치사상

제Ⅷ장 한용운의 승가교육 개혁론

제 I 장

한용운 연구에 대한 평가

1. 서론

한용운에 대해서는 많은 연구가 있다. 한국에서의 특정 인물에 대한 연구 가운데서 한용운만큼 많은 연구가 이루어진 경우도 드물 것이다. 한용운에 대한 가장 최근의 종합적 연구서[1]를 낸 김광식에 따르면 석사·박사 학위논문, 논문, 평전 및 일대기를 포함한 단행본 등 1000여 건에 달하는 한용운에 대한 연구물이 있다고 한다.

한용운에 대한 연구를 평가하려면 1000여 건의 연구물들을 다 살펴보고서 한용운 연구가 어떻게, 어디까지 이루어졌는가를 말하는 것이 바람직한 태도일 것이다. 하지만 그것은 많은 시간과 노력이 필요한 일이다. 여기서는 그런 바람직한 태도를 취하는 대신에 이러한 많은 연구들 가운데서 단행본으로 출판된 연구물들만을 살펴보고 한용운 연구에 대한 평가를 내릴 것이다. 한용운 연구의 전체적 윤곽을 파악해 보려는 것이다.

한용운에 대해서 이처럼 많은 연구가 이루어진 것은 그가 다음 세 가지 방면에서 뚜렷한 흔적을 남겼기 때문이다. 우선 그는 지사적 독립운동가로서 민족 독립 운동에 선명한 자취를 남겼다. 또한 그는 많은 문학작품을 남기지는 않았지만 한 권의 시집으로 당대의 어떤 문학가보다 큰 영향

1) 김광식, 『한용운 연구』, 동국대학교출판부, 2011.8.

을 남겼다. 뿐만 아니라 일반인들에게는 잘 알려지지 않았지만 불교개혁가로서의 한용운의 영향력은 지금까지도 실로 불교계에 막대한 영향력을 미치고 있다. 한용운에 대한 종합적 연구를 한다면 그것은 이 세 가지 측면에 대한 연구가 연구의 주요 구성을 이루게 될 것이다.

2. 『韓龍雲全集』의 출간과 문학 방면에서의 연구

한용운에 대한 본격적인 연구는 1973년에 신구문화사에서 출간된 『韓龍雲全集』의 출간과 함께 이루어지게 된다. 전집의 출간은 한용운을 존경했던 조지훈의 주도로 이루어졌는데, 당시 편집 실무를 담당했던 인물 중 하나인 박노준의 회고에 따르면 이 전집은 58년에 편집 작업이 시작되어 59년 2월에 편집이 완료되었으나, 어찌된 일인지 인쇄는 1973년이 되어서야 이루어졌다. 또 실제 편집을 주도하고 지휘했던 조지훈과 실무를 맡았던 박노준, 인권환, 임종국 등은 편집위원에 이름이 오르지도 않았다.[2)]

그런데 한용운에 대한 최초의 종합적 연구는 『韓龍雲全集』을 편집할 당시 편집 실무 작업을 담당했던 박노준과 인권환이 1960년에 공동으로 출간한 『萬海韓龍雲硏究』(통문관, 1960)다. 전집의 편집이 이루어지고도 출판이 미루어지다 보니 편집 실무를 맡았던 이들이 연구서를 먼저 내게 된 것이다. 총 5편으로 이루어진 이 책은 총론격인 '제1편 생애, 사상, 학문'과 삽화격인 '제5편 일화를 통해 본 인간 만해'를 제외하면 세 편의 본론으로 이루어져 있는데, '제2편 불교에 관한 연구', '제3편 문학에 관

2) 이러한 사실은 '『韓龍雲全集』과 고대문학회'라는 제목으로 박노준이 『고대교우회보』 426호 (2006.01.10.)에 밝히고 있다.

한 연구', '제4편 독립투쟁에 관한 연구'가 그 세 편의 본론이다. 한용운의 세 가지 활동 방면에 맞추어 편을 나눈 것이라고 할 수 있다.

이 책은 한용운의 전체적인 면모를 다룬 최초의 책으로서 큰 의미를 가지고 있지만, 학문적 완성도가 높은 책은 아니다. 특히 제1편이 가장 아쉽다. 박노준과 인권환은 한용운을 직접 만난 적은 없지만, 당시 고려대학교 국어국문학과 학생인 이들이 『韓龍雲全集』을 편집하도록 지도한 조지훈과 당시 대부분 생존해 있던 한용운의 지인들과 직접 만나서 한용운에 관한 이야기들을 들었다. 그런 만큼 한용운의 생애에 대해서도 많이 알 수 있었을 것처럼 보이지만 생애 부분은 매우 간략한 연대기 수준에 머물고 있다. 한용운의 연대기는 지금도 확증하기 어려운 부분이 있는데, 한용운의 지인들을 직접 만날 수 있었던 이 두 사람의 연구서에서 생애 부분이 간략하게만 기술된 것은 매우 아쉬운 점이다. 또, 예를 들면 한용운이 동학에 적극 가담했다고 서술하는 등 지금은 허위로 판명된 사실들을 주저 없이 싣고 있는 것으로 보아, 객관적인 고증 작업 없이 기술한 것으로 보인다.[3] 박노준과 인권한은 한용운의 사상을 왕도주의, 민족주의, 혁신주의, 계몽주의로 정의하고 있다. 한용운이 민족주의자, 혁신주의자, 계몽주의자라는 것은 잘 알려진 바이다. 그러나 한용운의 사상을 왕도주의로 정의하는 것은 생뚱맞다. 패도주의에 대비되는 의미에서 왕도주의라고 본인들은 정의하고 있지만, 적절한 규정인 것 같지는 않다.

'제2편 불교에 관한 연구'에서는 『조선불교유신론』을 비롯한 한용운의 불교 관련 논설 내용들을 불교사회사상적 관점에서 여덟 분야로 나누어 개설하고 있다. 이는 근래에 많은 연구가 이루어지고 있는 한용운의 불교

---

3) 한용운의 제자들을 포함한 지인들로부터 들은 바를 그대로 신뢰했던 것으로 보이는데 당시로서는 그럴 수밖에 없었을 것이다. 또 당시는 연구 환경 자체도 객관적인 고증을 하기 어려웠을 상황이었을 것이다.

개혁사상에 관한 분야인데, 비판적 분석보다는 핵심 내용을 정리하여 소개하는 데에 중심을 두고 있다.

'제3편 문학에 관한 연구'에서는 한용운이 근대 문학사에서 선구자적 위치에 있다는 점과 『님의 침묵』의 '님'이 불교의 공(空)사상과 자연관조사상에 기초하고 있음을 말하고 있다. 그리고 한용운의 문학사적 위치를 한국문학의 문학형식의 발전이라는 측면에서 고찰하여, 한용운의 시형식이 육당의 신체시로부터 주요한의 신시로 연결하는 교량 역할을 담당한 것으로 평가하고 있다.[4] 그리고 한용운의 소설에 대해서는 계몽소설로 평가하고 있다.

'제4편 독립투쟁에 관한 연구'에서는 〈3.1 독립선언문〉에 한용운이 첨가한 것으로 알려지기도 한 '공약3장'과 한용운이 옥중에서 작성한 〈3.1 독립선언이유서〉에 나타난 민족정신과 불교사상을 다루고 있다. 3.1운동에서 한용운의 역할과 신간회 활동 등도 다루고 있으나 한용운의 독립운동 자체에 대한 연구라기보다는 이 두 글에 대한 사상적 분석이 주된 내용을 이루고 있다.

박노준과 인권한의 『萬海韓龍雲研究』는 냉정하게 평가하면 본격적인 연구서라기보다는 그들이 편집 실무를 한 『韓龍雲全集』의 해제에 가깝다고 평가할 수 있다.

『韓龍雲全集』 이후 첫 연구서로 송욱의 『전편 해설 한용운시집 '님의 침묵'』(과학사, 1974)이 출판되었다. 한용운에 대한 연구는 크게 세 방면에서 이루어질 수 있는데, 그 중에서도 압도적으로 많은 연구가 이루어진 것이 그의 문학 활동 방면이다. 사실 한용운은 당대 문인들과 어울려 문단 활동을 하지도 않았을 뿐 아니라 작품도 그렇게 많이 남기지 않았다.

4) 박노준, 인권환, 『萬海韓龍雲研究』, 통문관, 1960, p.280.

그의 문학작품들로는 『님의 침묵』에 실린 시들과 그 외의 몇 편의 시, 그리고 『님의 침묵』 두 배 분량의 한시(漢詩), 또 몇 편의 소설들이 있다. 이 가운데 소설은 생계 방편이 주요한 동기가 되어 저술된 것으로 문학성을 결여하고 있으며, 긍정적으로 평가한다면 박노준과 인권환이 평가한 것처럼 일종의 계몽소설들이라 할 수 있다. 한시는 꽤 수준 있는 것으로 평가되기도 하지만 이 역시 문학사적으로 중요한 의의를 가진 것이라고 평가하기는 어렵다. 한문을 배운 전통 시대의 지식인[5]이라면 누구나 쓰곤 한 정도의 한시들이다. 선시(禪詩)라는 관점에서 그의 한시를 평가할 수는 있겠지만 본격적인 문학 활동의 일환으로 보기는 어렵다.[6] 결국 만해의 본격적인 문학 활동의 결과는 시집 『님의 침묵』 한 권이라고 해도 과언이 아니다. 실제로 한용운의 문학에 대한 연구 역시 95% 이상이 이 『님의 침묵』에 관한 것이다. 그는 이 시집 한 권으로 한국문학사에 불멸의 위치를 차지하게 되었다.

송욱은 『님의 침묵』에 있는 시 전체에 대한 해설을 하였는데, 『님의 침묵』을 증도가(證道歌) 즉, 한용운의 선적 깨달음의 표현으로 해설하고 있다. 송욱에 따르면 한용운은 『님의 침묵』을 통하여 "선의 세계를 처음으로 인간화하고 역사화함으로써, 동시에 그것을 현대화하고 보편화하는데 성공"하였다고 평하였다. 송욱은 해설 형식면에서는 전통적인 고전 주해방식을 취하면서, 모든 시에 행 번호를 붙인 다음, 개별 시를 번호에 따라 행별로 풀이하고 있다. 송욱의 이 해설서는 『님의 침묵』에 대한 최초

---

5) 만해는 근대적 지식인이지만 과거를 준비할 정도로 풍부한 한문 지식을 갖춘 전통 시대의 지식인에서 출발했다.

6) 이 책의 'VI. 한용운의 한시(漢詩)'에서 기술하고 있듯이 그의 한시는 한국문학사적 의의는 크지 않지만, 강인한 투사로만 이해되는 한용운과는 다른 그의 내면 세계를 보여주고 있는 만큼, 한용운에 대한 연구에서는 매우 중요하다.

의 전편 해설이고 또 시들에 대한 교정 작업도 하고 있지만, 해설 내용은 지나치게 도식적이다. 그는 시를 해설하면서 거의 모든 시의 모든 행을 空, 존재, 無, 자비, 깨달음, 無心, *妙有* 같은 불교 용어로 환원시켜 버렸다. 시에서는 산문에서와 달리 모든 언어가 압축적이고 또 그런 만큼 추상인 성격을 띠게 되는 만큼, 이해를 돕기 위해서는 이 추상적 언어들을 구체적인 어휘들로 해석해 줄 필요가 있는데, 송욱의 시 해설은 『님의 침묵』의 시들보다 더 추상적이다. 그리고 해설 내용들도 매우 반복적이다.

송욱의 『님의 침묵』 전편 해설은 이 시집의 시 전체를 일관된 체계 하에서 해설했다는 점에서 의미가 있지만, 그 일관성은 해설의 도식성과 내용의 반복으로 귀결되면서 『님의 침묵』 이해에 큰 도움을 주지는 못하였다. 송욱이 이처럼 도식적이고 내용 반복적 시 해설에 머물 수밖에 없었던 것은 그의 학문적 배경과 관계가 있어 보인다. 그는 원래 영문학을 전공한 시인이자 평론가로서 불교에 대한 체계적 학습을 한 적이 없었다. 다만 불교철학에 관한 상식 수준의 단편적인 지식을 가지고, 한용운이 선사이므로 그의 『님의 침묵』 역시 그러한 선사상의 표현일 것이라는 가정 하에서 『님의 침묵』을 해석하려다 보니 그 해설이 빈약하고 반복적일 수밖에 없었을 것으로 보인다.

김재홍의 『한용운 문학 연구』(일지사, 1982)는 한용운에 대한 첫 본격적인 연구서이다. 1973년에 『한용운전집』이 출간된 이래 한용운에 대한 연구가 활성화되었는데, 김재홍의 『한용운 문학 연구』는 그 결과를 수렴하고 있다. 김재홍은 그간의 한용운 연구를 역사주의 비평 방법, 형식주의 비평 방법, 사회문화사적 비평 방법, 비교문학적 방법, 신화비평에서의 접근, 불교적 연구, 문학사적 연구로 분류하여 평가하고 있다. 이렇게 그간의 한용운 연구들을 정리한 다음 그는 자신의 연구의 특징을 그간의 "비본질적 접근방법"을 지양한 "문학 작품 자체에 즉한 구조적 법칙과 체계"의 분석이라고 규정한다. 또한 자신의 연구가 『님의 침묵』에 집중된 그간 한용운 연구의 범위를 한시, 시조로 확대하였다고 자평하고 있는데, 연구의 실제 내용은 『님의 침묵』에 관한 분석이 절대적인 분량을 차지하고 있다.

『한용운 문학 연구』는 또 문학사적 맥락에서도 한용운을 평가하기 위해, "외래 시와의 영향관계", "전통 시와의 접맥", "당대 시와의 상관성"이라는 세 측면에서 고찰한 다음 한용운의 문학은 "타골로 대표되는 외래시의 영향을 소신 있게 받아들이며 이것을 충분히 소화하고 극복"하였으며, "향가를 비롯한 여요(麗謠), 조선조의 한시, 시조, 가사 등 전통시의 정신과 방법을 바탕으로 하면서도 외래시의 구성 방법이나 스타일상의 장점을 충분히 수용하여 창조적이면서도 독자적인 시세계를 확립"하였다고 평가한다.[7)]

김재홍은 한용운의 작품을 한시, 시조, 소설로 나누고, 또 『님의 침묵』은 별도로 분석하고 있다. "구조적 법칙과 체계"에 관심을 기울여 시의 각 행의 구조, 연의 구성, 시 전체의 구조를 분석하고 있으며, 또 『님의 침묵』에 수없이 나타나는 역설의 구조에 대해서도 분석하고 있다.

이상섭의 『님의 침묵의 어휘와 그 활용 구조』(탐구당, 1984)는 『님의 침묵』 용례 색인이다. 『님의 침묵』에 나오는 거의 대부분의 어휘들이 각 시들에서 어떠한 용례로 사용되는지를 낱낱이 기록하고 있다. 『님의 침묵』에 대한 연구가 그만큼 활성화되고 나름 정밀한 연구를 하고 있다는 것을 보여주는 상징적인 예이다.[8)]

---

7) 김재홍, 『한용운 문학 연구』, 일지사, 1982, p.260.

8) 『님의 침묵』에 대해서는 수많은 연구 논문들이 있고, 또 어떤 것들은 매우 정밀한 분석을 하고 있지만, 솔직히 말하면 분석을 통해 도출해 낸 내용들 대부분은 실망스럽다. 이들 연구들은 마치 소의 건강 상태나 섭식 환경을 알기 위해 소똥을 자세히 분석하는 것이 아니라,

윤재근의 『만해 시 『님의 침묵』 연구』(민족문화사, 1985)는 송욱의 해설에 대한 반작용처럼 느껴진다. 윤재근 역시 학부에서는 영문학을 공부하였다. 그러나 대학원에서는 미학과 국문학을 전공하여 송욱과는 학문적 배경을 다소 달리한다. 서문과 'I. 시전편의 주해' '1. 논지'에 나오는 윤재근의 다음과 같은 말은 송욱의 해설을 염두에 둔 것으로 보인다.

> 만해 시 그 자체가 말하고 있는 세계를 어떠한 선입견 없이 찾아보려고 했을 뿐이다.

> 만해 시가 현대시로서 고전이 되는 것은 무엇보다도 그 서정주의에 있다고 본다. 미적 대상으로서의 시는 지식의 대상도 아니며 어떤 관념이나 사상을 전달하는 매체가 아니다.

이러한 해석은 송욱의 도식적이고 관념적인 해석에 대한 전면적인 부정으로 보인다. 송욱은 『님의 침묵』이 사랑을 노래했다고 하면서도 그것을 불교사상 또는 선사상의 표현으로 보았는데, 윤재근은 그러한 해석은 '선입견'에서 비롯된 것이라고 보는 것이다. 그는 "엄청난 선입견을 송욱은 만해시 연구에 남긴 것"[9]이라고 결론내리고 있다. "송욱의 『전편해설』은 만해시의 해석에서 결정론적 접근으로 시의 미적표현을 무시하고 선사 만해의 불교사상을 전달하는 매체로 만해 시를 전락시키고 있다."[10]

윤재근 역시 『님의 침묵』 전체를 주해하는데, 그는 매우 독특한 독법을 제시하고 이 독법을 각각의 시에 적용하여 하나하나 주해한다. 윤재근

단지 소에 대한 이야기 거리를 만들기 위해 소똥의 색이나 모양 등을 세밀화 그리듯이 묘사하는 것처럼 보인다.

9) 윤재근, 『만해 시 『님의 침묵』 연구』, 민족문화사, 1985, p.169.

10) 윤재근, 위의 책, p.170.

의 독법은 일종의 극단적 구조주의적 독법이다. 그는 『님의 침묵』 전체가 하나의 연작시로서 전체적인 구조를 가지고 있어서 시와 시 사이에 연관 관계가 존재한다고 본다. 그는 『님의 침묵』이 총 7개 부분(이별의 이해, 사랑의 이해, 사랑의 판단, 님의 이해, 만남의 예지, 사랑의 행위, 만남의 실현)으로 이루어졌다고 본다. 말하자면 기승전결식의 구조를 가지고 있다는 것이다. 그리고 개별 시 내에도 이러한 구조가 존재한다고 보았다. 따라서 『님의 침묵』을 해석하기 위해서는 개별 시어들의 의미를 탐색할 것이 아니라 행과 행, 시와 시 사이의 구조적 연관을 밝혀내야 한다고 주장한다. "시를 구조하고 있는 언어는 의미전달의 매개체가 아니라 의미생성의 질료인 까닭이다."[11] 즉 질료인 어휘는 동일하더라도 그것이 어떠한 시적 구조 속에 있느냐에 따라서 다른 의미가 된다는 말이다. 그러므로 이 시적 구조를 밝히는 것이 시 해석의 핵심이 된다. 윤재근 역시 『님의 침묵』 시 전체에 일일이 각주 번호를 붙여 주석을 달지만 그의 주석에는 송욱이 사용한 불교적 개념들을 전혀 찾아 볼 수 없다. 불교적 개념들은 물론이고 시어들이 무엇을 의미하는지, 각 행과 시 전체가 무엇을 말하고 있는지를 밝히지도 않는다. 수많은 주석들은 단지 시어와 행들이 서로서로 어떻게 연관되어 작동하는지를 말하고 있다.

윤재근의 구조주의적 접근을 통한 만해 연구는 또 하나의 관념론적 만해 해석이다. 윤재근은 송욱의 만해 해석이 『님의 침묵』을 불교사상을 전달하는 매체로 전락시켰다고 했지만, 윤재근 자신은 『님의 침묵』을 구조주의 사상을 전달하는 매체로 전락시켰다. 송욱이 몇 개의 불교 용어로 『님의 침묵』 전체를 도식화했다면, 윤재근은 송욱이 사용한 용어보다 훨씬 더 적은 숫자의 동일한 용어로 『님의 침묵』 전체를 도식화했다. 윤재근

11) 윤재근, 앞의 책, p.19.

의 『님의 침묵』 전편 해설을 통해서 우리가 알 수 있는 것은 시는 구조를 가지고 있다는 것뿐이다. 물론 그 구조 역시 윤재근이 생각하는 구조다.

윤재근은 자신의 이러한 접근이 『님의 침묵』에 대한 타율적인 도식적 해석을 막고 시 자체가 의미를 생성하게 한다고 하지만, 그것은 새로운 발견은 아니다. 인간의 언어는 구조를 가지고 있으며, 그 언어 구조는 인간의 사유구조를 반영하고 있다. 산문을 쓰건 시를 쓰건 거기에 사유구조가 들어 있고, 어휘와 어휘, 행과 행, 단락과 단락 혹은 연과 연, 글의 전반부와 중간부, 그리고 후반부가 서로 연관성을 가지고 있는 것은 너무나 당연한 사실이다. 특히 『님의 침묵』의 시들은 통일된 주제를 가지고 매우 짧은 시기에 집중적으로 쓴 시들로 묶여 있기 때문에 시들 상호간에 의미적 연관이 발견되는 것은 자연스러운 것이며, 또 넓은 의미에서 연작시라고 할 수 있다. 그러나 그 연관은 정형화되지 않는 비규칙적인 것이다. 이러한 사실은 『님의 침묵』 전체를 읽어보면 이내 알 수 있다. 그러나 윤재근은 시들 사이의, 또 시 내부의 어휘 사이의 연관이이라는 당연한 사실, 따라서 굳이 강조하지 않아도 될 사실이 『님의 침묵』 전체에도 파악된다는 것을 반복적으로 끝없이 되풀이하여 보여주고 있다. 뿐만 아니라 그가 보여주는 연관성은 때로 너무 자의적인 것으로 보인다.

이전의 『님의 침묵』 해석들이 만해의 승려이자 독립투사로서의 신분과 행적을 염두에 둔 선입관에 크게 영향 받았으며, 그러한 선입견에서 벗어나 시 자체가 말을 하게 해 보아야 한다는 것은 타당한 말이다. 그러나 그러한 사실을 증명하기 위해 『님의 침묵』 전체에 대한 주해를 하면서 아무런 의미 해석 없이 동일하게 반복되는 시 속의 행과 행이, 그리고 시와 시 사이가 어떻게 구조적으로 연결되어 있는가 하는 것만을 되풀이해서 설명한다는 것은 그다지 생산적이지 못한 것 같다. 그리고 이것 역시 시가 자기 의미를 스스로 드러내게 하기보다는 강제적으로 주입된 틀을 통하여 드러나게 하는 것으로 보인다.

김영호는 1985년에 일리노이대 학위 논문인 *Philosophies, Themes and Symbols in the Poetry of Walt Whitman and Han Yong Un*을 수정 보완하여 번역한 『한용운과 위트먼의 문학사상』(도서출판 사사연, 1988)을 내었다. 위트먼과 한용운은 약 1세기 가까이 시대적 차이가 나며, 서로 전혀 무관한 사람이지만 두 사람이 동질의 초절주의를 바탕으로 하고 있으며, "한 개인과 이성간의 정신적 사랑과 육체적 사랑을 동일하게 보고 종교적 정신적 사랑과 세속적 사랑을 동등하게 받아들였다"고 평가한다. 그리고 "사랑은 개인의 자아완성뿐 아니라 개인과 사회, 국민과 국가를 하나의 유기적인 동체로 만드는 가장 역동적이고 지고한 힘으로서 그들의 삶과 철학 예술의 구심적 형질이다"고 평가하고 있다.

한용운과 위트만의 역사적, 지역적 무관성 때문에 김영호의 이러한 비교 연구 자체가 필요한 이유를 특별히 찾기는 쉽지 않아 보인다.[12] 그러나 이 비교 연구 과정에서 김영호가 만해의 『님의 침묵』을 사랑의 시, 특히 '성애'의 표현으로 본 것은 의미가 있다. 『님의 침묵』을 선입관 없이 있는 그대로 본다면 그 속에 성애가 깔려 있다는 사실은 쉽게 발견할 수 있다. 오히려 그것을 발견하지 못하는 것이 이상할 정도다. 그럼에도 불구하고 민족지사로서의 한용운이 가지고 있는 역사적 위치와 선사로서의 한용운이 가지고 있는 종교적 상징성, 그리고 당시까지 한국 사회에 영향력을 미치고 있는 유교 문화로 인해 한용운의 작품을 성애의 표현으로 보는 것은 쉬운 일이 아니었다. 김영호의 비교 연구는 미국에서 이루어진 덕분에 그러한 선입견 없이 한용운을 바라볼 수 있었던 것으로 보인다.

---

12) 김영호 역시 이 점을 의식하고 두 사람이 간접적으로 영향을 받았을 수 있다고 설명하지만 (p.21), 그다지 의미 있는 설명으로 보이지 않는다.

한계전의 『한용운의 『님의 침묵』, 기타 자유시 및 시조』(서울대학교, 1996)는 『님의 침묵』을 비롯한 한용운의 시 작품들 전체에 각주를 붙이고 있는데 각주 자체는 양적으로 매우 빈약하다. 해설보다는 완전한 원전 구성에 뜻을 두었다고 저자는 말하고 있다. 어쨌거나 한용운의 개별 시 작품 하나하나에 구체적인 연구가 되어 가고 있음을 보여준다.

최동호의 『한용운-사랑과 혁명의 아우라』(건국대학교, 2000)는 『세계 작가 탐구』 시리즈의 하나로 나온 책이다. 한용운을 연구하게 된 데 대한 저자의 개인적 감회를 서술한 '1. 한용운과의 만남'과 한용운의 간단한 전기에 해당하는 '2. 한용운의 삶과 사회활동'을 제외하면 약 150쪽에 해당하는 작은 책이다. 『님의 침묵』을 주된 연구대상으로 삼아 한용운의 문학적 특성과 문학사적 의미에 대해 서술하고 있다. 저자는 "시는 시 자체로서 읽혀져야 한다"는 것을 한용운 시 해석의 기본 태도로 하고 있다. 한용운의 시를 불교 사상이나 독립 운동가로서의 인간적 업적과 같은 외적 조건을 통해서 접근하는 것을 피하겠다는 것이다.[13] 송욱 식의 『님의 침묵』 연구 태도에서 벗어나야 한다는 윤재근의 지적과 동일한 맥락이다. 그러나 아무런 틀도 없이 시를 분석하고 그 의미를 독자에게 이해시킬 수는 없다. 그러면 최동호는 어떤 틀을 쓰는가? 이 점에서 최동호는 다소간 자기모순적이다. 그 또한 시 해석에 한용운의 삶을 끌어들이고, 불교 사상을 끌어들인다. "3.1운동 후 3년여의 감옥 생활을 마치고 나온 한용운에게 다가온 것은 무엇이었을까? … 그리하여 '조선 민족의 님은 조선의 독립이다'라고 선언하고 싶었을 것이다."[14] "한용운의 삶이 그러했던 것처럼 『님의 침묵』을 지배하는 시적 사상의 중심에는 『유마경』의 대승

13) 최동호, 『한용운-사랑과 혁명의 아우라』, 건국대학교, 2000, p.51

14) 최동호, 위의 책, p.75.

적 사상이 바탕이 되어 있다고 말하지 않을 수 없다."[15]

김인환의 『한용운의 『님의 침묵』을 읽는다』(열림원, 2003)는 매우 얇은 책이지만, 『님의 침묵』에 나타난 한용운의 사상적 특징을 상당히 종합적이면서도 선입견 없이 드러내고 있다. 김인환은 김영호와 마찬가지로 『님의 침묵』의 주제인 사랑을 도덕적 윤식 없이 해석한다. "한용운의 시에 나타난 사랑을 우리는 한 남자와 한 여자의 사랑으로 읽어도 무방하다. 한용운은 신체의 사랑을 부정하지 않았다. 육체성이 해탈의 근거가 된다."[16] 그리고 관능적 호소력과 초월적 의미와 형이상학적 사유가 중첩되어 있다는 것을 『님의 침묵』의 특색으로 파악한다.[17]

김종인의 『날카로운 첫 키스의 추억, 만해 한용운의 『님의 침묵』 평설』(나남출판, 2008.5.)은 송욱의 『전편 해설 한용운시집 『님의 침묵』』 이후 처음으로 나온 『님의 침묵』 전체에 대한 해설집이다. 이 책은 송욱의 『님의 침묵』 해설이 가지고 있는 이념적 도식에 기초한 작품 해석의 한계들을 극복하고 있다. 김종인은 『님의 침묵』의 근저에 일관되게 불교적 사유가 깔려 있다는 것을 말하면서도 시들을 불교적 도식으로 해석하는 것을 경계하고 『님의 침묵』을 기본적으로 사랑의 노래로 보았다. 그리고 그 사랑이란 부처의 중생에 대한 사랑이 아니라 이영호와 김인환과 마찬가지로 에로스적 사랑으로 보았다. 김종인은 『님의 침묵』이 사람들에게 깊은 감응을 불러일으킨 이유를 인간의 가장 보편적인 열망이자 시적 주제인 에로스를 노래한 것이란 데서 찾았다.

김종인의 『님의 침묵』 해설의 가장 큰 특징은 『님의 침묵』 속에 내재된 근대적 자아관의 발견이다. 『님의 침묵』에는 에로스가 불교적 초월과 대

---

15) 최동호, 앞의 책, p.83.

16) 김인환, 『한용운의 『님의 침묵』을 읽는다』, 열림원, 2003, p.14.

17) 김인환, 위의 책, p.31.

승적 환원의 논리와 결합되어 있는데, 이렇게 될 수 있었던 것은 그가 에로스를 통해서 근대적 자아를 표현하려 했기 때문이라는 것이 김종인의 『님의 침묵』 해설의 기본 틀이다.

무엇보다도 김종인의 한용운 연구의 기여는 『님의 침묵』 각 시들의 의미를 구체적으로 해석하였다는 것이다. 『님의 침묵』은 가장 애송되는 시집 가운데 하나이고, 또 한용운 연구의 대부분이 『님의 침묵』에 관한 것임에도 불구하고, 『님의 침묵』은 연구자를 포함한 많은 이들에게 매우 난해하게 여겨졌다. 『님의 침묵』의 시들은 그 뛰어난 문학적 감흥에도 불구하고 지조 높은 민족지사이자 잘 알려진 선승이라는 그의 존재감에 가려져 대부분의 연구자들은 『님의 침묵』의 시들을 한용운이 민족 지사이자 선승이라는 사실을 재확인하는 증거물로 제시하는 데 그쳤다. 시의 전체적인 시상을 드러내는 시도는 없고, 시적 표현의 중의성을 함축한 어휘나 행보다는 그 의미가 선명한 어휘나 행을 논문에 인용하는 경우가 많았었다. 『날카로운 첫 키스의 추억, 만해 한용운의 『님의 침묵』 평설』은 『님의 침묵』에 실린 88편의 시를 모두 구체적으로 해설하고 있다.

김광원의 『『님의 침묵』과 선의 세계』(새문사, 2008)는 『님의 침묵』을 『십현담주해(十玄談註解)』와 연관시켜 해설하고 있다. 만해는 1925년 6월에 『십현담주해』를 탈고하고 불과 두 달 후인 같은 해 8월에 『님의 침묵』을 완성한 만큼 두 저술 속에 담긴 저자의 사상에는 별 차이가 없을 것이라고 짐작할 수 있다. 그런데 김광원은 『님의 침묵』의 시 각각에 『십현담주해』의 한 구절씩을 대응시켜 양자가 마치 하나의 세트인 양 해석하고 있다. 김광원은 『님의 침묵』을 전적으로 『십현담주해』에 근거해서 해설하는 것은 아니어서 해설 전체가 기괴한 것은 아니지만, 양자를 일대일로 대응시켜 놓은 구체적 내용을 보면 동의하기가 매우 어렵다.

김용직의 『님의 침묵 총체적 분석 연구』(서정시학, 2010.6) 역시 『님의 침묵』에 대한 해설서로서 88편의 시 전체에 대해 해설하고 있다. 전통적인 고전 주석서의 형식을 취하면서 각 시의 행 하나하나에 대해 그 의미를 분석하고 있다. 이러한 주석 달기 식 해석 방법은 동양의 고전 시 해석에서 널리 사용된 방법이고, 송욱이 『님의 침묵』 해설에서 사용한 방법이다. 이러한 방법은 시의 의미 해석을 엄밀하고 상세하게 할 수 있다. 그 결과 김용직의 이 책은 500쪽이 넘는 상당한 분량으로 구성되어 있다. 결국 시 한 편을 해석하는 데 다섯 쪽 이상의 지면을 할애하고 있는 셈이다. 송욱보다도 훨씬 더 자세하게 해설하려고 했다는 것을 알 수 있다.

그러나 김용직의 『님의 침묵』 분석은 해석 내용 면에서도 송욱의 분석과 유사하다. 『님의 침묵』에는 불교적 인생관과는 무관한 단순 애정시가 있다고[18] 하면서도 사실상 불교사상에 입각한 형이상학적 시로 해석하고 있다. 이 책의 전 페이지에 걸쳐서 '見性' '諸行無常' '人生無常' '無常轉變' '會者定離' 등등 수많은 불교 용어가 등장하고, 불교 경전의 구절들도 등장한다. 김용직의 『님의 침묵 총체적 분석 연구』는 송욱의 『전편 해설 한용운시집 『님의 침묵』의 증보판처럼 보인다.

윤석성의 『『님의 침묵』연구』(지식과교양, 2011)는 책의 끝에 『님의 침묵』에 대한 평설도 덧붙여져 있지만 분량이 많지 않아 일반적 연구서로 보아도 된다. 이 책의 가장 큰 특징은 『님의 침묵』에 대한 이중적 접근이다. 하나는 일반 문예 이론적 접근이고 또 하나는 불교사상적 접근이다. 윤석성은 총 다섯 부로 구성된 이 책의 제1부와 제5부에서 한국문학계에서 전형적으로 볼 수 있는 문예론적 접근을 하고 있고, 제2부, 제3부, 그리고 제4부에서 불교사상적 접근을 하고 있다. 한용운은 승려시인이었던 까닭에 『님의 침묵』에 대해서 그간 한편으로는 불교사상적 접근이 이루

18) 김용직, 『님의 침묵 총체적 분석 연구』, 서정시학, 2010.6, p.24.

어지고, 또 한편에서는 일반 문예적 접근이 이루어져 왔는데, 이상하게도 이 두 접근을 동시에 한 연구를 찾기가 쉽지 않다. 윤석성은 『님의 침묵』 연구의 이러한 한계를 극복하려 한 점에서 의의가 있다. 또 그다지 설득력이 있어 보이지는 않지만 『님의 침묵』을 불교사상 중에서도 아미타불 신앙과 관음신앙에 연결시킨 점에서도 독특하다. 기존의 불교사상적 연구는 대부분 선적인 깨달음이나 불교 일반론에 기초한 것들이었다.

정효구(충북대)의 『한용운의 님의 침묵 전편 다시 읽기』(푸른사상, 2013) 역시 『님의 침묵』에 나오는 시 전체에 대해 해설을 붙이고 있다. 저자는 『님의 침묵』에 대해 숭배적 태도를 취한다. "『님의 침묵』은 수행서이자 교화서이고, 지혜서이자 시경(詩經)의 성격을 지니는 책으로서…" 정효구에 따르면 『님의 침묵』은 "자아감각 내지 자아의식의 연장선상에서" 이루어진 것이 아니라,[19] "불교의 보살행의 최고단계로서 보살이 인연 따라 무한의 화신으로 나타나"[20] 중생을 교화하기 위해 쓴 것이다. 그러므로 『님의 침묵』을 세속적인 연시로 읽는다는 것은 있을 수 없는 일이며, 근대시 독법으로 읽어서도 안 되며, 종교시와 연애시의 공존으로 봐서도 안 된다는 것이 정효구의 입장이다.[21] 『님의 침묵』은 "空, 中道, 無有定法, 眞如法性의 활동, 대승적 사랑과 자비행 등"으로 이해되어야 한다. 정효구의 이러한 해석은 결국 송욱, 김용직의 『님의 침묵』 해석의 연장선 속에 있는 것으로 볼 수 있다. 때문에 정효구 역시 너무나도 당연하게도 '인연', '斷見과 常見', '業識', '渴愛', '魔障', '정토', '五欲樂', '廓撤大悟' 등의 불교 용어를 수없이 동원하며 『님의 침묵』의 시들을 해설하고 있다. 그러면 정효구는 왜 송욱과 김용직의 『님의 침묵』 해설이 있음에도

19) 정효구, 『한용운의 님의 침묵 전편 다시 읽기』, 푸른사상, 2013, p.26.

20) 정효구, 위의 책, p.28.

21) 정효구, 위의 책, p.31.

불구하고 다시 같은 입장에서 자신의 해설을 내 놓았는가? 그것은 그들의 "『님의 침묵』 읽기가 본질과 핵심에 다가가 있지 못하다는 판단 때문이다."[22] 왜 그런가? 정효구에 따르면 그것은 불교의 진리로 중생교화를 위해 지어진 『님의 침묵』을 해설하기 위해서는 "불교적 지식과 불심의 수행력, 시적 지식과 시심의 간절함이 두루 갖추어졌을 때에만 온전한 읽기"가 가능한데[23] 앞의 두 사람은 그렇지 못했기 때문이다. 정효구의 이러한 태도는 논란의 소지가 크다. '불심의 수행력'과 '시심'이란 말은 주관적인 것이어서 이를 시 해설 능력의 객관적 기준으로 삼는 것은 불합리한 것이기 때문이다.

3. 전기적 연구

한용운에 대한 많은 연구 논문들이 있지만, 단행본은 이처럼 그렇게 많지 않고 그나마 대부분 문학 방면에서의 연구이다. 이에 비해 한용운에 대한 전기는 비교적 많이 출판되었다. 근대 인물 중에서 한용운처럼 많은 전기를 낳은 사람도 드물 것이다. 한용운에 대한 전기가 이렇게 많이 출간될 수 있었던 가장 기본적 이유를 민족지도자로서, 또 시인으로서 한국사회에 끼친 영향력에서 찾을 수도 있겠지만 다른 데서 찾을 수도 있다. 그는 존경받아 마땅한 한 시대의 영웅적 인물일 뿐 아니라 대중적 스타성을 가진 인물이었다. 그의 독특한 성품은 많은 일화를 남겼으며, 이러한 일화는 전기에 극적 재미를 더해 주기에 충분했다. 그의 전기는 그러기에 그에 대한 전문적 연구를 하는 사람들뿐 아니라 일반 대중에게도 팔릴

22) 정효구, 앞의 책, p.75.

23) 정효구, 앞의 책, p.75.

만한 책이 될 수 있었다. 이것이 그에 관한 다수의 전기가 나오게 된 실질적인 배경인지도 모른다.

한용운 전기 출판의 본격적 시작은 임중빈의 『한용운 일대기』(정음사, 1974.7.)이다. 임중빈은 『한용운 일대기』 외에도 『윤봉길 의사 일대기』, 『도산 안창호』, 『단재 신채호』, 『불굴 선비혼 김창숙』 등을 저술했다. 모두 식민지시대 민족운동 지도자들의 전기를 쓴 것이다. 임중빈의 한용운 전기는 전형적인 위인전이다. 그는 민족의 지도자로서 한 점 흠결도 없는 존재로 한용운을 묘사했다. 만해는 "참된 인간상의 본보기"이며, "피맺힌 믿음의 사람으로 정기(精氣)이며 화신"이며, "고아한 그 인경의 향기"를 지닌 인물이다. 임중빈은 1973년에 출간된 『韓龍雲 全集』을 기본 자료로 하고, 당대까지 살아 있던 한용운의 지인들을 통해 들은 이야기를 토대로 이 전기를 쓴 것으로 보인다. 문고판으로 200쪽이 조금 넘는 이 책은 한용운의 삶 전체를 보여주기는 하나, 한용운을 지나치게 영웅화하였을 뿐 아니라, 활용된 자료에 대한 비판적 고증도 이루어지지 않아 연구의 참고자료로 활용하기에는 그다지 적합하지 않은 책이다.

고은의 『한용운 평전』(민음사, 1975.9) 역시 비판적 고증에 기초한 전기는 아니다. 객관적 연구 자료로 쓰기에는 임중빈의 『한용운 일대기』만큼이나 한계를 가지고 있다. 심지어 고은의 이 책은 전기라기보다는 전기소설에 가깝다. 고은이 상상력을 발휘하여 허구적으로 사건을 재구성한 곳이 한두 군데가 아니다. 그러한 허구적 재구성은 사실을 왜곡하기 위해서라기보다는 읽는 재미를 더하기 위한 것이며, 좀 더 긍정적으로 본다면 한용운의 인물됨을 보다 생생히 이해할 수 있도록 하기 위한 극적 구성이기도 하다. 고은은 한용운을 지극히 세속적인 인물로 그려낸다. 한 점 흠결도 없는 민족의 고매한 지도자가 아니라, 인격적 결함투성이의 인간이다. 고은에 따르면 한용운은 바로 이 인격적 결함 때문에 위대해진 인물이다. 자기밖에 모르고, 안하무인이며, 최남선에 대한 콤플렉스로 가득 찬 아집덩어리의 인간이 한용운이다. 그가 민족운동을 하고, 불교운동을 한 것은 민족과 불교를 위해서가 아니라 순전히 자신의 존재감을 확인하기 위해서이다. 그가 문인이 된 것은 최남선을 극복하기 위해서다.[24)]

김광식의 『첫 키스로 만해를 만난다』(도서출판 장승, 2004)는 사료에 충실한 전기다. 임중빈과 고은의 만해 전기는 객관적 자료를 찾아내고 사실을 규명하는 작업보다는, 만해에 대해 저자들 스스로가 가지고 있는 인식적 틀을 가지고 그 틀에 맞는 사실들을 들추어내거나 과장하고, 또 주관적으로 해석하는 측면이 강했다. 또한 다분히 문학적 흥미 위주로 기술된 측면도 있다. 반면에 김광식의 이 책은 전기로서는 다소 선정적인 책 제목과는 달리 객관적 사실 탐구에 충실한 책이다. 그리고 저자 스스로 서문에서 밝히고 있듯이 위대한 영웅적 인물로서의 만해가 아니라 있는 그대로의 만해를 그리고 있다.

김삼웅의 『만해 한용운 평전』(시대의 창, 2006)은 고은 식의 만해 해석에 대한 반론이다. 고은이 문제 제기한 기존 한용운 신화를 구성하고 있는 것들 가운데서 실증적으로 오류가 확인된 것은 받아들이되, 이기적이고 괴팍한 인간으로의 해석은 부정하고 있다.

김광식의 『우리가 만난 한용운』(참글세상, 2010)은 만해와 주변 인물들, 예를 들면 만공, 박한영, 김경봉, 이춘성, 효당, 강석주, 김법린, 조지훈, 김관호 등에 대한 소개와 이들과의 관계 속에서의 만해의 행적, 이들의

---

24) 저자 고은의 삶의 궤적은 한용운의 궤적과 닮아 있다. 고은 역시 출가했다가 환속하였으며, 정치와 문학을 넘나든 사람이다. 그런 점에서 고은의 한용운 묘사는 자신의 삶의 투영일 수도 있다. 그런 점에서 한용운의 내면을 이해하는 데 도움이 될 수도 있을 것이다. 그러나 한용운의 모든 활동을 개인적 욕망의 표출로 해석하는 것은 실제로는 고은 자신의 인간 이해 방식을 드러낸 것이 아닌지 모르겠다.

시각에서의 만해를 묘사하고 있다. 또 만해의 각종 일화들을 모아서 인간 만해를 엿보게 하고 있다. 기존의 만해 전기에 대한 일종의 보조 자료인 셈이다.

고재석의 『한용운과 그의 시대』(역락, 2010)는 한용운의 전기에다가 시대적 상황을 상세히 부연한 책이다. 역사적 인물에 대한 전기를 쓰면 시대 상황을 함께 기술하는 것은 당연한 일이다. 특히나 한용운처럼 민족독립투쟁과 종교개혁을 추진한 사람의 전기를 서술하면서 시대적 상황을 기술하는 것은 너무나 당연한 일이다. 그러나 고재석의 『한용운과 그의 시대』는 전기에서 일반적으로 볼 수 있는 그런 정도의 시대 상황에 대한 서술이 아니다. 고재석은 한용운과 관련된 역사적 상황에 대한 일반적 설명은 물론이거니와 관련 사건들과 인물들에 대해 고증적 연구를 더하고 있다. 한용운의 삶에 대한 이해뿐만 아니라 한용운의 삶에 대한 학술적 연구를 할 수 있는 기초자료로 활용하기에도 매우 좋은 책이다. 그간의 여러 한용운 전기와 달리 유일하게 학술적 연구서로 기술된 책이다.

4. 종합적 연구의 필요성

한용운에 대한 연구물들은 수없이 많다. 다양한 방면에서 연구가 이루어졌다. 그러나 문학방면에서의 연구와 전기적 연구를 제외하면 한용운에 대한 종합적 연구는 이루어지지 않고 있다. 한용운은 개별 논문들을 통해 여러 각도로 조명되었지만, 한용운에 대한 종합적 연구를 수행하여 정리한 저술은 아직 김광식의 『한용운 연구』(동국대출판부, 2011)밖에 없다. 이 책 역시 저자의 여러 논문을 모은 책이다. 때문에 전체적인 체계를 가진 책은 아니다. 그럼에도 불구하고 이 책은 나름의 의미가 있다. 무엇보다도 문학 외적인 면에서 한용운을 연구한 책이라는 점이다.

김광식의 『한용운 연구』는 3부로 구성되어 있다. '제1부 한용운 불교, 과거·현재·미래'에서는 『조선불교유신론』을 중심으로 한 한용운의 불교 개혁사상과 그 속의 근대성을 다루고 있고, '제2부 한용운 민족의식의 다면성'에서는 3.1 운동을 중심으로 한 그의 민족주의 사상이 주로 다루어지고 있다. '제3부 한용운의 후계자들'에서는 한용운의 아들 한보국과 제자 김용담의 전기적 기록으로만 되어 있는데, 한용운의 사상이 총체적으로 어떻게 후대에 영향을 미쳤는가를 다루었으면 하는 생각이 들게 한다.

한용운에 대한 연구는 대부분 『님의 침묵』을 중심으로 한 문학 방면에서 이루어졌다. 이렇게 된 이유는 『님의 침묵』이 차지하는 문학사적 비중 탓도 있지만, 그보다는 한국학계에 국문학 연구자가 많다는 것이 주 이유다. 그러나 『님의 침묵』이 차지하는 비중은 한용운의 삶에서 절대적 비중을 차지하는 것은 아니다. 『님의 침묵』은 연작시에 가까운 형태로 매우 짧은 기간(불과 몇 개월)에 이루어졌으며, 한용운 자신이 이 시집을 바탕으로 사회적 활동을 한 것도 아니다. 뿐만 아니라 계속해서 시집을 낸 것도 아니다. 또 그의 시는 꾸준히 대중들의 사랑을 받지만 그의 문학적 성과의 영향력이 후대 시인들이나 문학가들에게 이어진 것도 아니다.

한용운이 일생에 걸쳐서 가장 많은 정력을 쏟아 부은 분야는 문학도 아니며, 독립운동도 아니다. 『님의 침묵』을 제외하면 단편적인 시들이 몇 편 있을 따름이며, 소설도 썼으나 문학성 있는 작품들은 아니다. 한시를 쓰기는 했으나 그것은 선승들이 흔히 쓰는 선시(禪詩)들이다. 그는 분명 가장 지조 있던 민족지사임이 분명하지만, 구체적인 전략 전술을 가지고 일제에 대항한 독립운동가는 아니다.

한용운이 가장 정력을 쏟아 부은 분야는 불교의 개혁이다. 그가 독립운동을 하게 된 것도 불교의 개혁을 추구하는 과정에서 불교계의 친일문제를 인식하면서부터다. 한용운이 불교 개혁 분야에 가장 많은 정력을 쏟아 부었다는 것은 그의 저술에서도 나타난다. 그는 불교개혁에 관한 많은 글들을 썼으며, 그의 『조선불교유신론』은 당시 한국 불교계에 엄청난 영향을 미쳤으며, 그 영향은 지금까지 지속되고 있다. 지금도 한국불교의 개혁 필요성을 논하면 여전히 그의 불교개혁 사상이 언급된다.

한용운에 대한 종합적 연구가 이루어지지 않은 주된 이유 가운데 하나는 오늘날의 개별 연구자들이 한용운의 공부와 활동 영역을 모두 다루기 어렵기 때문이다. 한용운은 불교교학을 공부한데다가, 사회사상에도 나름 식견을 가졌을 뿐 아니라, 문학적 천재성을 가진 종합적 지식인이었다. 그간 그를 연구하고 책을 낸 이들 누구도 이 세 방면 두루 연구할 충분한 지적 다양성을 가지고 있지 못하였다. 문학적 소양을 가진 이들은 불교교리를 모르고, 불교학자들은 문학적 소양을 가진 이들이 없었다. 불교교리, 문학적 소양뿐만 아니라 사회사상에 대한 지식까지 갖춘 누군가가 전면적인 각도에서 한용운을 들여다보고 이를 그려낸다면, 한용운을 좀 더 잘 이해할 수 있을 것이다.

제Ⅱ장
만해와 간디: 근대와 반현대

1. 서론

만해는 한국 독립운동의 상징적인 인물이고 간디는 인도 독립운동의 상징적인 인물이다. 한복 두루마리를 입은 만해의 동상을 보고 인도의 전통 복장을 하고서 지팡이를 짚고 있는 간디의 사진을 보면 두 사람은 서로 닮아 보인다. 그러나 두 사람의 내면과 지향점을 살펴보면 두 사람은 근본적으로 다른 사람이라는 것을 이내 확인하게 된다. 그리고 이 차이는 두 사람이 각기 그 독립을 위해 헌신한 두 나라의 현재의 모습을 예측하는 것처럼 보이기도 한다. 독립 이후 한국과 인도는 매우 상반된 길을 갔다. 한국은 전통적 가치와 문화를 부정하면서 급속히 근대화의 방향으로 나아간 반면에, 인도는 고유의 전통을 간직한 채 느릿느릿 움직이고 있다. 오늘날 한국과 인도의 모습이 이렇게 다른 것은 두 사람 때문은 아니다. 그러나 두 사람이 추구한 가치와 삶의 모습을 닮았는데, 그것이 어쩌면 두 사람이 모두 자신들의 국민으로부터 사랑받은 이유일 것이다.

2. 종교적 진리 실천으로서의 민족독립운동

만해는 한국 독립운동의 상징적인 인물이긴 하나 한국의 독립을 위한 그의 노력은 인도의 독립을 위해 노력한 간디의 그것에 비할 정도는 아니라고 할 수도 있다. 인도 건국의 아버지라고 불리는 간디는 인도의 독립을 위한 수많은 정치 투쟁을 한 반면에 한국의 독립을 위한 만해의 활동은 3.1운동에 참가한 것과 신간회에의 잠시 참여 외에는 그다지 눈에 띄는 구체적인 활동이 없다. 만해는 독립운동가로서보다는 시인으로 더 많이 알려진 인물이다. 그러나 시인 만해는 그의 문학적 천재성 때문에 널리 알려진 것일 뿐 그는 직업적 시인은 아니다. 그는 생에 대부분을 승려로서 살면서 불교개혁운동을 위해 헌신했으며, 죽는 순간까지 민족독립운동의 염원을 품고 있었다. 그리고 그는 시를 통해서 그러한 염원을 표현하였다. 뿐만 아니라 그가 독립운동가로서의 활동이 그렇게 두드러지지 않은 것 역시 그 자신의 실천 의지가 부족해서가 아니라 일제하의 한국의 정치 환경 때문이다. 상업적 동기가 지배적인 동기였다고 할 수 있었던 영국의 인도 식민통치는 인도인들에게 상당한 정치적 자유를 보장하였으며, 그 결과 간디는 영국인들이 영국 내에서 누리는 정치적 자유의 정도까지는 아니더라도 상당한 정치적 자유를 누리며 활동할 수 있었다. 이와 달리 한국의 완전한 병합을 추구한 일본의 한국 통치는 3.1 운동 이후의 이른바 '문화통치' 기간을 제외하면 철저한 강압통치로서 일체의 정치적 자율을 허용하지 않았다. 그 결과 한국 내에서는 비합법적인 무장투쟁만이 가능한 상황이었으며, 그것을 할 수 있는 것은 직업적 혁명가들뿐이었다. 승려인 만해가 할 수 있는 것은 지조를 지키면서 일제에 협조하지 않는 것이었는데, 이 점에서 만해는 일관된 삶을 살았으며, 그가 민족독립운동의 상징적인 존재로 평가받는 이유이기도 하다. 만해는 국내에서 일제에 끝까지 타협하지 않은 몇 안 되는 민족지도자 중 한 명이다.

만해가 간디에 비교될 수 있는 것은 그가 대표적인 민족독립 운동가이기 때문만이 아니다. 우리가 두 사람을 함께 떠올릴 수 있는 주된 이유는 두 사람이 모두 정치적인 투쟁만 한 독립운동가가 아니라 종교사상가였다는 공통점 때문이다. 만해는 10대 후반에 출가한 이래 생애 대부분을 승려로서 살았으며, 50세가 너머 다시 결혼하였으나 결혼한 후에도 여전히 불교인으로서 살았다. 간디는 정치운동의 지도자였지만 정치와 종교를 혼동하였다는 비판을 받을 정도로 그의 정치운동은 철저히 종교적 신념에 바탕하고 있다. 뿐만 아니라 두 사람의 종교 사상에는 상호 친연성이 있다. 만해가 진리로 여긴 불교는 인도의 종교사상 전통에서 기원하고 있으며, 간디의 종교사상은 주로 힌두교에 기초하고 있지만 불교도 아우르고 있다.

만해와 간디는 거의 비슷한 시기에 태어났으며 비슷한 환경에서 자랐다. 만해는 1879년 하급 양반 가문에서 태어났고, 간디는 만해보다 10년 일찍 인도의 한 지방 정부의 고위관리의 아들로 태어났다. 둘은 모두 중산층 출신이라고 할 수 있다. 두 사람은 모두 전통 문화의 세례를 풍부히 받았다는 점에서도 닮았다. 만해는 6세부터 향리의 서당에서 한학을 수학하였으며, 10대 후반에 출가하여 불교 수행자가 되었다. 간디는 어머니를 통해서 자이나 교의 영향을 깊이 받았다. 그리고 두 사람 모두 전통적인 삶의 방식에 따라 어린 나이에 결혼했다. 만해는 14세에 향리의 연상의 처녀와 결혼하였으며, 간디 또한 13세에 자신보다 한 살 많은 처녀와 결혼하였다. 두 사람의 문화적 환경의 유사성은 두 사람이 근대 문명의 세례를 받는 과정에서도 이어진다. 만해는 1903년에 25세의 나이에 세계일주를 위한 시베리아 여행에 나선다. 이 여행은 블라디보스톡에서의 사고로 실패하고 이듬해 귀국하는 것으로 끝을 맺지만, 만해가 얼마나 서구로부터 오는 근대 문명에 대한 관심이 컸던가를 말해준다. 이후 만해는 다시 근대 문명을 배우기 위해 30세에 일본으로 시찰을 간다. 한편 간디는 1888년 18세의 나이에 근대문명의 중심지인 영국 런던으로 유학을 떠난다. 그가 유학을 떠난 이유는 법학원에 들어가서 변호사 자격을 얻기 위한 것이었는데, 어쨌거나 그는 당대 세계 최첨단의 근대문명의 세례를 받게 된 것이다. 해외로 나가게 된 동기에는 차이가 있으나 두 사람은 모두 청년기에 당시 식민지 국민들로서는 경험하기 쉽지 않은 식민지 본국의 근대 문명을 경험하였다.

두 사람의 시대적 환경을 이야기하는데 빼놓을 수 없는 것이 식민지의 경험과 제국주의에 대한 저항이다. 조선이 일본에 병합된 것은 1910년이며 당시 만해의 나이는 32세인데, 이때부터 만해는 민족주의자가 되어 반일 투쟁을 하게 된다. 그 이전까지는 만해의 주된 관심은 근대 문명에 관한 것이었으며, 일본에 대한 거부감은 뚜렷하지 않았다. 한일합방 2년 전인 1908년에는 심지어 일본을 통해 근대 문물을 배우기 위해 일본으로 시찰 겸 유학을 가기까지 했다. 뿐만 아니라 1909년에는 일제가 한일합방을 준비하기 위해 1905년에 설치한 통감부에 한국불교를 근대화시키기 위한 개혁안인 '건백서(建白書)'를 제출하기까지 했다. 이때까지만 해도 만해는 아무런 정치적 감각이 없었던 것이다. 그러나 1910년 일본의 한국 병합은 만해를 정치적으로 각성시켰다. 만해의 정치적 각성은 1911년 원종의 조동종 맹약에 반대하는 임제종 운동을 주도하는 것에서부터 드러난다. 당시 일부 한국의 승려들이 일본 불교의 힘을 빌려 한국불교를 근대화하겠다는 생각에서 원종이라는 종단을 세우고 이를 일본의 조동종 휘하에 두기 위한 연합맹약을 체결하였는데, 만해는 이에 반대하여 승려대회를 열어 이를 규탄하고 한국불교의 독자적 종단인 임제종을 창립하였다. 그리고 이때부터 죽을 때까지 만해는 변함없이 일제에 저항했다.

영국의 인도 지배는 1600년 동인도회사 설립에서부터 시작되어 점차적으로 진행되다가 1858년 무굴제국의 멸망으로 완성되었다. 간디는 1869년에 영국 식민지의 국민으로 태어났다. 간디는 식민지 인도를 대영

제국으로부터 독립시키는 투쟁을 이끌어 건국의 아버지로 추앙받게 되지만, 어릴 적부터 민족주의적 정신을 가졌거나 독립운동에 관심을 기울였던 것은 아니다. 간디는 24살 때인 1893년에 남아프리카에서 더반으로 기차여행을 가던 중 백인이 아니라는 이유로 1등석에서 쫓겨나는 인종차별을 겪기 전까지는 민족의식을 가지지 못했다. 그는 어머니의 영향으로 일찍부터 종교적 심성을 가지고 있기는 하였으나, 변호사가 되기 위해 런던으로 유학을 가고, 그곳에서 한때는 사치스런 생활을 꿈꾸는 것에서도 알 수 있듯이 더반의 경험이 있기 전까지는 식민지의 소시민적 삶을 살고 있었다. 그러나 남아프리카에서의 경험 이후에는 인도인의 권리와 인도의 독립을 위한 쉼 없는 투쟁을 했다.

이처럼 만해와 간디는 서로 비슷한 환경에서 태어나서 비슷한 경험을 하면서 각기 자신들의 조국의 독립을 위한 투쟁에 나섰다. 그러나 두 인물을 서로 비교할 만한 까닭은 두 사람을 둘러싼 이러한 환경의 유사성보다는 두 사람 모두 종교적 실천가로서 독립운동에 헌신했다는 사실에 있다. 만해는 불교 승려로서 살았으며, 간디는 인도 힌두교를 비롯한 인도의 종교 전통에 기초한 종교적 삶을 살았다. 만해는 한국 불교의 독립성 쟁취를 위한 투쟁에서 시작하여 민족운동가가 되었으며, 간디에게서 정치 투쟁은 곧 종교적 진리의 실천이었다.

두 사람의 종교적 진리의 실천과 관련하여 우리가 특히 살펴보아야 할 것은 두 사람의 종교에 관한 열린 태도다. 두 사람은 종교적 실천 행위로서 정치에 관여하면서도 결코 자신의 종교를 대변하기 위하여 정치를 한 것은 아니다. 이것이 두 사람을 다른 수많은 근대 민족독립 투쟁 과정에서의 일반적인 종교 지도자들과 구분시켜 주는 특징이며, 또 두 사람이 전민족적 사랑을 받을 수 있었던 이유라고 할 수 있다. 근대의 혁명이나 정치 과정에 종교인들이 관여한 경우가 드문 것은 아니다. 그러나 그러한 관여의 대부분은 한 개인이 자신의 종교적 진리의 실천으로서가 아니라 자신의 종교를 대변하기 위해서였다.

간디는 힌두교로부터 가장 많은 영향을 받았다고 할 수 있다. 그러나 그는 자신을 힌두교도로 정의하지 않는다. 그의 종교적 사상은 힌두교뿐 아니라 자이나교와 불교 등 인도의 종교 전통 일반으로부터 영향을 받았다. 그는 또 인도의 다른 종교적 전통과는 뿌리를 달리하는 이슬람도 수용하였다. 그는 기독교의 유일신사상을 받아들이지는 않았지만, 산상수훈을 높이 평가하였다. 그는 자신의 종교에 대해서 다음과 같이 말한다. "내가 다른 모든 종교보다 더 높이 평가하는 종교는 힌두교가 아니라 그것을 초월하는 종교다. 그것은 사람의 본성 자체를 바꾸는 종교며, 우리를 내면적 진리에 꽉 붙들어 두고 늘 정력하게 만드는 종교다. 그것은 사람의 본성 내부에 있는 불변의 요소로서…"[1] 그는 힌두교도나 이슬람교도, 혹은 불교도가 아니라 종교가였다.

만해는 불교 승려였으며, 평생 선수행자로서 살았지만 그의 불교관은 매우 개방적인 것이었다. 만해는 불교를 칸트, 베이컨, 데카르트 등 근대의 여러 철학과 소통될 수 있는 일종의 철학으로 이해하였으며,[2] 완결된 가르침이 아니라 변화발전 가능한 실천지침으로 이해한다. 그는 문명이 점차 향상되면 종교와 철학 역시 점차 높은 차원(次元)으로 발전하게 될 것이며, 종교요 철학인 불교는 이러한 미래의 도덕·문명의 원료품(原料品) 구실을 착실하게 할 것이라고 했다.[3]

---

1) 간디, 「성직자도 아니고 정치가도 아니다(Neither a Saint Nor a Politician)」, 『영 인디아(Young India)』(1920.5.12.), 허우성 옮김, 『간디의 진리 실험 이야기』, 도서출판 풀빛, 2007, pp.32-33.

2) 『韓龍雲全集』 2, 新舊文化社, 1973, p.42.

3) 『韓龍雲全集』 2, p.43.

오늘날에는 불교를 철학적인 가르침으로 이해하는 태도가 매우 보편화되어 있고 또 그런 이유로 불교에 관심과 호의를 가진 사람들도 많지만, 만해 이전까지의 불교는 전통 시대의 다른 종교 교리들과 마찬가지로 자기완결성을 가진 특정 교리에 기초한 종교였다. 그러나 만해는 불교를 종교이자 동시에 철학으로 보면서, 이것을 자기완결성을 가진 교리가 아니라 이를 도덕과 문명이라는 더 큰 체계 속의 일부로 보고 있다. 간디에게서 힌두교가 특정한 종교를 초월하는 종교에 속하듯이 만해의 불교 역시 특정한 종교와 철학을 넘어서는 도덕과 문명의 일부인 것이다.

3. 근대 문명에 대한 만해의 수용과 간디의 비판

두 사람은 이처럼 매우 비슷한 토대 위에서 출발하여 각기 조선과 인도의 독립을 추구하였다. 그러나 두 사람이 그리고 있는 독립된 조선과 인도의 모습은 전혀 달랐는데, 그것은 근대 문명에 대한 두 사람의 서로 다른 이해에서 시작된다.[4] 우리에게 가장 잘 알려진 간디의 이미지는 아무런 장식도 없는 방에서 물레를 옆에 놓고 윗옷을 벗은 채 책을 읽고 있는 모습이다. 물레는 영국의 방적공장에서 대량 생산되어 나온 천을 배척하고 인도의 전통적인 방식으로 천을 짜서 옷을 해 입기 위한 도구다. 물레는 인도의 전통 직물 산업을 붕괴시킨 영국 자본에 대한 저항일 뿐 아니라 근대 문명에 대한 저항의 상징이다. 간디는 철저한 현대문명[5] 반

4) 근대문명에 대한 이 두 사람의 상반된 태도에 대해서는 허우성의 선행 연구가 있다. 「간디와 만해: '위정척사(衛正斥邪)'와 동도서기(東道西器)」, 『만해학연구』 창간호, 만해학술원, 2005, pp.132-160.

5) '현대(現代)'란 말은 영어의 modern에 해당하는 말인데 우리 학계에서는 흔히 '근대(近代)'라는 말로 지칭된다. 그런데 문자적 의미를 따지면 '근대(近代)'라는 말은 시대 구분상 '현대

대론자였다. 만해는 전통 종교인 불교 승려였던 탓에 근대문명에는 별로 관심이 없었을 것처럼 보인다. 대중들에게 각인된 만해의 이미지는 한국의 전통 의상인 두루마리를 걸치고 있는 모습이다. 하지만 만해는 매우 급진적인 근대주의자였다. 그는 양복을 입고 찍은 사진도 남기고 있는데, 그가 만약 승려가 아니었다면 주로 두루마리가 아니라 양복을 입고 다녔을 것이다.

간디는 현대문명에 대해 매우 비판적이다. 그는 반현대주의자다. 그는 스스로 자신이 "현대문명에 대한 확고한 반대자"라고 규정하였다.[6] 그의 이러한 반현대주의는 1909년에 쓴 『힌두 스와라즈』에 집약되어 있다. 그가 보는 현대문명은 '스스로 파멸하고 말' '사탄의 문명'이며, 현대는 '암흑의 시대'다. 현대문명이 이처럼 저주스런 까닭은 오로지 '육신의 복리' 만을 추구하면서 '도덕이나 종교'에 전혀 주목하지 않은 반종교적 문명이기 때문이다. 그 결과 현대문명은 광기에 사로잡힌 자들이 수많은 생명을 앗아갈 수 있게 하였고, 부자를 위하여 수많은 노동자들이 열악한 노동조건 하에서 생명을 무릅쓰고 일하지 않으면 안 되게 만들었다. 현대문명은 육신의 안락을 증진시키려 했지만 불행하게도 그것조차 실패한 문명이다.[7]

(現代)' 이전의 단계에 해당하는 시기이다. 말하자면 '근대'란 말은 바로 전근대와 현대(現代) 사이의 상대적으로 짧은 시기를 가리키는 용어이며, 따라서 '근대'는 '오늘날' 혹은 지금 우리가 살고 있는 '시공간'을 가리키기에 적합한 말이 아니다. 한국사의 특수한 정치적 및 역사학적 사정상 우리는 근대와 현대를 구분하고 있지만, 이를 떠나서는 근대와 현대를 구분하지 않는다. 일반적으로 modern과 post-modern의 구분이 시도되고 있을 뿐이다. 필자 역시 한용운 연구와 관련하여 '근대'라는 말보다는 '현대'라는 말을 사용하고 싶지만, 한국 학계의 관습을 무시할 수 없어 '근대'라는 말을 사용하고 있다. 그런데 허우성은 간디의 글을 번역하면서 '근대'라는 말 대신 '현대'라는 말을 사용하고 있어서, 그의 번역문을 인용하는 사정상 불가피하게 여기서 '근대'와 '현대'를 섞어 쓰게 되었다.

6) 간디, 「힌두 스와라즈」, 라가반 이예르 엮음, 허우성 옮김, 『마하뜨마 간디의 도덕·정치사상』 권1, 소명출판, 2008, p.402.

7) 위의 책, pp.286-288.

문명을 판단하는 간디의 기준은 명확하다. 그는 종교와 도덕의 기준으로 문명을 평가한다. 종교의 기준에서 보면 현대문명은 당연히 부정적일 수밖에 없다. 현대문명은 내세의 구원을 약속받기 위해서는 현세의 세속적 욕망을 버려야 한다고 주장하는 중세 기독교 사상을 부정하고 육신을 가진 인간의 관능적 욕구와 부의 축적을 정당시하는 르네상스적 휴머니즘과 자본주의 정신에 바탕을 두고 있다.

현대의 철학 사상은 더 이상 삶의 궁극과 종교적 이상을 일치시키지 않는다. 인간은 육체적 존재며, 육체와 별도로 정신의 세계가 있다는 것을 말하지 않는다. 나아가 육체를 가진 인간이 육체의 요구에서 비롯되는 온갖 세속적인 욕구를 가지는 것은 당연한 것이라고 인정한다. 현대사회에도 여전히 종교인들이 활동하고 많은 신자들이 사원과 교회에 가지만, 그들의 종교적 믿음조차 세속적 가치에 물들어 있다. 현대인들은 더 이상 삶의 목표, 원리, 행동의 지침을 종교적 진리에서 찾지 않는다. 현대인들은 그것들을 세속적 욕망에서 찾고 있다. 현대문명 속에서 영원한 정신의 세계에의 도달을 목표로 하는 종교적 진리는 미신이나 기만으로 여겨지거나, 더 이상 현실에서 세속적 가치들의 추구를 상실한 노인들의 남은 삶을 위로하기 위한 빈말에 불과하다.

간디의 말처럼 현대문명은 또한 반도덕적인가? 현대문명은 분명 반도덕적인 측면을 가지고 있으며 또 영국의 식민지 지배를 받는 인도에서 살아간 간디에게는 그러한 현대문명의 반도덕적인 측면이 더욱 부각될 수밖에 없었을 것이다. 현대문명은 가공할 위력을 지닌 살상무기들을 만들어 내었으며, 이들 무기들은 실제로 수많은 사람들을 살상하는 데 사용되었다. 또 산업혁명과 자본주의는 수많은 농민들을 도시의 빈민으로 내몰았다. 그리고 영국의 자본은 인도를 수탈하여, 인도의 면직물 산업을 파괴시켰다.

현대문명의 이러한 부정적인 측면들을 비판한 것은 비단 간디만이 아니다. 모든 진보적 지식인들과 양심적인 지식인들 역시 자본주의하에서의 빈부 격차와 제국주의의 수탈에 대해 비판하고 있다. 그러나 현대문명에 대한 간디의 비판은 이들 대부분의 지식인들의 비판과 근본적으로 다른 것이다. 대부분의 지식인들은 부의 편중과 착취를 전제로 하는 근대자본주의와 국가 간 부의 착취와 수탈을 낳고 있는 제국주의 체제에 대해서는 비판하지만, 근대문명이 낳은 과학기술의 발달과 그것이 가져온 생산력의 증대에 대해서는 옹호한다. 20세기 말에 이르러 산업의 발달에 따른 환경 위기에 대한 인식이 있기 전까지는 근대문명의 과학기술과 산업 생산력에 대해서 부정적으로 바라보는 사람은 매우 드물었다. 그런데 간디는 근대문명의 과학기술과 산업생산력에 대해서도 비판적으로 바라본다. 그것은 '물질적인 광기를 목표'[8]로 삼는 것이기 때문이다.

무엇보다도 간디에게 비친 현대문명의 문제점은 그것이 인간의 정신을 파괴시킨다는 점이다. 현대 물질문명의 안락에 취하면서 인간들은 영혼을 잃어버리게 되어 현대문명은 정신의 진보를 가져오는 것이 아니라 퇴보를 가져온다는 것이 간디의 생각이다. 현대문명의 산물인 공장의 검은 연기와 소음은 이 땅을 더럽혀서 더 이상 신들이 거주할 수 없는 땅으로 변모시켰으며, 도로에는 수많은 자동차들이 요동치며 달리고 있는데, 그 속에는 자신들이 왜 그렇게 달리고 있는지도 모르면서 달리기만 하는 멍청한 사람들로 꽉 차있을 따름이다.[9]

정신의 세계에 의미를 두는 종교인이 육체에 의미를 두고 있는 근대문명에 대해 비판적인 것은 어쩌면 당연한 일이다. 그 점에서는 만해 역시

8) 앞의 책, p.475.

9) 앞의 책, p.476.

마찬가지다. 만해도 근대문명의 물신성에 대해 비판적이다. 그는 근대의 물질문명의 여파로 대부분의 조선인들 역시 경감부동(驚感浮動)하여 마음속에 부에 대한 열망으로 가득 차게 되었다고 한탄하고 있다.[10)]

그러나 만해는 이러한 물신성에도 불구하고 근대문명을 긍정적이며 발전적인 것으로 본다. 만해는 승려교육의 개혁을 논하면서 승려들이 "구미의 여러 문명국에 유학"해야 된다고 말한다. 구미를 문명국으로 본다는 것은 조선의 전통을 문명화되지 못한 사회로 보고 있다는 것을 말한다. 만해는 구미를 문명으로 보고 구미 외의 문화권을 개화의 대상으로 보는 이른바 개화론자의 사상을 갖고 있었던 것이다.

근대문명은 물신주의적 성격에도 불구하고 발전된 문명이라고 여기는 만해가 이러한 근대문명 속에서 우리가 어떻게 살아야 하는가에 대해서 간디와는 생각을 달리하는 것은 너무도 당연한 일이다. 만해는 근대의 물질문명은 우리가 정면으로 거부할 수 있는 것이 아니며, 거부해서도 안 된다고 본다. 그는 근대문명을 불가피한 것으로 받아들이고 이를 활용하며 극복해야 한다고 말한다. 문명의 조류는 그 힘이 매우 커서 우리가 결코 저항하여 물리칠 수 있는 바가 아니다.[11)] 근대문명의 물신성도 마찬가지다. 물질주의가 휩쓰는 근대 사회에서는 대중들에게 진리를 가르치기 위해서도 먼저 그들의 생활상의 복리를 해결해 주어야 하며, 수도승들 역시 생산 활동에 종사해야 한다는 것이 그의 생각이다.[12)] 그가 말하는 생활상의 복리와 생산 활동은 생존에 필요한 기본적인 생산 활동이 아니라 근대적 생산체계 속에서의 생산 활동이다. 만해는 "사찰의 고정 재산을 유통재산으로 변경하고 각 사(寺)의 재산을 융통 합치하여 통일기관으

10) 『韓龍雲全集』 2, p.267.

11) 『韓龍雲全集』 2, p.52.

12) 『韓龍雲全集』 2, p.267.

로부터 그것을 적당히 운용하되, 그것으로 소비사업 외에 적당한 생산 기관을 시설하여 그 시설의 직접 간접으로 교도의 생활을 보장한다면 상당한 성과를 얻을 것이다"[13]라고 하고 있다.

만해는 종교의 본래 뜻은 정신적 가치를 내세우면서 대중의 현실적 고통을 정당화하는 것이 아니라 대중의 물질생활도 돌보아서 그들의 행복을 증진시키는 것이라고 한다.[14] 심지어 그는 만약에 승려들을 포함한 불교인들이 적극적으로 생산 활동에 나서지 않으면 과거의 전제정치에 의한 억압보다 더 심한 압박을 불교인들이 받을 것이라고 한다.[15] 물론 물질생활의 증진이 불교의 목표일 수는 없으며, 그것이 꼭 필요한 것도 아니다. 그러한 논리대로라면 과거 물질문명이 발달하지 않은 시대에는 정신적 가치의 추구가 불가능했으며, 불교의 출현도 있을 수 없는 일이 된다. 만해가 물질생활을 중시하는 것은 자신이 살고 있는 시대가 그러한 사회이기 때문이다. 물질문명이 지배하는 사회에서 살면서도 물질적 가치에 초연히 살기는 어렵다고 본 것이다. 그는 사람은 시대적 환경의 영향을 받으며, 또 개인에 따른 편차도 많다고 본다. 문화적 환경이 다르면 사람들은 또 다른 방식으로 살 수 있는 것이다.

간디와 만해가 모두 이처럼 근대문명의 물질주의적 속성을 알고 있고, 또 그것의 파괴적 성격에 대해서 알고 있음에도 불구하고 현실적으로는 다른 대응방식을 취하고 있다. 이러한 대응방식의 차이는 두 사람이 문명과 인간의 본질적 속성에 대해서 다르게 이해하는 데서 비롯된다. 간디는 문명의 가치를 오로지 도덕과 진리의 관점에서 평가한다.

---

13) 『韓龍雲全集』 2, p.164.

14) 『韓龍雲全集』 2, p.164.

15) 『韓龍雲全集』 2, p.42.

> 문명이란 오고가는 것입니다. 우리가 호언장담하는 진보에도 불구하고 나는 "목적은 무엇인가?"라고 반복해서 묻고 싶은 유혹이 생깁니다. 윌리스는 50년 동안의 눈부신 발명과 발견이 인류의 도덕적 높이에 조금도 보탠 것이 없다고 말한 바 있습니다. 예수와 부처, 마호메트 역시 같은 말을 했지만, 오늘날 그들의 종교는 우리나라에서는 부정되거나 왜곡되고 있습니다.[16)]

간디는 문명이란 진보하는 것이 아니라 '오고가는 것'이라고 말하고 있다. 문명은 하나의 목적과 방향을 위해 나아가는 것이 아니라, 이러저러한 형태를 띠고서 나타났다가 사라지고 하는 것이다. 현대문명은 온갖 과학적 발명과 발견을 이루었지만 그것은 결코 과거의 문명에 비해 진보한 것이 아니다. 현대문명은 과거의 문명에서 발전된 것이 아니라, 과거의 문명을 대체한 것이다. 게다가 그것은 악화가 양화를 구축한 것이다. 부도덕이 도덕을 구축한 것이 현대문명의 모습이다. 가치 있는 문명은 "인간에게 의무의 길을 가르쳐 주는 행동양식"[17)]인데, 그런 의미에서 제대로 된 문명은 현대문명이 아니라, 고대 인도의 문명이다. 인도문명은 의심할 바 없이 최상의 문명이고 현대문명은 최하급의 문명이다. 왜냐 하면 "인도문명의 경향은 도덕적 존재를 고양하는 것이고, 서양문명의 경향은 부도덕을 보급시키는 일"이기 때문이다. 그런데 후자가 전자를 대체한 것이 그가 살던 시대의 인도의 모습이었다. 간디는 특정 종교만이 옳다고 보는 독단론자는 아니지만, 정신적 가치에 절대적 우위를 두고 물질의 세계를 무의미한 것으로 보는 종교적 근본주의자라 할 수 있다.

반면에 만해는 종교가이지만 이른바 문명개화주의자다. 그에게서도

---

16) 「콜롬보 YMCA에서의 연설(Speech at YMCA, Colombo)」, 『영 인디아』(1927.12.8.), 라가반 이예르 엮음, 허우성 풀어 씀, 『간디의 진리실험 이야기』, 도서출판 풀빛, 2007, p.68.

17) 간디, 「힌두 스와라즈」, 앞의 책, p.312.

정신적 가치의 세계, 종교적 진리의 세계가 물질적 가치들보다 우위에 있는 것은 분명하지만, 전자는 철저한 후자의 부정을 통해서가 아니라, 후자를 수용하는 단계를 지나서 이루어진다고 본다. "물질문명은 인생 구경의 문명이 아닌 즉, 다시 일보를 나아가 정신문명에 나아감은 자연의 추세라."[18] 역사에는 발전의 단계가 있고, 그 속의 인간은 그러한 발전의 단계에 맞추어서 행동해야 한다는 것이 그의 생각이다. 만해는 간디와 달리 문명을 진화 발전하는 것으로 보았으며, 문명이 발전하면 인간의 정신적 수준도 역시 고양된다고 여겼다. 그는 "문명의 정도가 날로 향상되면 종교와 철학이 점차 높은 차원(次元)으로 발전하게 될 것"이라고 말한다. 더욱이 여기서 문명의 핵심은 물질세계다. 만해는 근대사회의 물질문명이 그 자체로서는 인간에게 해독을 끼치지만, 이는 또한 인간 사회 전체가 더 높은 정신적 단계로 나아가는 데 필요한 과도적 국면이라 여겼다.[19] 간디가 근대식 방직 공장에서 생산되는 영국산 면제품을 거부하는 운동을 상징적으로 보여주기 위해 인도 전통 물레를 곁에 둔 반면에, 만해는 스스로 근대의 측량기술을 배운 다음 일본에서 측량기계를 사들고 와서 서울에 명진측량강습소를 개설하기도 했다. 물론 만해에게서도 종교와 철학이 점차 높은 차원으로 발전한다는 것이 새로운 진리가 발견된다는 것을 말하는 것은 아니다. 불교의 진리는 이미 이천 오백년 전에 부처에 의해 발견된 것이다. 종교와 철학이 문명의 향상과 함께 높은 차원으로 발전한다는 것은 대중적 차원에서의 진리에 대한 이해를 말하는 것이다.

종교인으로서 만해가 물질문명의 폐해에 대해 인식하면서도 그 발전

18) 『韓龍雲全集』 2, p.164.

19) 『韓龍雲全集』 2, p.164.

에 대해 긍정적으로 생각한 데는 두 가지 이유가 있다. 첫째 이유로는 만해 당시 한국 사회에 유행한 사회진화론의 영향을 들 수 있다. 19세기 말 조선 사회가 무력을 앞세운 세계열강에 의해 유린당하는 것을 보면서 상당수 한국의 지식인들은 사회진화론이야말로 인간사회의 원리를 확실하게 설명하는 이론이라는 생각을 가지게 되었다. 1905년의 을사늑약과 1910년의 한일합방 등은 이런 생각을 더욱 굳히게 만들었다. 그 결과 사회진화론은 20세기 초반 한국사회에서 광범위하게 회자되고 많은 개혁주의자들이 수용한 사회사상이 되었다. 이러한 시대적 분위기 속에서 근대 문명에 관심이 많았던 만해 역시 이를 수용하게 되었다.

4. 만해의 욕망에 대한 긍정과 간디의 금욕주의

만해가 물질문명의 긍정적인 측면을 고려하게 된 또 다른 이유는 인간의 욕망에 대한 그의 인식에서 찾을 수 있다. 만해는 승려이면서도 인간의 욕망을 인정한다. 그는 종교적 수행과 밀접한 관련이 있는 금욕의 실천을 인간의 본성에 어긋나는 것으로 본다. 금욕의 실천은 지켜지기 어려운 것으로서, 긍정적인 면보다 부정적인 면이 더 크다고 말한다. 만해는 승려의 결혼 허용을 청원하는 건백서를 중추원과 통감부에 제출하였으며, 자신의 불교 개혁 사상의 총론을 제시한 『조선불교유신론』에서도 승려의 결혼 허용을 핵심 내용 가운데 하나로 하고 있다. 승려의 결혼 허용이라는 파격적인 제안을 만해가 하게 되는 근본 이유는 욕망에 대한 그의 이러한 이해에서 비롯된 것이다. 『조선불교유신론』에 나오는 다음과 같은 그의 욕망론은 전통적인 불교인들을 충격으로 몰아넣기에 충분하다.

> 육체를 타고나서 식욕·색욕이 없다고 말하는 것은 헛소리일 뿐이요 아첨하는 말일 따름이니 어찌 실천할 수 있으랴. 오직 어지러운 상태에 이르지 않으면 군자라고 해야 할 것이다. 그러나 모든 천하 사람들이 다 군자가 된다는 것은 참으로 지극히 어려운 일이 아닐 수 없다. 그러므로 식욕·색욕이 법도를 잃어 고조되기에 이르고 보면, 한 가닥의 목숨 보기를 홍모(鴻毛)와 같이하여 후회하지 않는 수가 많다. 아, 거꾸로 쏟아지는 물은 막을수록 쏟아지고, 도망쳐 달리는 말은 조종하려할수록 더욱 횡포하게 마련이다. 식욕·색욕도 억제할수록 더욱 심해지는 것이니, 이는 보통 사람의 상정(常情)이라고 보아야 한다.[20]

만해는 인간은 본성상 신성한 존재가 아니라 욕망을 가진 존재라고 보았다. 그는 인간이 식욕과 색욕을 채우기 위해 노력하는 것은 너무도 당연한 것일 뿐 아니라 윤리적으로 잘못된 것도 아니라고 생각한다. 다만 문제가 되는 것은 욕망의 추구가 지나쳐 무절제한 삶을 살게 되는 경우다. 욕망을 추구하더라도 삶의 절도를 잃지 않으면 문제가 안 되는 것이다. 그는 타고난 욕망을 금지하는 것은 인간의 본성을 억압하는 것일 뿐 아니라 심리적으로는 도리어 욕망에 더욱 집착하게 하는 역효과를 낸다고 본다. 만해의 이러한 욕망관은 실제로 그의 삶 속에서도 나타난다. 그는 두 번의 결혼을 하였으며, 어느 미망인과의 염문도 낳았다. 술을 마셨으며 음식도 가리지 않았다. 그는 금욕주의나 절도 있는 생활과는 거리가 먼 인물이었다.

반면에 간디는 철저한 금욕주의자다. 그는 자신의 종교 전통, 특히 어머니를 통한 영향으로 어릴 때부터 금욕적인 생활을 했다. 그는 자서전에서 자신이 소년 시절에 한때 육식과 흡연을 한 사실에 대해서 얼마나 깊

20) 『韓龍雲全集』 2, p.85.

이 뉘우쳤던가를 말하고 있다. 영국으로 유학을 떠날 때도 그는 어머니 앞에서 술과 여자와 고기를 가까이 하지 않겠다는 서약을 한다. 또 영국 생활 중에도 채식주의자 단체가 있다는 것을 알고 이 단체의 회원이 된다. 간디의 이러한 철저한 금욕주의는 인간 본성에 대한 이해와도 연결된다. 만해와 달리 간디는 인간의 본성에는 신성이 내재되어 있는 것으로 본다. 간디에 따르면 인간은 "모두 신성한 존재의 편린이다. 그래서 그 존재의 본성을 분유하고 있다. 자기 탐닉과 같은 것은 신성한 존재에게는 있을 수 없는 것이므로, 인간의 본성에도 반드시 낯선 것임에 틀림없을 것이다."[21] 이러한 신성을 가진 인간은 본성상 욕망의 충족이 아니라 고행을 통해서 자신의 영혼을 정화해야 한다. 그는 다음과 같이 말한다. "예전의 성자들은 자신들의 정욕을 누르며 고행을 했는데, 그 목적은 내면의 영혼을 자유롭게 하기 위함이고 … 위에서 내가 예로 든 개개의 경우에 정신적인 것이든 육체적인 것이든 고통의 요소가 있다. 그와 같은 고통 없이는 자유를 얻을 수 없다."[22]

5. 근대적 교육과 정치에 대한 만해의 수용과 간디의 부정

문명에 대한 간디와 만해의 태도의 차이는 근대의 물질문명에 대한 것에만 국한되지 않는다. 오로지 정신의 해탈을 목적으로 하는 종교적 진리에만 가치를 두는 간디는 근대문명을 송두리째 부정한다. 대부분의 사람들이 근대문명의 가장 큰 성취 가운데 하나일 뿐 아니라 도덕적으로 정당

21) 간디, 「편지」, 라가반 이예르 엮음, 허우성 옮김, 『마하뜨마 간디의 도덕·정치사상』 권2, 소명출판, 2008, p.37.

22) 간디, 「고통의 법칙」, 위의 책, pp.55-57.

한 것이라고 여기는 교육과 지식의 보편적 확대와 민주주적 제도들에 대해서도 간디는 의문을 표시한다. 간디는 근대의 교육제도가 가져온 인간 지식의 확대는 결코 올바른 삶에 도움이 되지 않을 뿐 아니라 해롭기까지 하다고 보았다. 그는 또 여성의 사회진출과 정치참여에 대해서도 부정적인 시각을 드러낸다.

간디에 따르면 근대의 교육이란 문자에 대한 지식을 의미하며 그것은 수단에 불과한 것으로서 선용될 수도 있고 악용될 수도 있는 것이다. 그런데 수많은 사람들이 지식을 선용하기보다는 악용하고 있다. 농민은 자신의 이름조차 쓸 줄 모르지만 도덕의 규범들을 이해하고 준수하고 있지만, 교육이 도리어 농민을 불만분자로 만들 수 있다. 고등교육의 내용들인 지리학, 천문학, 대수학, 기하학 등도 결코 이익이 되는 지식이 아니다. 왜냐 하면 그것들은 우리를 인간으로 만들지 않고, 우리로 하여금 의무를 수행하도록 만들지도 않기 때문이다.[23] 그래서 간디는 참교육을 위해서는 전문 지식을 가르치는 것을 목표로 하는 현대의 교육제도에 대한 미신을 버려야 한다고 말한다.[24] 간디의 이러한 종교적 근본주의에 기초한 교육관은 타고르와의 논쟁에서 적나라하게 나타난다. 1919년 통과된 롤래트 법안에 대한 반대 투쟁을 하면서 간디는 1920년에 전면적인 비협조운동을 벌이는데 여기에는 파업과 등교거부까지 포함되었다. 이에 타고르가 등교거부에 대해 문제제기를 하자 간디는 학문적인 교육이 그 자체로는 사람의 도덕적 위상을 높이는 데 보탬이 전혀 없고, 인격 형성과 학문적인 교육은 별개의 것일 뿐 아니라, "정부의 학교가 우리의 용기를 꺾고 우리를 무력하게 하고 신을 없애 버렸다"고 자신은 믿는다고 말한

23) 간디, 「힌두 스와라즈」, 앞의 책, pp.340-341.

24) 간디, 「교육」(1932.7.10.), 라가반 이예르 엮음, 허우성 풀어씀, 『간디의 진리 실험 이야기』, 도서출판 풀빛, 2007, p.170.

다.[25] 그러면 간디는 교육 자체를 불필요한 것으로 보는가? 그렇지는 않다. 간디는 진정한 교육인 종교교육이 필요하다고 한다.[26] "참교육이란 우리로 하여금 아뜨만, 곧 우리의 참 자아, 신과 진리를 알도록 도와주는 것이다." 이외의 것은 "생계나 다른 것의 수단은 될 수 있을지언정 교육은 될 수 없다."

만해는 문명이란 진보하는 것이며, 그런 의미에서 근대문명은 가장 발달된 문명이라고 본다. 그리고 교육은 이러한 문명 발달을 위한 필수조건이라고 본다. "교육이 보급되면 문명이 발달하고, 교육이 보급되지 못하면 문명은 쇠미해지는 것"이다.[27] 그러므로 교육받지 못한 인간은 문명 속에서 살아갈 수 없으며, 근대문명 속에 사는 인간은 근대문명에 대한 기본적인 이해를 가르치는 '보통학'을 배워야 한다. 그것은 정신의 세계를 추구하는 승려의 경우도 마찬가지라는 것이 만해의 생각이다. 만해는 모두들 근대화를 위해 나아가고 한국사회에서 불교계만이 뒤처지고 있는데, 그 가장 큰 이유 가운데 하나가 승려들이 '보통학'인 근대 교육을 받지 못한 때문이라고 본다. 승려들은 불교 교리를 공부해야 하지만, 그 전에 사회에서의 기본교육인 '보통학'을 배워야 한다고 말한다. 만약 그렇지 못하면 생존경쟁의 이 시대를 살아가지 못하게 된다고 말한다.[28]

근대문명에 대한 간디와 만해의 차이가 또 하나 분명하게 드러나는 것은 근대의 민주적 가치에 관한 것이다. 보편적 인간을 추구하는 민주주의는 근대사회의 보편적 가치라고 할 수 있으며, 근대문명의 가장 위대한

25) 간디, 「시인의 불안」, 『영 인디아』(1921.6.1.), 라가만 이예르 엮음, 허우성 풀어씀, 『간디의 진리 실험 이야기』, 도서출판 풀빛, 2007, p.126.

26) 간디, 「힌두 스와라즈」, 위의 책, pp.345-346.

27) 『韓龍雲全集』 2, p.47.

28) 『韓龍雲全集』 2, pp.49-50.

성취라고 할 수도 있다. 때문에 근대문명에 대한 여러 비판적인 견해들이 있지만, 민주주의에 대해 부정적인 입장을 취하는 사람은 찾기 힘들다.

문명의 진보를 믿는 근대주의자인 만해 역시 민주주의를 위대한 가치로 인식한다. 만해는 불교의 핵심 원리가 근대 민주주의의 원리와 상통한다고 주장한다. 만해는 불교의 기본 사상은 구세주의와 평등주의라고 해석한다. 구세주의란 중생을 고통의 세계에서 구하는 것을 일컫는 말로서 특이할 것이 없는 말이다. 그러나 평등주의가 불교의 기본사상이란 것은 불교를 민주주의와 결부시키기 위한 만해의 독특한 해석이다. 만해는 평등에 대해서 다음과 같이 말한다. "평등한 견지란 무엇인가. 공간과 시간을 초월하여 얽매임이 없는 자유로운 진리를 이름이다. 이 관점에서 보면 성공과 실패, 생과 사, 강함과 약함 간에 차이가 없다는 뜻이다."[29] 만해의 이 말은 특별히 만해에게서 나온 것이 아니다. 세계를 두 가지 관점, 즉 진리의 관점과 세속의 관점으로 나누어 보는 불교의 전통적 사고체계에서 나온 것이다. 흔히 세속의 진리라 일컬어지는 세제(世諦)의 관점에서 보면 세상은 시비선악이나 고저장단 등으로 구분되지만, 진리의 관점이라 일컬어지는 진제(眞諦)의 관점에서 보면 세상은 실체가 없으므로 시비선악이나 고저장단 등의 구분은 존재하지 않게 된다. 만해는 또 이 평등의 원리에서 "근세의 자유주의와 세계주의가" 나왔다고 주장한다. 진리의 관점에서 본 근원적인 존재의 무차별성은 누구도 누구의 자유를 침해할 수 없음을 증명한다는 말이다. 그리고 이는 개인과 개인 간의 관계에서는 자유주의로 표현되고 국가와 국가 간에는 세계주의로 표현된다는 것이다.[30]

---

29) 『韓龍雲全集』 2, p.44.

30) 『韓龍雲全集』 2, p.45-46.

이렇듯 만해는 불교의 철학적 원리와 근대 민주주의의 철학적 원리가 상통한다고 보지만, 정치와 종교가 혼연일체가 될 수 있다고 보는 것은 아니다. 오히려 그 반대다. 만해는 "정치와 종교는 근본으로부터 그 성질이 다른 것이니, 종교는 정치를 간섭하지 않고 정치는 종교를 간섭하지 못하는 것이니, 정·교 분립의 의미에서 각국의 헌법은 종교의 자유를 허용하였으니…"[31]라고 하여 근대의 정교 분리의 원칙을 인정하고 있다. 만해가 정교 분리를 이야기하는 것은 불교가 일본제국주의의 간섭을 받지 않아야 한다는 생각에서이기도 하지만, 정치행위와 종교행위는 그 영역이 다르다는 생각에서이기도 한 것으로 보인다.

간디는 자신을 해탈을 추구하는 구도자라고 규정한다. 그가 추구하는 것은 종교적 진리다. 그는 자신의 모든 행위가 종교적 진리 추구와 연결되어 있다고 말한다. 그것은 정치 행위도 마찬가지다. 그는 정치행위도 곧 종교 행위여야 한다고 믿는다. 간디는 다음과 같이 말한다. "정치는 종교에서 분리될 수 없습니다. 종교에서 분리된 정치는 타락할 것입니다. 근대문화와 근대문명은 그와 같은 맥락에서 타락한 정치입니다."[32] 근대 민주주의의 기본 원리 가운데 하나인 정치와 종교의 분리를 정면으로 부정하는 말이다. 때문에 그는 정치와 종교를 뒤섞어서 인도를 혼란에 빠뜨렸다는 비판을 받는다. 그는 실제로 정치와 종교는 통합되어야 한다고 말한다. "나는 종교와 분리된 정치를 생각할 수 없다는 견해를 여전히 갖고 있습니다. 종교는 우리 행위 하나 하나에 스며들어야 합니다."[33]

간디는 자서전에서 진리에의 헌신이 자신을 정치 분야로 끌고 들어간

---

31) 『韓龍雲全集』 2, p.135.

32) 간디, 「힌두 스와라즈」, 라가반 이예르 엮음, 허우성 풀어씀, 앞의 책, p.495.

33) 간디, 「델리로 가는 길에서」 1940년 2월 4일, 라가반 이예르 엮음, 허우성 옮김, 『마하뜨마 간디의 도덕·정치사상』 권1, 소명출판, 2008, p.517.

이유이며, 종교는 정치와 관계가 없다고 말하는 사람들은 종교가 무엇인지 모르는 사람들이라고 한다.[34] 진리란 곧 종교다. 정치가 종교에서 분리되어야 하는 까닭은 개인이 사회로부터 받을 수 있는 억압과 간섭을 최소화하여, 개인의 사생활의 자유를 보호하기 위한 것이다. 그러나 현대의 세속적 가치관을 부정하고 종교적 진리가 곧 삶의 전 진리라고 믿는 간디는 자신의 일상생활이 종교적 진리로 통일되듯이 모든 사람의 일상적 삶이 종교적 진리 속에서 이루어져야 한다고 믿는 것이다. 간디의 이러한 사고는 근대 민주주의의 자유의 가치에 대한 회의를 가져 온다. 그는 인간은 누구나 타인의 권리를 침해하지 않는 한 그가 무슨 생각이나 사고를 하든지 그것은 인정되어야 한다는 것을 받아들이지 못한다. 그는 엄격한 윤리적 잣대로 세상을 평가한다. 옛날에는 소수의 사람들만이 가치 있는 책들을 지었는데, 지금은 아무나 그가 좋아하는 것을 써서 인쇄함으로써 사람의 심성을 타락시키게 된 것이 간디가 목도한 현실이다.[35]

6. 근대와 반현대

19세기 말에 식민지 국가의 중산계급 시민으로 태어난 만해와 간디는 모두 자신의 사회가 속한 전통 종교 문화에 깊이 영향 받았을 뿐 아니라, 근대문명의 세례 역시 충분히 받았다. 민족 운동의 지도자인 두 사람은 자신이 속한 사회의 종교 전통의 소중함에 대해서 인식하고 있었으며, 미래 문명의 방향 역시 이를 바탕으로 설정되어야 한다고 믿었다. 그러나

34) 김선근 옮김, 『간디 자서전』, 서울; 지식을 만드는 지식, 2012, p.230.

35) 간디, 「힌두 스와라즈」, 라가만 이예르 엮음, 허우성 풀어씀, 『간디의 진리 실험 이야기』, 도서출판 풀빛, 2007, p.286.

당면한 근대문명의 가치에 대해서는 서로 매우 상반된 평가를 했다. 만해는 근대문명을 진보한 것으로 평가하고, 자신이 진리로 믿는 불교의 사상이 근대의 민주주의 사상과 궤를 같이하는 것으로 보았다. 또한 근대의 물질주의 역시 부정할 수 없는 욕망을 가진 인간의 본성과 결합된 불가피한 것으로 여겼다. 만해는 근대주의자였던 것이다. 반면에 간디는 스스로 반현대주의자라 선언한다. 그는 인간은 신성을 가졌으며, 이 신성은 근대문명의 뿌리를 이루고 있는 물질주의와 양립할 수 없는 것으로 보았다. 그는 근대의 민주주의적 가치에 대해서도 부분적으로 회의하였다. 도덕과 윤리에 기초한 종교적 진리가 정치를 포함한 인간의 삶의 모든 영역에서 실현되어야 한다고 믿으면서 종교와 정치의 분리를 부정하였다. 그는 근대문명의 출발이라 할 수 있는 세속적 욕망 역시 하나의 가치일 수 있음을 인정할 수가 없었다.

두 사람은 근대문명에 대해서 이렇듯 상반된 가치를 부여했음에도 불구하고 각기 자신들의 국민들로부터 지극한 사랑을 받았다. 그것은 한국인들 일반과 인도인들 일반이 또한 만해와 간디처럼 사고한 때문일 수도 있다. 만해의 시대 이후 한국은 줄곧 근대문명을 향해 내달려왔고, 인도는 여전히 강고한 전통문화의 기반 위에 서 있다.

제Ⅲ장

만해와 성철: 근대성과 전근대성 속에서의 긴장과 갈등

1. 서론

만해(萬海) 한용운(1879~1944)과 성철(性徹, 1912~1993)은 한국 근현대 불교사에서 가장 빛나는 인물들이다. 한국 근현대 불교사는 온갖 질곡과 파행의 역사였지만, 이 두 인물은 한국 근현대사에 이름을 남긴 다른 어떤 분야의 사람들과 비교해 보아도 그 업적의 위대함에 손색이 없는 인물들이다.

이러한 두 인물을 비교하는 것은 매우 흥미로울 뿐 아니라 의미 있는 일이다. 흥미로운 것은 두 사람이 서로 전혀 반대되는 길을 걸었으면서도 각기 타의 추종을 불허하는 위대한 업적을 한국불교사에 남겼다는 점이다. 만해의 활동 영역은 단지 불교계에만 머물지 않고 문학과 정치 분야에까지 미치기 때문에, 불교계 내에만 국한된 성철과 단순 비교할 수는 없다. 그러나 불교사적 측면에서 이 두 사람을 비교해 보는 것은 매우 의미 있는 일이다. 그들은 각기 한국불교에 근대성을 부여하려 한 세력과 그러한 근대성의 가치부여를 부정하고 만고불변의 진리로서의 불교를 회복하려 한 세력을 상징하고 있기 때문이다.

두 사람의 활동 시기와 사고 양식을 단순 비교하면 만해와 성철은 서로 순서를 바꾸어 태어났었어야 논리적으로 맞지 않는가 하는 생각을 해 보게 된다. 두 사람은 서로 반세기를 격하여 활동하였는데, 20세기 초·중반기에 활동한 만해는 오늘날의 관점에서 보아도 매우 혁신적이라고 볼 수 있는 불교 운동을 펼친데 비하여, 20세기 중·후반기에 활동한 성철은 매우 보수적인 불교 운동을 펼쳤기 때문이다. 역사에 일정한 진행 방향이 있고, 불교 역시 이러한 역사의 변화에 맞추어 가야 하는 것이라고 본다면 분명 두 사람은 순서를 바꾸어 태어났어야 했다. 물론 역사에 일정한 진행 방향을 설정한다는 것은 하나의 철학적 관점을 전제하는 것이며, 불교 역시 여기에 부응해야 한다는 것 역시 불교에 대한 특정한 해석을 전제하는 것이다.

이 글은 역사에 일정한 진행 방향이 있다는 것을 전제하고 두 사람을 비교해 볼 것이다. 그러나 불교 역시 역사의 진행 방향에 부응해야 한다는 것을 전제하지는 않을 것이다. 말하자면 만해와 성철이 활동한 시대를 한국사회가 전근대에서 근현대로 넘어 가는 이행기로 보고, 이 시기의 성격에 비추어서 두 사람의 사상과 활동을 비교해 보고자 한다. 불가피한 시대적 변화 속에서 불교의 모습이 어떠해야 하는가에 대해서 상반된 방향을 제시하고 실천한 두 사람의 철학과 그 철학의 현실에서의 구현 결과에 대한 공정한 비교 검토를 해 보자는 것이다. 이러한 비교 검토는 지금까지 제대로 검토해 본 적이 없는 한국불교의 근대성 문제에 대한 이해의 첫걸음이 될 수 있으리라고 본다.

2. 근대와 현대

한국불교의 근대성의 문제와 관련해서 두 사람을 비교하기 위해서는 두 사람이 산 시대적 상황의 동일성과 차이성에 대해서 간략히 언급할 필요가 있다. 만해는 1879년에 나서 1944년에 입적하였다. 이 시기는 한국사회가 타의에 의해 근대 사회로 이행해간 시기라는 것은 누구나 인정하는 사실이다. 한국 사회에서의 근대의 성격과 이행과정 및 동력에 대해서는 다양한 논의들이 있지만, 적어도 만해의 생존 시기에 해당하는 19세기 말에서 20세기 초에 한국 사회는 일본의 식민지 정책을 매개로 해서 사회의 전반적 영역에 걸쳐서 급격한 근대화가 진행되었다는 것을 부정하는 사람은 드물 것이다.

그럼 성철이 주로 활동한 시기의 성격에 관해서는 어떻게 보아야 할 것인가? 성철은 1912년에 나서 1993년에 입적하였다. 성철은 만해보다 33년 후에 세상에 태어난 것이 되며, 만해가 입적한 1944년은 성철의 나이 32세가 된다. 성철의 인생의 전반기는 만해의 삶의 후반기에 해당한다. 또 성철은 1936년에 출가를 하였으므로 만해와 성철은 8년 동안 한국 불교계에 함께 몸담고 있은 셈이 된다. 그런데 이처럼 두 사람이 생존한 시기는 반이 겹치지만 두 사람이 각기 한국불교계의 가장 주목받는 승려로서 활동한 시기의 한국 사회의 성격은 많이 다르다. 만해가 활동한 20세기 전반은 한국 사회는 근대로의 이행기에 해당하지만, 성철이 활동한 20세기 후반의 한국 사회는 우리가 흔히 "현대"라고 부르는 시기에 해당하기 때문이다.

만해가 활동하던 당시만 해도 한국은 농업을 주요 산업 기반으로 하고 있었으며, 전 국민의 태반은 문맹 상태에 있었다. 도시를 중심으로 근대 문명의 각종 이기들이 속속 소개되고 있었지만, 국민들 대부분이 살고 있는 농촌에서는 전통적인 삶의 양식이 지속되고 있었다. 도로와 철도를 매개로 농촌 역시 도시와 도시의 신문명과 연결되고 있었지만, 그러한 연결은 농촌 사람들의 삶에서 여전히 비일상적인 것이었다. 그러나 성철이 활동하던 시대의 한국인의 삶의 모습은 완전히 다른 것이었다. 성철의 생애 동안 한국 사회는 급격한 현대화 과정을 거쳐서, 그가 열반할 즈음에는 한국인의 90% 이상이 문맹에서 벗어나 있었으며, 농촌 인구는 극도로 줄어들어 있었다. 완전히 도시화된 한국인들의 삶은 최첨단 문명의 이기로 무장되어 있었다. 전통적인 삶의 양식은 한국인의 일상에서 자취를 감추었으며, 사회의 일부 특수한 영역과 현재의 일상과 분리된 문화적 유산으로만 남아 있었다.

이처럼 두 사람은 불과 33년의 차이를 두고 태어났지만, 만해가 활동한 사회는 근대 혹은 근대 이행기의 한국 사회이고, 성철이 활동한 사회는 현대 한국 사회로서 질적으로 서로 다르다고 할 수 있다. 그런데 이러한 사실은 우리들에게 커다란 의문을 제기한다. 어떻게 현대 한국 사회에서 활동한 사람이 근대 한국 사회에서 활동한 사람보다 더 전근대적인 세계관을 가지고 있었을 뿐 아니라, 그러한 세계관이 불교계를 넘어 한국 사회 일반의 많은 구성원들로부터 호응을 받을 수 있었는가 하는 것이 그 의문이다. 그리고 이러한 의문은 그 자체 내에 다음과 같은 의문들을 내포하고 있다. 도대체 한국 사회에서 근대란 것이 얼마나 보편성을 지니는 것인가? 불교는 근대의 보편성에서 벗어난 것인가?

3. 유신(維新)과 회귀(回歸)

만해는『조선불교유신론』에서 16항에 걸쳐서 한국 불교의 방향에 대한 자신의 견해를 피력하고 있다. 그 제목에 있는 유신(維新)이란 말에서 알 수 있듯이 만해는 한국 불교는 변해야 한다고 보았다. 그리고 그가 말하는 변화는 부분적이고 점진적인 변화가 아니라 전반적이고 혁신적인 변화이다. 만해는 다음과 같이 말한다. "유신이란 무엇인가, 파괴의 자식이다. 파괴란 무엇인가? 유신의 어머니다."[1] 만해가 이처럼 과격한 말을 하는 것은 우선 당시의 한국 불교가 매우 쇠락한 상태에 있었기 때문이라고 볼 수 있을 것이다. 조선왕조 전 시대에 걸친 억불정책의 결과로 한국 불교는 매우 쇠락해 있었는데, 만해는 한국 불교의 이러한 현실을 보고 승려는 "빈천에 시달리지 않으면 미신에 혹한 무리들이어서, 게으른데다가 어리석고 나약하여 … 인류의 하등"[2]이라고 토로하고 있다. 그러나 쇠락한 불교를 바로 세우는 것이 굳이 유신일 필요는 없으며, 그 유신이 파괴를 통한 유신이어야만 하는 것은 아니다. 부흥을 이야기하고 재건을 이야기할 수도 있기 때문이다. 더욱이 만해 이전의 2,500년 불교 역사상 "파괴"와 "유신"이란 말을 쓴 불교인은 없다. "파괴"와 "유신"이란 용어 자체뿐 아니라 그러한 의미 자체가 불교와는 거리가 먼 것이었다. 만해는 정치와 혁명의 구호를 불교의 혁신에 도입한 것이다.

만해가 이처럼 불교 전통에서 찾아 볼 수 없는 "유신"과 "파괴"란 말을 사용하여 불교의 혁신을 이야기하는 것은 그가 기존의 불교에 존재하지 않는 새로운 사고방식을 가지고 있었다는 것을 말한다. 그것은 서구에서 유입되어 만해 당시의 동아시아인들에게 커다란 영향을 미친 사회진화론이다. "유신"과 "파괴"는 바로 사회 진화의 기본 원리인 것이다. "파괴"란 기존 존재의 소멸을 의미하고 "유신"은 새로운 존재의 생성을 의미하고 있다. "유신"과 "파괴"가 진화의 두 측면 즉, 생성과 소멸의 원리를 말하고 있는 것이라면, 한국불교가 유신되어야 하는 것은 그것이 단지 쇠락했기 때문만이 아니다. 생성을 의미하는 유신은 모든 존재에 항상적으로 적

1) 『韓龍雲全集』 2, p.105.

2) 『韓龍雲全集』 2, p.111.

용되는 보편적 원리이기 때문이다. 만해는 역시 다음과 같이 말한다. "오늘의 세계는 과거의 세계가 아니며 미래의 세계도 아니요, 어디까지나 현재의 세계다. 천지 사이의 형이상 형이하의 문제치고 영구하여 유신하지 않음이 없어서…"[3] 만해는 이처럼 사회진화론의 연장선상에서 정신적인 것과 물질적인 것의 구분 없이 모든 것은 변한다는 사고를 하고 있다.

이처럼 모든 것을 변화하는 것으로 보는 것은 전근대 사회에서 두드러진 고정 불변의 절대적 진리에 대한 믿음의 부정 즉, 좁은 의미에서의 형이상학적 사고에 대한 부정을 내포하고 있다. 만해는 이러한 근대적 사유의 특징인 반형이상학적 사고를 바탕으로 불법(佛法) 자체도 변해야 한다고 보는 것이다. 만해의 『조선불교유신론』에 대한 연구들은 대체로 만해의 불교의 제도 및 정책에 대한 개혁에 대해서만 말하고 있지만, 만해는 실상은 불법의 절대성조차 부정하고 있다.

만해는 불교 승려이지만 불교를 유일 절대의 진리로 파악하지 않는다. 만해에게서 진리는 끊임없이 진화 발전해 가는 문명이다. 그럼 만해에게서 불교는 무엇인가? 만해는 불교를 가장 우수한 철학이라고 본다. 그러나 절대 유일의 진리라고 보지는 않는다. 불교는 다른 여타의 철학 가운데 하나이며, 문명의 한 요소이다. 만해는 다음과 같이 말한다.

> 다만 문명의 정도가 날로 향상되면 종교와 철학이 점차 높은 차원으로 발전하게 될 것이며, 그 때에야 그릇된 철학적 견해나 그릇된 신앙 같은 것이야 어찌 다시 눈에 띌 줄이 있겠는가? 종교요 철학인 불교는 미래의 도덕 문명의 원료품 구실을 착실히 하게 될 것이다.[4]

---

3) 『韓龍雲全集』 2, p.101.

4) 『韓龍雲全集』 2, p.104.

만해는 사회진화론의 영향을 받아 이처럼 종교와 철학도 발전하는 것으로 보고 있다. 종교는 더 이상 절대 진리에 기초한 믿음의 체계가 아닌 것이다. 불교 역시 더 나은 불교로 발전한다고 할 수 있는 것이다. 불교의 제도와 정책이 아니라 불교의 가르침 자체가 변화 발전할 수 있는 것이다. 그는 불교 승려이지만 불교 역시 절대 진리가 아니라 변화 발전해 가는 문명의 일 요소라고 보고 있다.[5)]

불교를 유신해야 한다고 보는 만해의 태도가 결코 쇠락한 한국 불교에 대한 반성에서 단선적으로 도출될 수 있는 것이 아니라, 근대 서양의 진화에 영향 받은 반형이상학적 사유와 결부되어 도출된 것이라는 것은 한국 불교에 대한 성철의 태도와 비교해 보면 더욱 더 잘 드러난다. 반세기 후의 성철 역시 한국 불교가 쇠락할 대로 쇠락하였다고 보고 있으면서도 이에 대한 처방으로 "유신"과 "파괴"가 아니라 근본에의 "회귀"를 주장하기 때문이다. 동일한 문제를 놓고 만해와 성철 두 사람은 서로 전혀 다른 처방을 내리고 있는 것이다. 그리고 이러한 상이한 처방 배후에는 상이한 세계관이 깔려 있다. 뒤에 자세히 말하겠지만 성철은 불교의 진리는 유일 절대의 가르침이라고 보기 때문에 현재의 불교에 문제가 있다면 그것은 원래 가르침에의 "회귀"를 통해서만 바로잡아질 수 있다고 본다.

그럼 성철이 당대 한국불교의 현실을 어떻게 보고 불교의 근본적 가르침에의 회귀를 주장하는지 구체적으로 살펴보자. 성철은 82년의 음력 5월의 법회에서 한국불교 중흥의 토대를 마련하기 위해 자신이 주도한 1947년 봉암사 결사와 관련된 다음과 같은 일화를 소개하고 있다.

---

5) 불교를 절대 진리를 부정하는 반형이상학으로 보는 견해는 오늘날의 불교학자들에게 흔히 볼 수 있는 시각이다. 그런데 오늘날의 불교학자들의 반형이상학적 태도의 철학적 연원은 만해의 그것과는 다르다. 만해는 서양 근대 사회진화론의 영향을 받은 반면에 오늘날의 불교학자들은 주로 서양 현대 언어분석철학의 영향을 받고 있다.

> 당신네가 여태까지 절에 다니면서 부처님께는 절했지만, 스님네 보고 절한 일 있나? 생각해 봐, 스님은 부처님 법을 전하는 당신네 스승이고 신도는 스님한테서 법을 배우는 사람이야. 당신네는 제자고 스님은 스승인데 법이 거꾸로 되어도 분수가 있지, 스승이 제자보고 절하는 법이 어디 있어. 조선 5백 년 동안에 불교가 망하다 보니 그렇게 되었는데 그것은 부처님 법이 아니야.[6)]

이 일화는 성철이 봉암사 결사를 하면서 보살계를 시행하려 하자 여기에 참석한 신도들에게 절을 요구하면서 벌어진 일이다. 당시만 해도 신도들의 머릿속에 있는 승려란 조선시대 천민의 연장이었다. 때문에 거기에 참석한 신도들은 승려들에게 절을 하라는 성철의 요구에 어안이 벙벙했던 것으로 보인다. 그런데 성철 역시 그들이 왜 절하기를 주저하는지 알고 있는 것이다. 한국불교는 승려가 신도들로부터도 존경을 받을 수 없을 정도로 쇠락하고 위신이 떨어져 있었던 것이다.

성철은 이렇게 쇠락한 한국불교를 되살리기 위해서 근본에의 회귀를 이야기한다. 1980년대에 불교는 무엇을 하여야 하는가 하는 질문에 대해 성철은 다음과 같이 말한다. "불교에는 만고에 일관된 진리가 있을 뿐, 시대적이거나 지역적인 것은 있을 수 없습니다. "하시하처(何時何處)를 막론하고 불교의 근본정신에 입각하여 만사를 행할 따름입니다. … 천겁을 지나도 과거 아니요, 만세에 걸쳐 항상 지금이로다."[7)] 성철이 믿는 불교의 진리는 초역사적인 절대 진리이다. 시대와 상황에 따라 변하는 진리가 아니라 언제나 동일한 진리이다. 성철이 산 시대는 만해가 산 시대만큼이나 급속한 문명의 발달과 문화의 변천이 있던 시대일 뿐 아니라, 만해가

---

6) 퇴옹성철, 『자기를 바로 봅시다』 장경각, 2003년 개정판, p.225.

7) 퇴옹성철, 위의 책, pp.254-255.

산 시대의 변화를 이미 겪은 시대이다. 또 세속적 관점에서 보자면 성철의 시대의 한국불교는 여전히 이러한 사회 일반의 문명의 발달과 문화의 변천을 못 좇아가고 많은 승려들이 대처승이 되었다는 것만 제외하면 만해 시대의 불교 모습 그대로 있었다. 그러나 성철은 불교가 이러한 시대의 변화를 못 좇아가서 어려운 처지에 있다고 보지 않았다. 오히려 정반대의 진단과 처방을 내린다. 불교가 세태의 변화에 어울리면서 그 근본정신과 생활양식을 잃어버렸기 때문에 망한 것이라고 보고, 부처님 당시의 생활방식대로 살 것을 주장한다. 그래서 그는 비단가사, 장삼, 목발우를 불사르고 대신 석가모니 당시에 사용되었다고 그가 믿는 괴색 가사와 흙발우를 만들고, 육환장을 만들어야 한다고 주장한다.[8)]

근본주의자인 성철은 이처럼 불교의 진리는 어느 시대 어느 곳에서나 통할 수 있는 영원불변의 절대 진리라고 믿기 때문에 근대의 어떠한 새로운 철학도 허위라고 본다. 그는 동서고금의 어떤 종교 어떤 철학도 허위이며, 서양의 어떤 위대한 철학자, 종교가, 과학자라고 해도 모두가 망상 속에서 말하는 것이지 망상을 벗어나서 말하는 것은 한마디도 없다고 본다.[9)] 뿐만 아니라 그는 불교 가운데서도 오직 돈오돈수(頓悟頓修)의 참선 수행만이 유일무이한 진리의 수행방법이라고 보며, 여타의 것은 "삿된 가르침"이라고 보았다.[10)]

그러나 문명의 진보와 발전을 특정의 종교적 가르침보다 상위에 놓는 만해는 불교 교리에 대한 탐구와 참선을 유일무이한 공부 방법으로 보지 않는다. 만해는 『조선불교유신론』의 〈論僧侶之敎育〉에서 "조선 승려의 배우는 사람들을 제대로 이끌지 못하여 노예의 경지로 들어가게 하였다"

8) 퇴옹성철, 앞의 책, pp.222-223.

9) 퇴옹성철, 앞의 책, pp.204-205.

10) 退翁性澈, 백련선서간행회 역, 『百日法門 下』 장경각, 불기2526(1992), p.316.

고 하면서 승려들의 폐쇄적인 공부 내용과 방법을 비판한다. 더 나아가 만해는 근대적 지식관의 가장 큰 특징 중의 하나인 객관 세계에 대한 탐구까지 승려들의 공부 영역을 끌어들인다. 만해는 승려들이 공부해야 할 교과목을 세 가지로 이야기 한다. 첫째는 보통학이요, 둘째는 사범학이요, 셋째는 외국유학이다. 만해가 말하는 보통학의 내용을 보면 대체로 근대적 시민 교육에 해당하고, 사범학은 근대적 고등교육을 가리키고 있다. 사범학은 다시 자연사범과 인사사범(人事師範)으로 나뉘는데 각기 근대 자연과학과 인문과학에 해당한다. 만해는 이러한 근대의 자연과학과 인문과학의 토대 위에 불교학을 공부해야 한다고 주장하고 있다. 만해의 이러한 학과 분류에 따르면 결국 불교학은 근대 인문과학의 한 부분으로 들어오게 되는 것이다. 불교학은 더 이상 종학(宗學)이 아닌 것이다.

4. 욕망과 계율

지금까지 살펴 본 것처럼 만해와 성철은 기본적인 지향점이 서로 정반대인 철학적 토대를 가지고 있다. 그런데 두 사람의 차이가 현상적인 측면에서 가장 적나라하게 드러나는 부분은 불교의 입장에서 인간의 육체적 욕망을 어떻게 받아들여야 하는가 하는 점이다. 불교는 이론상으로는 극단적 쾌락주의와 고행주의를 모두 부정하면서 수행상의 중도를 이야기하지만 실제로는 인간의 욕망을 철저히 부정하는 태도를 취한다. 특히 성욕은 가장 금기시하는 욕망이다. 그러나 만해는 근대적 세계관의 영향을 받아 이 문제를 새롭게 제기한다. 철학적 측면에서 서양의 중세와 근대의 근본적인 차이는 형이상학적 믿음과 과학적 합리주의의 차이라 할 수 있지만, 문화적 가치의 측면에서는 정신적 가치와 물질적 가치 혹은 육체적 욕망의 차이이다. 서양 근대 문화의 근본 동력을 형성하고 있는 것은 인간의 육체적 욕망에 대한 긍정인데, 만해 역시 이를 긍정하고 있다.

만해의 『조선불교유신론』의 내용 가운데서 가장 세간의 관심을 끌고 또 불교 내에서 논란을 불러일으킨 것이 승려들의 결혼 허용이다. 만해는 〈論佛敎之前途關於僧侶之嫁娶與否者〉에서 승려들의 결혼을 금하는 것은 윤리에 어긋나고, 국가의 이익에 어긋나고, 포교에 장애가 되고, 교화에 장애가 된다고 말하고 있다. 결혼 금지가 윤리에 어긋나고, 국가의 이익에 어긋난다는 것은 성리학자들이 윤리적 측면에서 불교를 비판하는 전형적인 논리일 뿐이며 특별히 새로운 내용도 또 관심을 끌 만한 내용도 아니다. 특이한 것은 만해가 결혼 금지는 포교에 장애가 되고, 교화에 장애가 된다고 본다는 점이다. 만해는 결혼을 금지하는 데서 오는 욕망의 부정 때문에 불교의 포교와 대중 교화에 어려움이 있다고 말한다. 승려에게 독신 생활을 의무화하는 것은 분명 많은 사람들이 승려가 되기 어렵게 하는 요인이 되는 것은 사실이다. 그런데 이것을 바로 포교와 교화상의 한계로 연결시키는 것은 현실적으로 타당하다고 보기 어렵다. 대처승과 비구승이 공존하는 오늘의 현실을 보면 신도들은 대처승보다는 비구승들을 훨씬 더 선호하고 있기 때문이다. 이렇게 보았을 때 승려의 결혼을 허용해야 한다고 보는 만해의 논리는 현실에 대한 객관적 분석에 의한 것이라기보다는 육체적 욕망을 긍정하는 자신의 근대적 인간관에서 비롯되었다고 보아야 할 것이다.

만해는 "육체를 세상에 타고 나서 식욕, 색욕이 없다고 말하는 것은 헛소리일 뿐이요 아첨하는 말일 따름이니 어찌 실천할 수 있으랴?"[11]라고 말하고 있다. 실로 불교의 근본을 뒤엎는 말이다. 그는 또 다음과 같이

11) 『韓龍雲全集』 2, p.120.

말한다. "거꾸로 쏟아지는 물은 막을수록 쏟아지고, 도망쳐 달리는 말은 조종하려 할수록 더욱 횡포하게 마련이다. 식욕, 색욕도 억제할수록 더욱 심해지는 것이니, 이는 보통 사람의 상정이라고 보아야 한다." 인간의 욕망이란 결코 소멸될 수도 없을 뿐 아니라 억제되어서도 안 된다는 논리이다. 색욕에 이끌리지 않는 예외적인 사람들이 있기는 하나 그것은 극히 예외적인 경우일 뿐 아니라, 거기에 특별한 의미가 있는 것도 아니라고 그는 말한다. 만해는 결혼을 하느냐 안 하느냐 하는 것은 어디까지나 개인의 자유에 일임할 문제일 따름이라고 본다.

불교 전통에서 보면 인간의 욕망을 긍정하는 만해의 이러한 논리는 과히 혁명적이다. 승려의 결혼을 허용해야 한다는 것이 혁명적인 발상이 아니라, 그 배후에 깔려 있는 인간 욕망의 긍정이 과히 혁명적인 발상인 것이다. 기존의 불교 전통에도 결혼 경험이 있는 무수한 승려들이 있는 것이 사실이다. 또 만해가 주장하는 것처럼 석가도 결혼을 하여 아들을 낳았다. 그러나 그러한 사실이 불교가 인간의 욕망을 긍정하고 있다는 것을 보여 주는 것은 아니다. 모든 불교 계율들에서 성적 욕구의 추구를 부정하는 불사음계(不邪淫戒)가 가장 중시되고 있다. 단 하나 성행위를 수행의 도구로 보는 불교 분파가 있다면 일부 좌도밀교라 할 수 있는데, 이는 역설적으로 보면 불교가 인간의 성욕을 극단적으로 부정하는 데서 발생한 지극히 돌출적이고 국부적인 현상이었을 뿐이다.

그러면 근본주의자인 성철은 근대적 가치관을 받아들여 인간의 욕망을 인정하고 승려의 결혼을 개인적 선택의 문제로 보는 만해와 같은 사고방식을 어떻게 보았는가? 성철은 이 문제에 대해 다음과 같이 말한다.

> 청정(淸淨)한 계율을 견지(堅持)하여 훼범(毁犯)하지 말라고 하신 부처님의 최후 유촉은 불교의 생명입니다. … 그러므로 불교의 성쇠(盛衰)는 승려의

> 지계(持戒) 여하에 달려 있습니다. 일제시대에 불교를 파괴하려는 식민정책으로 승려의 대처(帶妻)를 권장하니, 대처승(帶妻僧)이 교단(教團)을 지배하여 우리 불교사상 일대오점을 남겼습니다.[12)]

만해는 대처를 통해 쇠락한 한국불교에 돌파구를 마련하려 한 데 비해 성철은 대처의 허용을 한국 불교사의 일대 오점이라고 평가한다. 그리고 더 나아가 이를 불교를 파괴하려는 식민정책의 일환이라고 몰아 부친다. 이러한 논리가 타당하다면 일생을 항일 운동에 헌신한 만해는 한 번도 항일 투쟁을 한 적도 없고 승려들이 항일 투쟁에 나서야 한다고 말한 적도 없는 성철의 평가에 의해 졸지에 일본 식민정책의 앞잡이가 되고 마는 것이다. 대처승의 허용을 불교를 파괴하려는 식민정책으로 보는 것은 성철의 주장일 뿐이며, 이에 대한 구체적인 연관관계는 지금까지 제대로 연구된 적이 없다.

그러나 계율을 지키는 것이 "부처님의 최후 유촉"이자 "불교의 생명"이란 말은 결코 성철의 편협한 시각이라고 볼 수 없다. 만해는 "불교의 진수가 어찌 자질구레한 계율 사이에 있겠는가? 불교를 계율에서 구하는 것은 참으로 용을 한 잔의 물에서 낚고 호랑이를 개미집에서 찾는 태도라"[13)]라고 하지만, 계율을 제외하고서 불교를 논할 수는 없다. 불교는 경, 율, 론을 일컬어 삼장(三藏)이라고 한다. 그만큼 계율은 불교를 이루는 기본적 토대이다. 또 계, 정, 혜를 일컬어 삼학(三學)이라고 부르고 있다. 계율을 부정하고는 불교를 말할 수 없는 것이다. 계율을 지키는 것이 "불교의 생명"이란 말은 결코 과장된 말이 아니다. 그리고 그 계율 중에서 결혼과 관련된 불사음계는 대소승의 모든 계율에서 으뜸이 되는 항목이

12) 퇴옹성철, 『자기를 바로 봅시다』, p.71-72.

13) 『韓龍雲全集』 2, p.119.

었다. 바로 이러한 이유 때문에 성철은 일제 식민지 시대의 대처승 허용이 한국 불교사의 일대 오점이었다고 보았으며, 그 자신 대처승을 몰아내기 위한 정화불교 운동의 정신적 지주였음을 내세우고 있는 것이다.

5. 전통과 미래

만해와 성철은 종교 혹은 불교를 보는 시각에서 근본적인 차이를 드러내고 있다. 그리고 그 근본적 차이는 근대적 종교관 혹은 불교관과 전통적 종교관 혹은 불교관의 차이라고 할 수 있다. 만해는 성철보다 반세기 앞서서 활동했지만 근대적 종교관을 가지고 있었던 반면에, 성철은 반세기 후에 활동했음에도 불구하고 전통적 불교관을 지키고 있었다.

만해는 "종교요 철학인 불교는 미래의 도덕 문명의 원료품 구실"을 할 것이라고 말하고 있는데, 이 말에는 불교를 긍정적으로 평가하는 시각이 깔려 있지만, 성철이 보여 준 것과 같은 불교 진리의 초역사성과 영원성에 대한 믿음은 없다. 종교를 문명과 문화의 한 요소로 보는 것은 서양의 지성사에서 보여주는 매우 근대적인 사고방식이다. 근대에 이르러 일어난 다양한 과학 문명의 발달과 자유로운 인문학의 부흥은 기독교의 보편왕국을 무너뜨리고 기독교를 하나의 특수한 문화현상과 가치관으로 전락시켰다. 이러한 현실은 비기독교들뿐 아니라 상당수의 기독교 신학자들까지도 인정할 수밖에 없게끔 했다. 인류의 문명이 부단히 진보하는 것으로 보고, 불교를 미래 도덕 문명의 원료품으로 보는 만해의 진보적 사고는 이들 기독교 신학자들의 사고와 맥이 통하는 것이다.

만해 개인의 실제 행동 양식에도 이런 사고는 반영되어 있다. 스스로 자신의 출가동기를 밝힌 〈나는 왜 중이 되었는가〉에도 나와 있듯이, 만해는 실존적 생사의 고뇌를 벗어던지고 열반의 깨달음을 얻기 위해 출가한 것이 아니다. 그의 출가는 좁은 시골 고향 밖의 세상에 대한 동경에서 비롯되었으며, 그는 어쩌다보니 승려가 된 것이라고 볼 수도 있다. 때문에 그는 승려이면서도 다양한 서양의 철학 사조를 섭렵하였으며, 이들과 불교가 여러 면에서 상통함을 논하고 있다. 그는 한국불교의 발전을 위해 많은 고민과 노력을 하였지만, 그것이 그의 삶의 전부는 아니다. 그는 오히려 시인으로서, 독립운동가로서 더 잘 알려져 있다. 또 그의 활동에서 보다 긍정적으로 평가받는 부분 역시 시인으로서의 활동과 독립운동가로서의 활동이다. 그는 결코 세속이라고 일컬어지는 인간사회를 떠나 불교를 추구하지 않았다. 이러한 만해의 불교는 한마디로 세속화된 불교라 할 수 있다.

반면에 성철은 출가한 이후 줄곧 선방에서 지냈다. 한 번도 도회에서 머문 적이 없다. 성철 역시 매우 박식한 사람으로 알려져 있지만, 그의 저술을 통해 살펴보면, 그는 불교 외에는 별로 아는 것이 있어 보이지 않는다. 오로지 산중에서 불교에서 말하는 깨달음만을 추구하였을 뿐 아니라, 후배 승려들의 세속에 대한 관심까지 경계하였다. 불교는 그의 삶의 전부였다. 불교는 최고의 가르침이었으며, 유일 절대의 가르침이었다. 아무리 세상이 변해도 절대 진리에는 변화가 있을 수 없는 것이었다. "세속을 불교화(佛教化)시켜야지, 불교가 세속화하면 불교는 죽어요"[14]라고 그는 말한다. 성철의 불교는 여전히 초세속적인 불교이다.

14) 퇴옹성철, 앞의 책, p.320.

6. 정체성과 변화

이처럼 만해와 성철의 불교관과 승려로서의 삶은 극명한 대조를 이루고 있다. 만해는 변화하고 있는 세상, 근대로 이행하고 있는 사회의 문화를 흡수하고 불교를 이와 조화시키려고 했다. 반면에 성철은 그러한 변화를 무시하고 자신이 믿는 불교의 원형을 그대로 부흥시키고 지키려 했다. 두 사람은 한국 근현대 불교사에서 가장 존경받는 이들이라고 할 수 있지만, 두 사람의 이처럼 상이한 관점은 결코 서로 융화될 수 있는 것이 아니다. 그러면 이 둘 중 누구의 관점과 태도가 한국불교의 현실에 적합한 것인가?

오늘날 우리는 시대의 변화는 거스를 수 없는 것이라고 본다. 모든 전근대적인 요소는 결국에는 근대적 요소로 대체될 것이라고 믿는다. 그러나 만해와 성철을 보면 꼭 그렇지만은 않다는 것을 알 수 있다. 근대적이라고 할 수 있는 만해의 불교관은 오늘날까지도 그다지 수용되지 않고 있다. 반면에 근대와 현대는 물론 모든 시대의 초월을 주장하는 성철의 근본주의 불교관은 현대 한국 불교에서 성과를 거두었다. 왜 그런가?

그 이유는 아무래도 종교로서의 불교의 특수성에서 찾아야 할 것 같다. 상당수의 근대 불교학자들이 서양 근대 철학의 주요한 특징인 이성주의와 경험주의를 불교 속에서 찾아내고 부각시키려고 하였지만, 전반적인 측면에서 보면 불교의 가치관과 사고방식은 근대를 주도하고 있는 주요한 가치관 및 사고방식과 충돌한다. 인간의 욕망에 대한 태도가 그렇고, 진리의 궁극성에 대한 입장에서 그렇다. 불교에서 말하는 정신적 깨달음의 절대성 대신 문명의 끝없는 진보를 믿으면서, 인간의 욕망을 긍정한 상태에서 불교의 정체성이 과연 유지될 수 있을까? 우리는 불교적 진리의 비객관성을 심문하면서 불교를 비판할 수는 있을 것이다. 그러나 불교가 근대적 가치관과 사유양식을 받아들여야 한다고 말할 수는 없을 것이다.

제Ⅳ장
한용운 선(禪) 사상의 근대성

1. 서론

이 장은 근대주의자로 알려진 한용운이 자신의 정신적 전통인 선불교를 어떻게 근대적으로 해석해내었는가를 논하기 위한 것이다. 한용운은 독립운동가로서 또 시인으로서 널리 대중에게 알려져 있고, 불교계에서는 불교개혁론자로 널리 알려져 있지만, 한용운의 정체성은 선사(禪師)이다. 한용운은 스스로도 선수행자로 자처하였을 뿐만 아니라 불교계의 지인들 역시 그를 선사로 인정하였다. 그의 사후 그의 행장을 최종적으로 정리해 적은 그의 탑비의 명칭이 '만해용운당대선사비(萬海龍雲堂大禪師碑)'[1]인 것도 그런 까닭이다.

한용운은 처음부터 선수행에 관심이 있어서 출가한 것은 아니지만, 출가하여 선을 접한 이후는 생애 내내 참선수행에 정진하였다. 그의 참선수행은 29세인 1907년 건봉사에서의 안거로부터 시작된다. 기질적으로 산중에 묻혀 살 체질이 아닌 탓에 산중에서 오랜 기간 동안 선 수행을 한 것은 아니지만, 한용운의 불교는 궁극적으로는 선이었다. 한용운의 독립운동은 민족불교운동에서 출발하는데, 이것 역시 선불교 정신에 근간을 두고 있다고 할 수 있다. 1910년 친일파 승려들에 의해 '한일불교동맹

---

1) 『韓龍雲全集』, p.419.

조약'이 체결되자 만해는 1911년 조선임제종(朝鮮臨濟宗) 운동을 벌이고, 이 종단의 총무원장격인 관장에 취임한다. 임제종이란 명칭은 태고보우(太古普愚, 1301~1382) 이래의 한국 선불교의 종풍인 임제선을 종지로 삼겠다는 취지에서 나온 것이다. 1911년 이후 활발한 사회활동을 하던 한용운은 1917년에는 다시 설악산 오세암으로 들어가는데, 이때 선 수행에 매진해 오도송을 남기기도 했다.

선수행자로서의 한용운의 모습은 조선임제종 운동이나 건봉사와 오세암에서의 산중 수행을 통해서만 볼 수 있는 것이 아니다. 그의 선 수행의 진면목은 산중에서의 수행이 아니라 서울에서의 세속 생활 가운데서 실천한 참선 수행에 있다. 한용운은 1911년 이후 1944년 세상을 떠날 때까지 생애 거의 대부분을 서울에서 보냈다. 산중에서 수행하는 납자만을 선사라고 한다면 한용운은 진정한 의미에서의 선사라고 불리기 어려울 것이다. 그가 산중에서의 참선에 몰두한 것은 1907년의 안거가 전부이다. 1917년 오세암에서 득도하고 오도송을 남길 당시에도 오랜 동안 산중에서 머문 것 같지는 않다. 그가 선사라고 불릴 수 있었던 것은 서울에서의 활발한 사회활동을 하는 와중에, 그리고 만년의 결혼 생활 가운데서도 늘 선 수행을 했기 때문이다.

한용운은 서울에서 바쁜 나날들을 보냈지만, 틈만 나면 늘 참선을 했다고 전한다. 서울에서의 그의 주 거처는 결혼 전까지는 계동의 선학원이었지만, 따로 셋방을 얻어 생활하기도 했다. 그는 또 술도 꽤 즐겼는데, 이 방에서 지인들과 밤새워 술을 마시다가 취중에 잠이 들어도 새벽이면 홀로 깨어 참선을 하고 있어, 함께 자던 이들이 깨어나서 보고는 놀라는 일들이 많았다고 전한다. 세속 생활 속에서의 한용운의 참선수행은 결혼 후에도 마찬가지였다. 1934년 55세의 나이에 재혼하여 성북동에 집을 지어 살게 되었는데, 이 집의 당호를 심우장(尋牛莊)이라고 지었다. 십우도라고도 일컬어지는 심우도(尋牛圖)의 심우(尋牛)를 따라 지은 것이다. 비록 사는 곳은 속가이지만, 이곳에서도 선수행자로서의 삶을 지속하겠다는 뜻을 드러낸 것이다. 그는 1936년 잡지사 기자와의 대담에서 심우장 생활을 소개하면서, “틈만 있으면 정좌하고 속념에서 물러나 참선하는 것이 나의 매일의 가장 중요한 일과이니까요.”라고 하고 있다.[2)]

한용운에 대한 연구 중 가장 많은 것은 『님의 침묵』에 나타난 민족주의와 그 기저에 깔려 있는 불교사상 등에 관한 것이고, 그 다음으로는 「조선불교유신론」을 중심으로 한 그의 불교개혁사상에 관한 것이다. 하지만 이러한 연구 경향이 형성된 것은 『님의 침묵』에 나타난 민족주의와 그 기저 사상 및 「조선불교유신론」을 중심으로 한 불교개혁사상이 한용운의 사상적 정체성을 결정적으로 드러내기 때문이 아니다. 주된 이유는 『님의 침묵』은 대중적으로 널리 읽히고 「조선불교유신론」은 불교계에 큰 반향을 일으켰기 때문이다. 『님의 침묵』에 나타난 그의 민족사상이 아무리 강렬한 것이라 하더라도, 또 『조선불교유신론』에서 제시하는 각종 제도와 의례, 승려 교육의 개혁 방안들이 아무리 현실적인 측면에서 설득력이 있는 것이라 하더라도, 그것이 승려인 한용운이 추구하는 궁극적인 목적인 선에서의 깨달음에 대한 해석과 일치하지 않는다면, 그 방안들은 의미를 상실할 수밖에 없다. 한용운의 선사상에 대한 이해 없이 한용운을 제대로 이해할 수는 없다.

2) 春秋學人, 「尋牛莊에서 參禪하는 韓龍雲氏를 찾아」, 『삼천리』 8권 6호, 1936.6. 『韓龍雲全集』 4, p.408. 기사 제목이 그의 재가 참선 생활이 잘 알려졌음을 말하고 있다. 「겨울밤 나의 生活」(『彗星』 1931.; 『韓龍雲全集』 1, p.242)에도 재가에서의 일상적인 참선 생활을 이야기하고 있다.

2. 불교개혁론과 선불교의 대립적 구도를 넘어서

민족운동가로서, 승려로서, 그리고 시인으로서 불꽃같은 삶을 산 그의 삶과 정신을 제대로 이해하기 위해서는 그의 선수행과 선사상에 대해 살펴보지 않을 수 없음에도 불구하고, 한용운의 선사상에 관해서는 거의 연구가 이루어지지 않았다. 기존 연구로는 다만 전보삼의 「한용운 선사상의 일고찰」,[3] 서재영의 「선사로서의 한용운의 행적과 선사상」,[4] 박재현의 「만해 한용운의 선적 역할의식에 관한 연구」,[5] 「만해 한용운의 선의식을 중심으로 본 근대성과 탈근대성」,[6] 신규탁의 「『십현담주해』에 나타난 만해 한용운의 선사상」[7] 등을 들 수 있는 정도다. 문학적 측면에서 선사상과 관련지어 연구한 논문들도 있지만, 이런 연구는 한용운의 선사상 자체를 드러내고 있는 것은 아니다. 그의 문학이 선사상에 기초하고 있다는 사실 자체만을 확인하고 있는 정도이다.

전보삼의 연구는 한용운의 저술 가운데서 선과 관련된 부분들을 두루 발췌해서 소개하고 이에 대한 간략한 풀이를 하고 있다. 서재영의 연구는 한용운의 선사상에 관한 연구가 갖는 의미를 한용운의 실제 행적을 통해서 입증하고 있으며, 전보삼의 연구보다 더 자세히 한용운의 선불교 관련 저술들을 소개하고 있다. 그리고 한용운의 선을 대중을 위한 생활선으로 평가하고 있다. 서재영의 연구는 우리가 한용운에 대해 이해하려면 반드시 그의 선에 대한 태도와 관점을 살펴보아야 한다는 것을 말해 준 데

3) 『동아시아문화연구』 3호, 한양대학교한국학연구소, 1983, pp.95-117.
4) 『한국선학』 4호, 한국선학회, 2002, pp.273-299.
5) 『불교학연구』 16호, 불교학연구회, 2007, pp.109-135.
6) 『한국선학』 41호, 한국선학회, 2015, pp.79-106.
7) 『선문화연구』 16집, 한국불교선리연구원, 2014, pp.7-42.

의의가 있다. 박재현의 첫 번째 연구는 한용운의 선이 임제선의 몰 역사성을 조동선의 보살행으로 보완한 형태라고 말하고 있다. 박재현의 두 번째 연구는 제목 상으로 본 장의 주제와 유사하나 한용운의 선사상의 근대성이 아니라 한용운의 불교사상 일반의 근대성을 다루고 있다. 신규탁의 연구는 한용운의 『십현담주해(十玄談註解)』가 어떻게 김시습의 『십현담요해(十玄談要解)』와 다른가를 비교하면서, 결과적으로 한용운의 해석이 「십현담」의 본래 의미를 제대로 드러내고 있다고 결론내고 있다.

이처럼 한용운의 선사상에 대한 연구가 매우 희소할 뿐 아니라, 그의 정신적 전통을 이루고 있는 선사상과 그의 지향점인 근대성과의 관계에 대한 연구가 사실상 전무한 것은 근대 이후 한국사회에서 선불교가 차지하고 있는 사회문화적 위치와 관련지어 생각해볼 수 있다. 한국의 오랜 정신적 전통인 불교는 근대 이후 무너진 정체성의 회복과 근대사회에의 적응이라는 두 가지 근본적인 과제와 씨름해 왔는데,[8] 그 과정에서 불교인들은 서로 다른 방식들을 취했다. 당연하게도 정체성 회복을 중시하는 이들이 있는가 하면 근대적 변모를 위해 노력한 이들도 있었다. 그런데 정체성 회복을 중시하는 이들은 선불교 속에서 정체성을 찾게 되었고, 결국 선불교는 불교 내에서도 보수적인 입장을 대변하는 것으로 자리매김되었다. 반면에 근대성을 추구하는 이들은 주로 학승들이었다. 오늘날 선불교가 명상 수행 일반과 함께 현대인들의 영적인 수행으로 각광을 받고 있는 것을 생각하면, 근대 초기의 보수적인 불교인들이 선불교를 옹호했다는 것은 쉬이 납득이 가지 않을 수도 있는 사실이다. 그러나 당시의 선불교는 오늘날 근대적으로 보다 정확히는 포스트 모던적으로 재해석되

8) 이에 관해서는 김종인의 다음 논문들 참조. 「한국불교의 두 얼굴, 만해와 성철: 전근대성과 근대성 간의 긴장과 갈등」, 『불교평론』 22호, 불교평론, 2005.03. pp.75-91.; 「백용성의 근대와의 만남과 불교개혁운동」, 『대각사상』 23호, 대각사상연구원, pp.125-152. 2015.6.

어 일반 사회에 알려지고 있는 참선수행과는 다른 것으로서, 근대의 이성적 사고와 반하는 특징들을 가지고 있었다.

20세기 초에 한국불교는 불교의 근대화 문제를 주요한 논의 주제로 삼게 되는데, 이때 불교를 근대화시켜야 한다는 이른바 불교개혁론자들의 대부분은 학승들이었다. 그간 연구를 통해 드러난 대표적인 개혁론자로는 한용운, 권상로, 박학명, 이영재 등이 있는데 이들 중 선승이라 불릴 수 있는 이는 한용운이 유일하다. 이들 학승들과 반대로 선승들은 불교의 개혁이 불교를 망치는 것으로 보고 전통을 고수하였다. 한말 한국선불교의 중흥조라 일컬어지는 경허는 또한 전통의 부흥자로 일컬어진다. 왜곡된 형태임을 부인할 수는 없으나 20세기 초 한국불교에 대거 등장한 대처승들은 불교의 근대화의 한 산물로 볼 수밖에 없는데, 이들을 물러나게 하고 전통을 복구시킨 이들은 선승들이었다. 이러한 역사적 맥락으로 인하여 선불교는 곧 보수적인 불교로 인식되게 되었고, 불교근대화와 선불교는 대칭적인 위치에 있는 것으로 여겨지게 되었다. 불교개혁론과 선불교의 이러한 대립적 맥락으로 인해 불교개혁론의 상징적인 인물이라 할 수 있는 한용운에 대한 연구는 『조선불교유신론』을 중심으로 한 그의 불교개혁론에만 초점이 맞추어져 있었고, 그의 선불교 재해석은 학자들의 시야에 제대로 포착되지는 않았다.

하지만 이러한 역사적 맥락에서 벗어난 예외적인 인물이 한용운이다. 한용운은 불교개혁론의 상징적인 인물임에도 불구하고 선의 중요성을 잊지 않았다. 그는 일관되게 불교 개혁의 방향성을 근대성의 확립에 두었지만, 동시에 근대성 확립의 맥락 속에서 선불교도 재해석하고 실천하였다. 그의 선불교 재해석은 『조선불교유신론』에 표현된 종합적인 불교개혁론과 같은 체계를 가지고 있지는 않지만, 그는 몇몇 글들을 통해서 선불교를 재해석하는 모습을 분명히 보여주고 있다.

불교에 대한 자신의 입장을 가장 종합적으로 표현한 『조선불교유신론』에서도 선에 대한 그의 입장을 볼 수 있다. 이 글에서 선불교를 해석하는 그의 근대적 시각을 볼 수 있는데, 한용운은 근대적 학문 분류의 관점에서 선불교를 바라보고 있다. 한용운은 선불교의 정체성을 근대적 학문 분과의 하나인 철학과의 관계 속에 설정하면서 다음과 같이 설명하고 있다. "참선은 체(體)가 되고 철학은 용(用)이며, 참선은 스스로 밝히는 것이요, 철학은 연구하는 것이며, 참선은 돈오(頓悟)요 철학은 점오(漸悟)이다."[9] 참선과 철학의 관계를 체용으로 풀이하고 있다. 참선과 철학의 이러한 관계 설정에는 근대적 지적 분류 체계를 통한 불교와 선의 위치규정, 불교에서의 언어의 문제, 선과 교의 관계 등이 관련된 매우 함축적인 의미들이 내포되어 있다.

한용운의 참선과 철학에 대한 체용론적 해석의 의미를 이해하기 위해서는 먼저 참선의 상위 범주인 종교와 철학의 구분, 그리고 불교와 양자와의 관계에 대한 그의 견해를 이해할 필요가 있다. 그는 종교는 불생불멸의 경지를 추구하는 인간의 욕구에서 나온 것으로서 쉬이 미신에 떨어지는 경향이 있는 반면에 철학은 이성적 탐구를 통해 진리를 추구하는 것이라고 말하고 있다.[10] 그러므로 종교가 미신에 떨어지지 않는 올바른 종교이기 위해서는 철학의 진리 추구 방법으로 검증되어야 한다고 본다. 그런데 불교는 종교적 성질과 철학적 성질 모두를 가지고 있으므로 참다운 종교가 될 수 있다는 것이 그의 입장이다.

진리를 추구하는 철학이 체(體)인 참선의 용(用)이 된다고 보는 것은 이러한 맥락에서 나온 것이다. 말하자면 참선은 불교의 종교적 성격을 보여

9) 『韓龍雲全集』 2, p.54.
10) 『韓龍雲全集』 2, pp.36-38.

주는 것으로서 그 자체로서 영원의 진리를 드러내는 것이고, 불교철학은 참선의 그러한 진리가 미신적으로 해석되지 않게 설명할 수 있다는 것일 것이다. 참선과 철학의 이러한 관계 설정이 구체적으로 어떻게 가능한 것인지에 대해서는 한용운 자신이 자세히 밝혀 두고 있지도 않을 뿐 아니라 쉽게 설명해낼 수 있는 것이 아니지만, 불교의 철학적 전통에 익숙한 사람들은 이러한 참선과 철학의 체용 관계 설정은 중관(中觀)의 이제(二諦)의 논리에 기반하고 있다는 것은 알 수 있을 것이다. 한용운은 참선을 언어를 초월한 진리인 진제(眞諦)에 대응시키고 철학을 언어적으로 표현된 진리인 속제(俗諦)에 대응시키고 있는 것이다. 한용운은 참선이 언어를 초월한 진리임을 다음과 같이 말하고 있다. "마음의 정체를 밝히는 길을 참선이라고 한다. 엄밀히 말한다면 참선이라는 말도 해당되지 않지만, 이름이 없어도 곤란하기에 참선이라고 부르는 것이다."[11]

참선과 철학을 체용의 관계로 보는 한용운의 이러한 관점은 일종의 선교융합적 사고다. 불교에는 철학적 성격이 있다는 말은 불교의 교학을 일컫는 말로 해석될 수 있다. 1931년 『불교』에 발표된 「조선불교의 개혁안」에는 한용운의 이러한 선교융합적 사고가 더욱 분명하게 드러난다.

> 선교(禪敎)를 떠나서 불교를 말할 수 없으니 선교는 곧 불교요 불교는 곧 선교다. 선(禪)은 불교의 형이상학적 순리를 이름이요, 교(敎)는 불교적 언문을 이름이니, 교로써 지(智)를 얻고 선으로써 정(定)을 얻는 것이라, 정을 얻어야 바야흐로 생사고해(生死苦海)를 건너서 열반피안(涅槃彼岸)에 이르게 되는 것이요, 교를 말미암지 않으면 중생을 제도하는 보벌(寶筏)의 지침을 얻을 수가 없는 것이다. 그러므로 선과 교는 새의 두 날개와 같아서 하나를 궐(闕)할 수가 없는 것이니, 불교의 성쇠는 선교의 흥체(興替)를 영향(影響)하는 것이다.[12]

11) 『韓龍雲全集』 2, p.52.

선을 '형이상학적 순리'라는 말로 표현하는 것은 형이상학이라는 개념을 근원적 존재, 절대진리와 연결시키는 오늘날의 일반적 이해와는 차이가 있어 보인다. 한용운은 선이 경험적이고 이성적인 인식 너머의 진리를 추구한다는 의미로 '형이상학적 순리'란 말을 사용하고 있는 것으로 볼 수 있을 것 같다. '교(敎)는 불교적 언문을 이름'이라고 한 것은 교를 진리에 대한 지적 이해와 언어적 이해(언문: 언어문자)를 가리키는 것으로 해석하고 있는 것이다. 선과 교가 이렇게 관계 설정될 때, 둘 중 어느 것이 더 궁극적인가를 논하면 선이 더 궁극적인 것이라고 할 수 있다. 그러나 그렇다고 해서 선이 더 중요하고 선이 있으면 교는 없어도 되는 것은 아니다. 불교는 선과 교 이 둘로 이루어져 있으며, 어느 하나도 결여해서는 안 된다고 보고 있기 때문이다. 한용운의 이러한 선교융합적 사고는 전통적인 선종의 입장과 명백히 다르다. 교를 열등한 가르침 내지는 도리어 선수행을 방해하는 것으로 이해하는 것이 선종의 일반적 태도인데, 한용운은 불교는 선교가 균형을 이루어야 한다고 보고 있다. 선만큼이나 교를 중시하고 있는 것이다.

3. 근대의 정신적 환경 속에서 선을 바라보다

한용운의 이러한 선과 교의 관계에 대한 체용론적 이해와 선교융합적 사고는 그의 근대 학문의 수용과 밀접한 관련이 있다. 그는 선을 체로 보고 철학을 용으로 풀이하는데, 우선 철학이라는 용어 자체가 근대 서양 학문과 함께 들어온 용어다. 오늘날 철학이란 말은 가장 보편적인 학문을

---

12) 『韓龍雲全集』 2, p.168.

가리키는 용어지만, 근대 이전에는 없던 말로서 19세기 말에 희랍의 philosophia를 번역한 말이다.[13] 한용운이 『조선불교유신론』을 쓴 것은 1910년인데, 그 당시 철학이란 말이 얼마나 보편적으로 사용되었는지 불분명하나, '종교'와의 비교에서 알 수 있듯이 한용운은 철학이란 말을 오늘날의 의미와 같은 맥락에서 사용하고 있다. 그는 승려임에도 불구하고 당대의 누구보다도 적극적으로 근대 문화를 수용했으며, 학문적으로도 그랬다.

체용 개념은 위진남북조 시대 철학의 중심 개념으로서 일찍부터 중국불교에서 사용된 개념이지만, 한용운이 여기서 사용하는 체용 개념은 19세기말 중국의 양무운동의 사상적 기반인 중체서용론(中體西用論)[14]과 맞닿아 있다고 볼 수 있다. 중국의 가치와 서양의 도구적 방편의 결합을 그 근본 취지로 하는 중체서용론은 다양한 분야에서 적용될 수 있는 매우 포괄적인 개념인데, 한용운은 이 중체서용의 논리를 선불교와 서양 학문의 결합에 적용하고 있다. 선이 체가 되고 철학이 용이 된다는 것은 선을 근본으로 해서 '서양의 철학'을 포섭할 수 있다는 사고처럼 보이며, 그런 면에서 보면 한용운 역시 일종의 중체서용론적 사고를 하고 있는 것이다. 그런데 한용운의 논리는 중체서용의 일반적인 논리처럼 동양(중국)의 가치인 참선이라는 정신적 토대 위에 서양의 철학 사상을 받아들이자는 것이 아니다. 한용운이 말하는 용으로서의 철학은 서양철학은 아니고 동서양의 철학 일반이다. 그는 동서양의 철학들이 부분적으로 불교의 진리와 부합하며, 이들 철학이 사실은 불경의 주석 역할을 한다고 말한다.[15] 그

---

13) 니시 아마네가 1874년 『百人新論』에서 발표한 번역어이다.

14) 한국에서는 중체서용이란 말 대신 동도서기(東道西器)란 말을 사용하지만 '체용' 개념과의 연상성 때문에 본글에서는 중체서용이란 말을 사용한다.

15) 『韓龍雲全集』 2, p.42.

는 서양의 플라톤, 루소, 칸트, 베이컨과 마찬가지로 동양의 육상산, 왕양명 등이 이러한 철학을 지닌 철학자로 인식하고 있다. 이렇게 보면 한용운의 체용론은 실제로는 동양의 가치와 서양의 도구라는 중체서용론의 기본 취지와 다른 것으로 볼 수도 있지만 그렇지는 않다. 그는 좀 더 근원적인 차원에서의 중체서용론의 취지를 활용하고 있다. 선의 가치 기반 위에 그가 받아들이고자 하는 것은 서양 철학의 학문적 내용이 아니라 서양의 철학이라는 '학문적 형식'이다.

한용운이 말하고자 하는 것은 선은 불변의 진리(체)로서 어떠한 시대적 상황에서도 저버릴 수 없는 것이므로, 선을 근본으로 두고 서양의 철학사상들을 받아들여 활용해야 한다는 것이 아니다. 그가 말하고자 하는 것은 흔히 언어를 초월하는 진리를 말한다고 일컬어지는 선이 사실은 철학적 체계 속에서 해석될 수 있다는 것이다. 즉, 선이 새로운 시각과 방법, 보다 구체적으로 말하자면 소통 가능한 근대적 언어체계로 해석되어야 한다는 것이다. 이러한 사실은 그의 불교개혁론 가운데서 승려들의 교육 개혁에 관한 사항들을 살펴보면 더욱 분명히 알 수 있다. 더욱이 위의 내용들은 『조선불교유신론』에 나오는 것들이다. 한용운은 『조선불교유신론』에서 불교의 개혁 과제 중에서도 제일 먼저 승려의 교육을 강조하고, 교육개혁의 최우선 과제로 사상적 자유를 내세우고 있다. 전해오는 경전과 교리를 답습하는 전통의 묵수가 아니라 근대적인 비판의식의 확립을 강조하고 있는 것이다. 그는 또 승려들도 사회 일반의 학문인 보통학을 배워야 하며, 구미의 문명국에 유학하여 종교의 연혁 등을 공부해야 한다고 말한다. 불교를 근대의 보편적인 정신적 환경 속에서 재해석해야 함을 인식하고 있는 것이다. 선이 체이고 철학이 용이라는 설정은 근대적 의식을 추구하는 그의 이러한 불교개혁론의 맥락 속에서 이루어진 것이다.

근대의 보편적인 정신적 환경 특히, 근대 학문의 규칙 내에서 불교를 재해석하려는 한용운의 태도는 「신앙에 대하여」라는 글에서도 분명하게 드러난다. 그는 이 글에서 믿음에 기초한 종교적 진리성이 학문적으로도 입증될 수 있는가를 논한다. 그는 서양의 학자들 가운데는 기독교의 믿음이 학문적으로는 입증될 수 없다고 보는 이들이 있다는 것을 인식하면서, 불교는 다르다고 말한다.

> 불(佛)의 존재를 믿는 것과 학문과는 여하한 차이가 있는지에 대하여 말하면, 종교의 신(信)과 학문의 신(信)과에 하등의 차이가 없으니, 종교의 본질과 학문과는 결코 모순 충돌되지 않는 것이다. 뿐만 아니라 차라리 학문이 심각할수록 종교적 의식이 명확할 것이다[16)]

학문(이성적 사유)과 충돌하는 종교는 기독교만이 아니다. 불교는 매우 철학적인 종교라고들 평가하지만, 많은 승려들은 불교의 진리는 학문적 탐구로 파악될 수 없는 신비한 것이라고 믿어 왔다. 특히 그러한 경향은 선승들에게서 강하다. 선교일치를 추구하는 선의 종파들도 있지만, 대개의 선종은 교학을 통한 깨달음을 부정한다. 교학이란 선에 비해 열등한 것이거나 도리어 깨달음을 방해하는 것이라고 여긴다. 선을 체로 보면서도 종교의 본질과 학문의 본질이 서로 모순하지 않는다고 보는 한용운의 태도는 기본적으로 선교일치의 전통을 계승하는 것이라고 볼 수 있다. 그런데 그는 교(敎)란 말 대신 학문이란 말을 사용하고 있다. 학문이 무엇인지에 관해 특별히 말하지는 않고 있지만, 그가 말하는 학문은 그의 승려교육개혁에 관한 입장에서 볼 때 근대적인 의미에서의 학문, 즉 객관적인 탐구로서의 학문이라고 할 수 있다. 경험적으로 확인되고, 논리적 추론으로 명백해지는 진리를 추구하는 활동으로서의 근대적 학문을 일컫는 것

16) 韓龍雲, 「信仰에 대하여」, 『佛教』 96호, 1932.; 『韓龍雲全集』 2, p.302.

이다. 종교적 믿음도 학문적인 탐구 방법을 통해서 확인되어야 하며, 학문적 진리 탐구의 궁극에 종교적 진리가 있다는 생각이다. 그리고 그러한 종교적 진리를 다루는 학문이 바로 철학이다.[17)]

4. 선의 상식화

한용운의 선 해석의 근대성은 몇 가지 측면에서 발견될 수 있는데 그 중에서 가장 핵심적인 것은 그가 선을 일상생활 속의 상식적인 정신적 활동으로 해석한다는 점일 것이다. 한용운은 선을 이렇게 해석함으로써 선에 덧씌워진 전근대적 신비주의와 계급적 성격을 걷어내고, 근대적인 보편적 인간의 이성적 사고에 부응하는 정신활동으로 만들려고 했다. 1932년 2월에 『佛敎』에 발표한 「禪과 人生」이라는 글에서 그는 다음과 같이 말한다.

> 선을 일종의 종교적 행사로만 아는 것은 오해다. 선은 종교적 신앙도 아니오. 학술적 연구도 아니며, 고원한 명상도 아니오. 침적(沈寂)한 회심(灰心)도 아니다. 다만 누구든지 아니하면 아니 될 것이요, 따라서 누구든지 할 수 있는 지극히 평범하고 필요한 일이다. 선은 전인격의 범주가 되는 동시에 최고의 취미요 지상의 예술이다. 선은 마음을 닦는 즉 정신 수양의 대명사다.[18)]

---

17) 불교를 근대적 학문 체계 내에서 논의하려는 한용운의 시도는 자연히 선을 근대의 학문적 환경 속에서 논의하려는 태도로 이어진다. 「선과 자아」라는 글에서는 그는 '선과 철학의 관계'라는 절을 설정하고, 선의 관심사는 결국 자아의 문제인데, 이는 "고래의 종교가, 철학가들이 부심초사(腐心焦思)한" 문제라고 설명하고, 소크라테스, 톨스토이 등을 언급하고 있다.(韓龍雲, 「禪과 自我」, 『佛敎』 108호, 1933.07.01.; 『韓龍雲全集』 2, p.321.

18) 韓龍雲, 「禪과 人生」, 『佛敎』 92호, 1932.; 『韓龍雲全集』 2, p.311.

선을 "누구든지 할 수 있는 지극히 평범하고 필요한 일"이라고 하고 있다. 선이란 선승들의 전문화된 종교적 행위가 아니라 보편적인 인간의 일상적인 모든 행위 속에서 이루어질 수 있는 정신수양이란 말이다. 선에 대한 한용운의 이러한 언명은 새삼스런 것이 아닐 수도 있다. 선불교는 보편적 구원을 이념으로 하는 대승불교의 전통 속에 있을 뿐 아니라, 수행의 일상성 역시 매우 중시한다. 모든 중생이 깨칠 수 있는 불성을 가지고 있으며, 일상적 행위 자체가 수행이라는 것은 선불교의 기본 이념이다. "나무하고 빨래하는 데 도가 있다"고 하며 "행주좌와 어묵동정(行住坐臥 語默動靜)이 선 아닌 것이 없다"고 한다. 또 형식논리로만 보면 그 시초부터 선불교는 계급에 기초한 인격의 차별성를 부인하고 인격의 보편성을 믿는 근대적 정신과 차이가 없었다. 특히나 남종선은 육조 혜능을 무식한 나무꾼으로 설화화하고 있다. 그러나 실제의 선 전통은 그렇지가 않다. 극히 일부의 귀족 지식인들을 제외하면 선은 늘 승려들만이 행하는 수행법이었다. 선불교가 이념상으로는 보편적 구원을 형식적으로 추구하고 또 실천면에서는 생활성과 일상성을 말해왔지만, 선은 다른 한 편으로는 면벽수행, 용맹정진, 동정일여(動靜一如), 오매일여(寤寐一如) 등의 용어에서 볼 수 있는 것과 같이 비일상적이고 심지어는 초인적인 수행을 통해서 얻을 수 있는 신비의 경지임을 강조해 왔다. 때문에 선적 깨달음의 보편성은 다른 종파에 대한 이론적인 공격 무기의 역할만을 수행해왔고, 수행의 일상성은 그 수행법이 누구나 할 수 있다는 것을 의미하기보다는 일상의 모든 삶 자체가 수행의 차원으로 승화될 정도로 되어야 한다는 역설적인 해석을 낳았다. 결국 보편적 구원을 추구하는 선불교의 이념은 매우 공허하고 추상적인 것에 지나지 않았었다. 실제로 전근대시대의 선승들은 일반 대중들에게 선을 가르치려는 시도조차 하지 않았다.

한용운은 선이란 신비의 것이 아니라 평범한 것임을 말한다. 선이란

"마음을 닦는 정신수양의 대명사다." 정신수양이란 특별한 사람만이 할 수 있는 것은 아니다. 누구에게나 필요하고, 누구나 할 수 있는 인간의 보편적인 실천 덕목이다. 그래서 선은 "불교인에게만 필요한 것이 아니오, 지식인, 농부, 기술자, 상인 기타 모든 유형의 사람들에게 필요한 것이다."[19] 한용운의 이러한 진술은 누구나 깨칠 수 있는 불성을 가지고 있다는 것을 이념적으로 믿는 선불교의 전통과 같으면서도 다른 것이다. 단지 보편적 구원을 이념적으로 선언하는 데에 머무는 것이 아니라 현실의 인간에게서 구체적으로 적용해야 함을 확인하고 있다. 불교는 모든 인간이 스스로 깨칠 수 있는 불성이 있다고 함으로써 근대의 보편이성과 유사한 사상을 드러내었으나 이를 실천적으로 적용하려는 노력을 하지 않았는데, 한용운은 모든 인간이 실제로 참선을 수행하여 깨달아야 한다는 것을 말함으로써 근대의 이성에 기초한 시민혁명을 통한 보편적 인간해방의 실천과 궤를 일치시키고 있는 것이다.

하지만 모든 사람들에게 선의 문호를 개방한다고 해서 모든 사람들이 선을 실천할 수 있는 것은 아니다. 누구나 실천할 수 있는 방법이 제시되어야 한다. 일상적 행위 속에서도 선 수행은 가능하다고 하면서도, 선은 다른 한편으로는 가부좌틀기, 호흡법, 관법, 묵언, 면벽수행, 화두 들기 등의 독특한 수행방법론을 제시하고 있는데, 이러한 방법은 매우 전문적인 훈련을 필요로 하는 것이다. 이러한 전문화된 수행 방법론 역시 일반 대중이 선을 실천하기 어렵게 만드는 장애물이었다. 이에 대해 한용운은 다음과 같이 말한다.

19) 『韓龍雲全集』 2, pp.311-312.

> 마음을 닦는 것도 물을 맑게 하는 데 비하면 좋을 것이다. … 흐린 물을 맑게 하는 데는 무슨 방법이나 기술을 요구하느니보다, 차라리 아무 방법도 기술도 없이 물의 본성 그대로 안정시키는 것이 곧 방법 아닌 방법이 되고 기술이 아닌 기술이 될 것이다.
>
> 그러면 마음을 닦는 방법 즉 선도 그러한 것이다. 선에 있어서도 화두를 드는 이외에는 무슨 방법이든지 방법을 쓰 것은 금물이다.[20]

한용운은 한국의 간화선 전통에서 선 수행 방법을 찾고 있음을 알 수 있다. 그런데 전통적인 간화선은 여타 선수행법의 번쇄함을 없애기는 하였으나, 간화선 수행법의 핵심인 화두 들기는 결코 일반인들이 쉬이 따라할 수 있는 것이 아니다. 무엇보다도 화두 자체가 매우 난해한 것으로 이해되어 왔다. 화두는 언어 이전의 소식으로서, 언어로 되어 있음에도 불구하고 언어와 언어에 기초한 이성적 사유를 넘어설 것을 요구한다. 때문에 화두는 지식인들이나 승려들에게조차 수수께끼 같은 것이다. 일반인들이 간화선을 수행하기 위해서는 화두에 대한 쉬운 접근이 이루어져야 하는데, 한용운은 이에 대해서는 구체적인 방법을 제시하지 않는다. 그는 다만 화두 드는 방법에 대한 전통적인 설명인 성성적적(惺惺寂寂)을 원용하면서 화두를 드는 것은 "지적 작용으로 연구하는 것도 아니오, 다만 무의식적으로 침묵하는 것도 아니다"고 말한다.[21] 성성(惺惺)은 정신이 맑게 깨어 있어서 자아와 세계에 대해서 선명하게 관찰하고 대응할 수 있는 정신적 상태를 말하고, 적적(寂寂)은 그렇게 관찰하고 대응하면서도 마음에 동요 없이 고요히 머물러 있는 것을 말한다. 성성적적은 화두에 든 이상적인 상태를 설명하는 말일 뿐이다. 어떻게 화두에 들 수

20) 『韓龍雲全集』 2, p.312.

21) 『韓龍雲全集』 2, p.313.

있는가 하는 것을 설명하지는 않는다.

한용운은 구체적인 수행 방법을 정립하고 있지는 않다. 그러나 그가 참선을 일상의 상식적인 정신활동의 일환으로 보고 있다는 것은 의미가 있다. 그는 마음을 닦는 것은 "불교의 선만 있을 뿐 아니라, 유교에도 있고, 예수교에도 있으니, 유교에서는 맹가(孟軻)의 구방심(求放心)과 송유(宋儒)의 존양(存養)이 그것이요, 예수교에서는 예수가 요르단 하변(河邊)에서 40일간 침묵명상(沈默冥想)한 것이 그것이다."[22]고 말한다. 구방심(求放心)이란 잃어버린 마음을 찾는다는 의미이다. 잃어버린 마음이란 인의(仁義)로 표현되는 윤리적인 본성을 말한다. 존양(存養)이란 윤리적 본성을 보존하고 기르는 것을 말한다. 40일간의 침묵명상은 예수가 광야에서 욕망과 싸우며 수행한 것을 일컫는다. 철학적 사변을 통해 논증하면 불교의 참선과 유학의 존양 공부, 예수의 수행은 매우 다른 형이상학적 전제에서 출발하고 있는 수행법이라고 해야 할 것이다. 그러나 한용운은 그러한 철학적 사변을 배제하고 선에 대한 상식적 접근을 하고 있다. 그랬을 때 선은 유일무이한 신비의 비술이 아니라, 다른 문화권에서도 볼 수 있는 인류의 보편적인 정신수양의 일종이 되는 것이다.

한용운이 선을 상식적인 생활의 세계로 끌어들이려고 했다는 것을 보다 분명하게 보여주는 것은 선의 활용 면에 관한 그의 생각이다. 그는 선수행의 공간이 결코 세속에서 멀리 떨어진 산간일 필요가 없다고 말한다. 선을 처음 접하는 사람들은 산속에서 수행해도 좋지만 참선을 종료한 후에는 반드시 일반사회 속에 들어와야 한다고 말한다.[23] 물론 이러한 태도 역시 본래의 선 전통에서도 이념적으로는 표방되는 바이다. 선수행의

22) 『韓龍雲全集』 2, p.313-314. 『韓龍雲全集』에 '침획명상(沈畫冥想)'으로 표기되어 있는데, 오자로 보인다.

23) 『韓龍雲全集』 2, p.317.

단계를 도식화한 심우도(尋牛圖)의 마지막 장면인 입전수수(入廛垂手)는 선수행의 완성이 일반사회로의 회향에 있다는 것을 말한다. 그러나 전통시대 선불교에서 입전수수는 선이 주장하는 깨달음의 보편성만큼이나 이념적 허구에 불과했을 따름이다. 동아시아 사회에서 유학자들은 불교를 염세의 종교라고 비판했는데, 승려들 가운데서도 세상과 가장 철저히 담을 쌓고 살아 간 이들이 선승들이다. 절대 다수의 선승들은 세속과 등을 진채 산 속에서 일생을 살고자 했으며, 그것을 수행자의 진정한 모습이라고 여겼다. 왜 전통시대에 선불교에서의 대중에로의 회향이 실제로 이루어지지 못했는가에 대해서는 선불교의 사유구조뿐 아니라 사회문화적 조건의 측면에서도 이야기될 수 있을 것이다. 전통시대의 사회문화적 조건은 선불교가 일반사회에서 대중적으로 수용되기 힘든 것이었는데, 이 문제는 여기서 이야기할 필요는 없을 것이다. 그러나 사유구조에 대해서는 말할 필요가 있다.

선불교가 한국 불교의 전통을 계승하고 있는 오늘날 선승들의 사회참여는 불교계에서 여전히 뜨거운 논란 주제이다. 불교 승려들은 속세를 떠난 이들이지만 자신들의 물질적 생활을 대중의 보시에 의존한다. 때문에 그들에게는 불교의 가르침을 대중에게 전할 종교 윤리적 의무가 있다고 여겨진다. 물론 이 종교 윤리적 의무를 부정하는 승려는 없다. 그러나 문제는 어느 시점부터 어떻게 대중에게 가르침을 전하느냐 하는 것이다. 남보다 조금이라도 더 알면 자신보다 못한 사람들을 가르칠 수 있는 것이 상식이겠지만, 불교 전통에서는 사정이 달랐다. 불교에서 말하는 진리의 성격으로 인하여 누군가가 정말로 그 진리를 깨달았는지를 확증하는 데 어려운 문제가 발생하였다. 이른바 생사를 초월하는 진리, 일체무애지, 불생불사의 진리 등으로 표현되는 진리의 신비화로 인하여, 불교의 진리를 깨닫는다는 것은 엄청난 사건, 범인의 경계를 넘어선 일로서 말하자면 초인의 일이 되었다. 진리의 이러한 신비화는 특히 선불교에서 더욱 두드러졌다. 일체의 격식을 부정하고, 심지어는 경전마저 부정한 상태에서 지식의 양적 차이는 사실상 존재하지 않게 되었다. 오직 불생불사의 진리를 깨달았느냐 그렇지 않느냐의 절대적인 질적 차이만이 유의미하게 되었다. 그리고 중생과의 절대적인 차이를 가지게 되는 존재가 되게 하는 깨달음을 얻었음을 선언하거나 인정하는 것은 매우 어려운 일이 되었다. 그것은 곧 부처의 탄생을 의미하는 것이나 마찬가지기 때문이다. 때문에 이러한 엄청난 깨달음을 추구하는 이들로 규정되는 선수행자들은 감히 일반인들이 따라 하기 어려운 산중에서의 용맹정진을 자의반 타의반으로 당연한 것으로 여겨야 했다. 또 용맹정진을 한다고 해서 깨달음을 얻는다는 보장도 없을 뿐 아니라 그렇게 얻은 깨달음을 인증 받는다는 보장도 없었다. 무엇보다도 깨달음에 대한 객관적 기준을 설정하는 것이 불가능한 구조로 인하여, 깨달음의 성취는 개인적 실천을 통해서 확인되는 것이 아니라, 수행자 사회 내부의 필요성, 이를테면 강력한 리더십이나 대중적 상징성을 가진 인물의 등장을 통해서 이루어지는 정치적인 행위가 되었다. 결국 선을 수행하던 이가 이러한 필요성에 의해 요청받지도 않은 상태에서 사회 속으로 들어간다면 그는 선을 포기한 것으로 간주되거나, 다른 누군가로부터 인정받지도 않고 오만하게 부처임을 선언한 자가 되고 마는 것이다.

한용운은 선불교의 세속을 등진 산속에서의 용맹정진 전통을 부정하였다. 한용운은 선이 일상생활 속에서 실천되어야 한다고 보았다. 그는 산중에서의 수행은 오직 초심자들에게나 필요한 것이며 기본 수행을 마치고도 계속 산에 머무는 것은 옳지 않다고 보았다. 그는 고래로 선학을 하는 자는 산간 암혈에서 정진하게 되었으나, "선학을 종료한 후에는 반드시 출세하여 입니입수(入泥入水)하여 중생을 제도하는 것"이라고 말한다.[24] 그가 말하는 '선학을 종료한 후'는 궁극적 깨달음을 얻은 후를 가리키는 것이 아니다. 초심자에게 필요한 일정한 수련과정의 종료를 말한다. 뿐만 아니라 그는 선을 배우는 과정에서도 반드시 산간에 머물 필요는 없으며, 글을 배우면서도, 농사를 배우면서도, 그 밖의 다른 어떤 일을 하면서도 할 수 있는 것이라고 말한다.[25)]

선의 일상성은 선불교 역사에서 늘 주장되어 왔지만, 그것은 어디까지나 선불교의 이념적 무기였을 따름이었다. 그러한 이념을 실천에 옮기려는 시도는 극소수의 엘리트 지식인들에게서나 발견되는 정도였으며, 구체적 수행 방법을 체계적으로 제시하려는 시도도 없었다. 아마도 대혜(大慧, 1089~1163)의 서간문들이 그나마 재가자들이 어떻게 선을 수행해야 하는지를 말한 전통시대 선불교의 유일한 선 수행 지침서일 듯 싶다. 이 점에서는 사실 한용운도 그다지 크게 나아가지 못했다. 한용운은 1917년에 조선선종 중앙포교당 포교사에 취임하기도 하지만, 여기서 일반인들에게 선 수행을 가르쳤다는 기록은 없다. 그는 불교 개혁에 관한 많은 글들을 썼고, 또 선에 관해서도 여러 글들을 썼지만, 일반인들에게 맞는 체계적인 선수행법에 관해서 쓴 글은 찾을 수 없다.

만해는 이처럼 일상생활 속에서 선을 대중적으로 실천시키는 일을 위해 실제적인 노력을 하지는 않았지만, 적어도 자신의 삶 속에서는 선 수행의 생활화를 철저히 실천하였다. 앞에서 살펴보았듯이 그는 오늘날에도 선사라고 불리지만, 그가 선사라고 불리는 것은 생애 내내 산중에서 선 수행에 몰두했기 때문이 아니다. 그는 말년에 파계하고 완전히 환속하였을 뿐 아니라, 환속하기 전에도 산속에 머물기보다는 서울의 도심을 휘젓고 다녔다. 그가 선사인 것은 도심 속에서 각종 사회활동을 하는 중에

---

24) 『韓龍雲全集』 2, p.317.

25) 『韓龍雲全集』 2, p.317.

도, 또 결혼하여 가정생활을 하면서도 늘 선 수행을 했기 때문이다. 앞서서 언급했듯이 그의 속세에서의 선 수행은 그의 지인들에게 잘 알려졌었으며, 결혼 후에도 자택인 심우장에서 틈만 나면 참선을 하곤 했다.

한용운이 선을 불교에서의 종교적 깨달음이 아니라 일상생활 속의 상식의 세계에서도 통하는 정신 수양으로 인식하려 했다는 것은 '선외선(禪外禪)'이라는 말을 통해서도 알 수 있다. 그에 따르면 전통적인 방식으로 참선을 통해서 깨닫거나 선지식(善知識)의 법문을 통해서 깨닫는 것이 전형적인 선(常道의 禪)이며,[26] 그러한 전형적인 과정을 통하지 않고 선 전통과 무관한 인물이 선적인 말과 행동을 하는 것이 선외선이다. 그는 선외선을 보여 준 대표적인 인물로 왕양명(王陽明, 1368~1661)을 든다. 왕양명은 전쟁을 지휘하면서도 제자들에게 학문을 가르쳤으며, 적군이 곧 밀어닥칠 것이라는 보고에도 아무런 동요도 하지 않았으며, 적을 대파했다는 보고에도 조금도 흥분함 없이 강학을 계속했는데, 이것이 곧 선외선의 모습이라는 것이다.[27] 왕양명 같은 특출한 사람만이 선외선을 할 수 있는 것은 아니다. 평범한 일상인들의 대화 속에서도 선외선을 발견할 수 있다는 것이 그의 생각이다. 그는 어느 날 낙원동의 한 여관 골목에서 상치장수의 언동에서 선외선을 보았다고 말한다. 어느 중년 여인이 이 상치장수의 상치를 보고 "상치가 잘잘하네."라고 하자, 상치장수는 낄낄 웃으면서 다음과 같이 대답하였다. "예, 잘게 보면 잘고 크게 보면 크고 그렇지요." 그는 이것이야말로 어느 공안(公案)에 대비하여 조금도 손색이 없는 것이라고 했다.[28] 한용운이 이해하는 선이란 비의적인 종교적 성취가 아니라 생활 속의 깨달음이기 때문에 산중에서 은둔하며 화두를 틀고 앉아야 더 잘되는 것이 아니고,

26) 韓龍雲, 「禪外禪」, 『佛教 新』 5집, 1937.07.01.; 『韓龍雲全集』 2, p.327.

27) 『韓龍雲全集』 2, p.328.

28) 韓龍雲, 「禪外禪」, 『佛教 新』 5집, 1937.07.01.; 『韓龍雲全集』 2, p.327.

번잡한 삶의 현장에 묻혀 있다고 해서 안 되는 것이 아니다. 그는 다음과 같이 말한다. "고해에 부침하는 필부필부의 중에 무명의 선사가 얼마나 되며 산간 방장에 선의포단(禪衣蒲團)으로 26시 중에 시심마를 찾는 중에 유명의 속물이 얼마나 되는 줄을 알 수가 있을 것이다."[29)]

5. 결론

한용운은 한국 불교를 근대의 문화 환경에 적응시키기 위해 승려의 결혼 허용, 소상의 철폐, 보통교육을 토대로 한 급진적인 불교개혁론을 펼쳤다. 불교개혁론에서 발견되는 한용운의 급진적인 사고는 불교의 본질과 선의 본질에 대한 이해에도 나타나고 있다. 교학자들이 불교의 근대화를 추구한 반면에 선학자들은 불교의 정체성 수호를 위해 보수적인 입장을 취한 시대적 환경 속에서도 한용운은 근대라는 공간에 맞게끔 선을 재해석하려 했다. 한용운이 해석한 선은 더 이상 전근대적인 종교의 틀 속에 있지 않다. 그는 근대의 이성적 사유의 틀 내에서 불교와 선을 해석하였다. 그는 인간의 정신적 활동은 이성적인 것이어야 한다고 보았다. 그는 불교의 진리 역시 이성적인 접근이 가능한 체계로 보았다. 그래서 그는 불교는 종교이지만 철학이라고 보았다. 불교는 신비적 방법을 통해서 초월적 힘과 연결되는 전통적인 의미에서의 종교가 아닌 것이다. 선 역시 마찬가지다. 그는 선을 이성적인 해석이 가능한 수행체계로 보았다. 그가 선교일치의 전통을 계승하고, 선을 체로 보고 철학을 용으로 본 것은 이러한 까닭에서다.

---

29) 韓龍雲, 「禪外禪」, 『佛教 新』 5집, 1937.07.01.; 『韓龍雲全集』 2, p.328.

한용운은 선을 신비와 비밀의 세계에서 이성과 상식의 세계로 끄집어 내었는데, 그에게서 선은 전통적인 의미에서의 종교적인 수행이 아니라 일상적인 정신수행이다. 현대인들의 정신과 삶을 지배하는 것은 이성과 상식이다. 신비의 초월의 세계는 더 이상 현대인들의 의식 속에 존재하지 않는다. 현대인들의 모든 삶의 의미는 일상의 세계에 있다. 일상과 동떨어진 영원의 가치는 현대인들에게 아무런 의미도 없다. 우리가 선을 실천해야 하는 것은 영원불멸의 초월의 세계에 들어가기 위해서가 아니라, 일상의 삶에서 평화로운 정신적 안정을 유지하기 위해서라는 것이 한용운의 생각이다. 한용운의 이러한 선 해석은 오늘날의 관점에서 보면 특별해 보이지 않는다. 그러나 그의 시대에서는 매우 선도적인 것이었다.

제 V 장

만해의 근대성 수용과 '님'

1. 서론

'님'에 대한 이해는 『님의 침묵』을 이해하는 출발점이다. '님'[1]이 어떤 존재인가에 대한 이해 없이는 『님의 침묵』을 이해할 수 없다. 『님의 침묵』의 머리말에 해당하는 「군말」에서 만해 스스로 님은 누구인가에 대해서 다음과 같이 말하고 있는 것도 그런 연유에서다. "'님'만이 님이 아니라 기룬 것은 다 님이다. 중생이 석가의 님이라면 철학은 칸트의 님이다. 장미화(薔薇花)의 님이 봄비라면 마치니의 님은 이태리다. 님은 내가 사랑할 뿐 아니라 나를 사랑하나니라." '님'이 누구인가에 대한 만해의 이러한 설명, 그리고 독립운동가, 승려, 시인으로서의 만해의 삶에 근거해서 '님'은 조국, 민족, 부처, 애인, 중생, 진리 등으로 정의되었다. '님'이 누군가에 대한 이러한 정의는 수없이 많은 논문들을 통해서 반복적으로 이루어졌을 뿐 아니라 통설로 굳어져 있어서 굳이 누구의 학설이라고 거론할 필요조차 없는 상황이다.

그러나 '님'에 대한 「군말」에서의 만해 스스로의 설명과 수많은 학자들의 정의에도 불구하고 『님의 침묵』의 시들은 여전히 우리들에게 수수께끼 같은 시로 남아 있으며, 우리들은 '님'에 대한 만족할 만한 이해를 가

1) 본고에서는 '님'과 님을 구분하여 표기하였다. '님'은 『님의 침묵』의 님을 지칭한다.

지고 있는가에 대해 회의하게 된다. 그 까닭은 어디에 있는가? 그것은 역설적이게도 '님'에 대한 그러한 정의 자체에 있다. '님'에 대한 다양한 정의들은 우리를 '님'에 대한 충분한 이해로 이끄는 것이 아니라, '님'에 대한 우리의 이해의 폭과 깊이를 조국, 민족, 부처, 애인, 중생, 진리라는 정의된 틀로 제한하고, 수수께끼 같은 시들 속에서의 맥락으로부터 단절시켜 버린다. 그 결과 '님'이 누군가는 분명해진 것처럼 보이지만, 그 '님'이 등장하는 『님의 침묵』의 시들은 바로 그 '님'에 대한 이해의 결핍으로 인하여 여전히 알 수 없는 수수께끼로 남아 있다.

"'님'에 대한 만족할 만한 이해는 '님'은 누구인가'에 대한 정의가 아니라, "'님'은 어떠한 존재인가'에 대한 탐색을 통해 가능하다고 보는 것이 이 논문의 출발점이다. 『님의 침묵』에 대한 그간의 연구에서 이러한 탐색이 없었던 것은 아니다. 『님의 침묵』에 대한 대부분의 연구들이 '님'이 누구인가 정의내리는 데 머물고 있지만, '님'이 어떠한 존재인가에 대한 간접적인 접근, 부분적인 접근들은 있었다. '님'이 어떠한 존재인가 하는 것은 '님'이 누구인가 하는 것과 무관한 것이 아니며, '님'이 어떠한 존재인가 하는 것은 '님'을 님 자체로서 보거나, '님'이 누구인가에 대한 정의인 조국, 민족, 부처, 애인, 중생, 진리 자체에 대한 사색을 심화하는 데서부터 답을 얻어갈 수 있는데, 이원섭의 다음과 같은 언급은 님 자체의 관점에서 '님'에 대한 이해를 시도하고 있다. "그러면 참다운 님이란 어떤 것인가? '님은 내가 사랑할 뿐 아니라 나를 사랑하나니라'에서 드러나듯 사랑하는 것이 곧 사랑받는 것이 되는 상호 관계의 님이 그것이라 할 수 있다."[2] 이원섭이 말하는 '상호 관계의 님'은 만해의 님의 성격에 대한 의미 있는 규정일 수 있다. '상호 관계의 님'은 한편으로는 相依相資로

---

2) 이원섭, 「萬海 詩의 性格」, 『韓龍雲 思想研究』, 민족사, 1981, p.8.

표현되는 불교의 연기법(緣起法)에 바탕하고 있는데, 그것은 또한 상호간에 지배와 종속의 관계를 부정하고 상호평등의 인간관계를 원칙으로 하는 현대적 윤리관을 반영한 만해의 사상을 설명해 줄 수 있는 개념이다. 그러나 아쉽게도 이원섭은 '상호 관계의 님'에 대한 구체적 설명을 하지 않고 있다. 이원섭은 다만 '상호 관계의 님'을 "사랑하는 것이 곧 사랑받는 것이 되는"[3] 관계이며 '석가와 중생의 관계'[4]라고 설명하는 데 그치고 있다.

김우창은 「궁핍한 시대의 시인」[5]에서 뤼시앙 골드망(Lucien Goldman)을 원용하면서 한용운의 님이 "부정의 변증법에서 의미를 갖는 존재"로서의 님이라고 정의한다. 그리고 '님'이 그러한 '비극적 세계관'을 갖게 된 정치적인 원인은 "일제에 의한 주권피탈"이며,[6] 형이상학적 원인은 "존재는 의식작용을 통해서 불가피하게 부재를 잉태하게 된다"는 "사르트르적 발상"이라고 본다.[7] '님'의 존재방식에 대한 김우창의 이러한 설명은 왜 '님'이 다의성을 가지는가 하는 것과 그 다의성이 조국, 민족, 부처, 애인, 중생, 진리 자체 등으로 평면적으로만 정의되어서는 곤란한가에 대한 형식 논리적 설명을 제시하고 있다.

정학섭은 「悲劇的 反抗과 革命情神-萬海 韓龍雲의 人間과 文學 『님의 침묵』 試巧」[8]에서 다양한 형태의 부정의 변증법과 만해의 '님'을 연관시킨다. 그는 金永琪[9]를 인용하면서 만해의 '님'이 "토착적이고 야성적이며

---

3) 이원섭, 앞의 책, p.8.

4) 이원섭, 앞의 책, p.9.

5) 김우창, 「궁핍한 시대의 시인」, 『문학사상』 4, 1973.

6) 김우창, 위의 책, p.50.

7) 김우창, 위의 책, p.52.

8) 『국어교육』 32, 1978, pp.33-78.

9) 金永琪, 「님과의 對話」, 『現代文學』 132호. 1965.12.

원시적이던 고대세계의 '님', 군주를 암시하던 유교적 형식주의와 획일성의 소산으로서의 그 '님'이 만해에 와서 비로소 지양·극복되어 한국인의 연인의 이미지가 비로소 체계화되고 심원하게 되어 그 발전의 도식을 가늠할 수 있게 했다."[10]고 주장한다. 또 그는 '님'을 존재와 부재의 역설적 상호작용으로서의 "유무의 변증법", "혁명과 사랑의 변증법"[11] 등으로 풀이한다.[12]

이처럼 '님'이 어떠한 존재인가에 대한 해명을 시도한 연구들이 없지는 않으나, 이들 연구들은 우연히 습득된 연구자의 지적 편린에 의존하는 데 머물거나 세부적 연구가 뒷받침되지 않은 상태에서 지나치게 거친 문화사적 맥락에서 이루어지고 있다. 이것은 여전히 '님'이 어떠한 존재인가에 대한 해명이 한용운 자신의 지적 기반과 그가 처한 사회·문화사적 맥락 속에서 검토될 필요가 있다는 것을 말한다.

만해는 불교라는 전통적 사유기반을 가지고 현대문명을 적극적으로 수용한 인물이며 『님의 침묵』의 '님'은 이러한 양자의 융합을 반영하고

---

10) 鄭鶴燮, 「悲劇的 反抗과 革命精神: 만해 韓龍雲의 文學 『님의 침묵』 試巧」, 『국어교육』 32, 1978, p.55.

11) 鄭鶴燮, 위의 글, p.62.

12) 그러나 만해의 '님'이 전통 속에서의 '님'을 '止揚·克復'하고 있다는 그의 설명은 지나치게 도식적이다. 이러한 도식적 규정은 유학자들이 자신들의 님을 군주로 지칭하던 조선시대에도 기생을 중심으로 한 여류 문인들, 그리고 여성화자 기법을 도입한 일부 유학자들 역시 연인을 님으로 지칭하고 있었다는 사실에 대해서는 아무런 설명도 하지 않고 있다. 유학자들이 자신들의 문학에서 님을 정치적으로 해석하여 군주에 대한 지칭으로 사용한 조선시대에도 님은 연인에 대한 지칭으로 광범위하게 사용되었다. 다음의 연구들이 이러한 사실을 보여 주고 있다. 최태호, 「古時調에 나타난 '님' 考」, 『한국언어문학』, vol.14, 1976, pp.29-43.; 신은경, 「조선후기 '님' 담론의 특성과 그 의미: 辭說時調와 雜歌를 중심으로」, 『시조학논총』, 2004, pp.113-139. 여성화자 기법을 도입한 고려 및 조선시대 유학자들의 시에 관한 연구로는 다음이 있다. 박영민, 『한국 한시와 여성 인식의 구도』, 소명출판사, 2003. 님이란 말은 이 말의 원질을 구성하고 있는 에로스적 사랑에의 염원을 조선시대에도 여전히 함의하던 것이다. 또 정학섭이 말하는 "有無의 辨證法", "革命과 사랑의 辨證法"으로서의 '님'은 구체적 설명을 보여주지 못하고 모호한 말들로만 수식되어 있다.

있다. 님은 한국문학의 전통에서 늘 시인들의 염원 대상을 상징하는 역할을 해 왔으며, 그 시인들의 염원에는 또한 그 시대의 문화적 맥락이 깔려 있었다. 『님의 침묵』의 '님' 또한 마찬가지이다. '님'에는 불교철학을 중심으로 하는 한용운의 전통적 사유의 기반과 과학기술, 민주주의, 자본주의, 세속적 욕망, 개인주의 등으로 표현될 수 있는 현대사회의 사회문화적 맥락이 작용하고 있다. 이 글은 바로 '님'에 반영되어 있는 이러한 맥락을 해명을 통해 『님의 침묵』에 대한 보다 나은 이해로 나아가기 위한 것이다.

한용운이 현대문명을 어떻게 수용하고 있는가는 그의 논설문, 특히 「조선불교유신론」에 잘 나타나고 있다. 본고는 『님의 침묵』의 시들의 내적 맥락 속에서 뿐만 아니라, 만해의 논설문에 나타난 현대적 사유의 반영에 대한 분석을 토대로 '님'이 어떠한 존재인가를 주로 만해의 근대성의 수용이라는 관점에서 설명해 나갈 것이다.

2. '님'의 초월성과 절대성의 부정

'님'은 부처님이다. 그런데 만해는 "부처가 중생의 님"이라고 하지 않고 "중생이 석가의 님"이라고 하고 있다. 후자는 마치 전자의 역설적 표현처럼 보이지만 결코 역설이 아니다. 역설적 표현처럼 보이는 이 말에는 매우 심장한 의미가 내포되어 있다. 여기에는 놀라운 감수성으로 근대성을 흡수해 낸 만해의 불교와 인간에 대한 새로운 이해가 담겨 있다. 만해는 불교의 근본사상에 대한 확고한 믿음을 가지고 있으면서도, 이를 근대문명의 쇄도라는 당시의 문화적 상황에 맞게 재해석하려 했던 것이다. 그는 이전 시대에는 겪어보지 못한 전혀 새로운 문화를 펼쳐가고 있는 시대를 불교에 반영하려 했다. "중생이 석가의 님"이라는 말은 그러한 혁신적 불교관을 상징적으로 드러낸 표현이다.

그러면 그러한 혁신적 불교관을 반영하고 있는 중생으로서의 님은 부처님으로서의 님과 구체적으로 어떠한 차이를 가지고 있는가? 이에 대한 답은 먼저 우리들에게 익숙한 부처님으로서의 님에 대한 이해에서부터 구해야 할 것이다. 부처님으로서의 님에 대해 우리는 다음과 같은 것을 말할 수 있다. 부처님으로서의 님은 첫째로 불교라는 종교 창시자에 대한 대중적 신앙을 반영하며; 둘째로 보편적 구원을 지향하는 대승불교의 이념을 반영하며; 셋째로 그러면서도 절대적 힘에 대한 신앙을 통한 구원이 아니라 자각적 깨달음을 지향하는 불교 철학의 기본적 성격을 반영하고 있다.

대중적 신앙 대상으로서의 부처님은 존숭의 대상이다. 경전들은 부처님을 경배되고 존숭되어야 할 신적 존재로 묘사하고 있다. 그런데 부처를 신적 존재로 묘사하는 경전의 이러한 내용은 일반적 상식으로 보면 당연한 것으로 보이지만, 그것은 역사 속에 실존한 석가모니의 모습과는 다른 것이다. 경전에 대한 실증적 연구를 통해 확인된 석가모니의 언어를 통해 이해했을 때, 그는 매우 합리적인 사상을 가진 이였으며, 또 그렇게 행동한 인물이였다. 인간은 누구나 스스로의 깨달음을 통한 자기 해탈을 지향해야 한다는 다음 어귀는 합리주의적인 사고의 소유자로서의 석가모니를 보여주는 대표적인 예이다. "비구들이여 자기를 피난처로 삼고, 자기를 의지해 머무르며, 법을 피난처로 삼고, 법을 의지해 머물러서, 다른 것을 피난처로 삼거나 다른 것을 의지해 머무르지 말라."[13] 그러나 전근대 사회의 일반 불교도들의 부처에 대한 이해는 석가모니 자신의 이러한 당부

13)『大正新修大藏經』권2, 大正新修大藏經刊行委員會, 1935, p.8, 상단.

와는 크게 다른 것이었다. 그들은 석가모니를 합리적인 사고를 가진 훌륭한 스승으로서 대한 것이 아니라 전지전능한 신으로 대하였다.

전근대 사회의 불교도들이 부처를 신으로 숭배한 것은 불교가 원래 신을 숭배하는 교리체계를 가진 종교이기 때문이 아니다. 그들이 부처를 신으로 숭배한 것은 신을 필요로 하는 그들의 종교적 열망과 무지 때문이다. 신적 존재에 대한 숭배는 과학적 사고와 도구를 가지지 못한 전근대 시대의 모든 사회에서 발견되는 보편적 종교현상이다. 신적 존재에 대한 숭배는 특정한 종교의 교리체계의 산물이기 이전에 전근대 시대 인류의 보편적 무지의 산물인 것이다. 불교 역시 일반 대중 속에 전파되는 과정에서 원래 교리체계와 상관없이 전근대사회 일반대중의 보편적 무지와 불가피한 타협을 했던 것이다.

『님의 침묵』에도 '님'에 대한 존숭이 있다. 그러나 그 존숭은 신적 존재로서의 님에 대한 종교적 숭배의 의미가 아니다. 『님의 침묵』에는 존숭의 대상인 부처님이란 말이 아예 등장하지 않는다. 「군말」에서 "중생이 석가의 님"이라는 말이 등장할 뿐 『님의 침묵』의 어떤 시에서도 '부처님'이란 단어는 등장하지 않는다. '부처님'이란 단어가 없는 것은 다른 까닭에서일 수도 있다. 『님의 침묵』은 '님'이라는 말로 국가, 민족, 애인, 진리, 부처를 모두 지칭하고 있으므로, 굳이 '부처님'이란 말을 하지는 않아도 '님'이란 말을 통해서 '부처님'을 가리킬 수 있기 때문이라고 볼 수도 있다. '부처님'이란 말이 등장하지 않는 것은 이렇게 설명할 수 있다. 그러나 '님'이란 말을 통해서 가정된 부처님에 대해서도 신적 존재에 대해 행하는 존숭의 표현을 찾을 수가 없는 까닭은 다른 데서 찾아야 한다.

『님의 침묵』에서 부처에 대한 종교적 숭배를 찾아볼 수 없는 것은 만해의 부처님이 대중적 신앙의 대상으로서의 부처님이 아니기 때문이다. 만해의 이러한 부처님에 대한 인식은 특별한 것이 아닐 수도 있다. 전근대

시대에도 소수의 엘리트 승려들은 부처를 신앙의 대상으로 여기지 않았다. 그러나 이러한 사실에도 불구하고 만해가 부처님을 대중적 신앙의 대상으로 여기지 않았다는 사실은 전근대 사회에서 엘리트 승려들의 부처에 대한 인식과 구분되는 특별한 의미를 가진다. 그것은 만해는 대중적 신앙의 대상으로서의 부처님을 부정하면서도, 불교를 소수 엘리트를 위한 종교로 보지 않고 대중을 위한 가르침으로 보았다는 사실에 있다. 그리고 여기에 전근대적 종교관을 극복하고 근대성을 수용하고 있는 만해의 사상적 특징이 있다.

만해는 중생의 보편적 구원을 지향하는 대승불교의 전통에 서 있었을 뿐 아니라 그 전통의 부활을 간절히 원했다. 때문에 그는 대중으로부터 유리되어 가는 불교에 대해 매우 비판적이었다. 그는 대승불교를 말하면서도 대중을 멀리하고 산속에만 머무는 당대의 한국불교에 대해 직설적인 비판을 가한다.

> 절이 있는 곳이 다 염세(厭世)에는 적당하고 구세(救世)에는 불편한 심산유곡인바, 그 환경이 이미 염세토록 되어 있으니 구세의 마음이 어디로부터 생기겠는가. 염세의 마음이 한 치를 나아갈 때 불교의 정신은 한 자나 후퇴하게 되는 것이다.[14)]

불교는 염세가 아니라 구세, 즉 대중을 구원하는 것이라고 하면서도, 그 구원의 상징인 부처 즉 '님'을 대중적 신앙의 대상으로 여기지는 않는 만해의 이러한 태도는 이례적인 것이다. 종교적 구원의 상징은 곧 대중적 신앙의 대상과 동일시되는 것이 일반적 현상이다. 불교의 역사에서도 이 점은 마찬가지다. 초기불교의 원래 가르침과 석가모니의 실제 삶에 상관

---

14) 『韓龍雲全集』 2, p.66.

없이 불교는 대중화하는 과정에서 부처를 대중적 신앙의 대상으로 만들었다.

석가모니의 실제 가르침과 어긋나게 부처를 대중적 신앙으로 삼는 행위를 비판하는 전통이 불교 내에서 없었던 것은 아니다. 불교가 자각의 종교라는 것은 역사적으로도 많은 지적인 불교인들에게 인식되었다. 특히 선불교는 "우상파괴주의"라고 불릴 정도로 대중적 신앙 행위에 대해 비판적이었다. 그러나 불교를 자각의 종교로 인식하는 지적인 불교인들 속에 존재한 불교의 한 전통과 만해 사이에는 간과해서는 안 되는 차이가 있다. 그것은 바로 깨달음의 보편성의 문제이다.

전통 불교에서도 자각을 중시하는 흐름이 있었으나 그것은 언제나 불교의 이원적 체계의 한 축으로서만 존재했다. 전통적으로 불교는 시기와 부파를 막론하고 자각을 향한 학습과 수행을 중시하는 지적인 불교인들을 한 축으로 하고 구복적인 신앙행위를 주로 하는 일반신도를 다른 한 축으로 하는 이원적인 체제를 유지했다. 그리고 이 한 축의 담당자인 절대 다수를 차지하는 일반 신도들에게 불교는 신앙의 체계란 측면에서는 여타의 종교와 별반 차이가 없었으며, 부처는 종교적 숭배 대상이었다. 자각의 종교로서의 불교는 불교 전통 내에서 실질적인 의미에서의 보편적 이념이 되지 못한 것이다.

만해의 불교 이해는 이러한 전통적인 이원체계를 극복하고 있다. 만해는 자각의 가르침으로서의 불교를 승려와 신도를 구분하지 않는 불교도들 전체의 실제적인 보편적 이념으로 삼았다. "일체중생은 모두 불성이 있다", "유정(有情)·무정(無情)이 모두 부처가 된다"는 것은 전통불교에서는 형이상학적 전제 내지는 이면적 구호에 불과한 것이었지만 만해의 경우에는 그렇지 않았다. 이념적 전제인 동시에 실천 과제였다. 만해는 실제로 모든 대중이 부처를 숭배할 것이 아니라, 부처의 교리를 배워야 한다고 믿었다. 이런 믿음 때문에 그는 대중적 신앙의 대상인 절에 있는 각종 소상들을 없애고,[15] 대신에 불경을 한글로 번역하여 대중들이 읽을 수 있도록 해야 한다고 주장하였다. "불교의 본의는 불교 자체를 위한 것이 아니라 중생의 개오(開悟)를 위한 것이요, 중생의 개오를 위해서는 무엇보다도 선포가 요체(要諦)인데, 선포의 방법이 한둘에 그치는 것이 아니나 문자로 보급시키는 것이 가장 공간적이요 시간적이어서 선포에는 최선의 방법이다."[16]

일반 대중들에게까지 불교를 신앙의 종교가 아니라 자각의 종교로 이해시키려고 한 만해의 태도는 기존의 불교 전통에서는 어디서도 찾기 어려운 것이다. 만해의 이러한 태도는 근대 산업기술의 발달에 기초한 경제구조의 변화, 만인의 평등을 실현한 정치체제의 변화, 그리고 이를 인류의 지적인 발전과 연결시키는 보편교육에 대한 열망이 있어야만 가질 수 있는 것이다. 만해는 불교의 '평등'[17]이란 단어를 근대의 정치적 평등이념과 결부시켜 재해석하여, 그것을 루소의 평등사상과 같은 것으로 보았다.[18] 또 그에게서 대중은 전근대적 신분사회에서 정신적 위계상 승려와 구분되는 신도가 아니라, 자신들이 정신적 위계상 그 누구에 비해 저열한 위치에 있다고 보지 않는 근대인이었다.[19] 신분과 계급을 부정하는 근대

---

15) 『韓龍雲全集』 2, p.75.

16) 『韓龍雲全集』 2, p.238.

17) 불교는 평등이란 말을 많이 사용한다. 평등력, 평등삼업, 평등대비, 평등대형, 평등심, 평등법신 등. 그 이유는 불교가 모든 존재는 실체가 없다는 점에서 동일하며, 눈에 보이는 차이는 현상적인 것이라고 보는 존재론에 기반하고 있기 때문이다.

18) 『韓龍雲全集』 2, p.42.

19) 다음 인용문은 승려와 신도의 평등에 대한 만해의 혁신적 사고를 보여 준다. "근세 이래의 조선 불교는 승려의 전유(專有)가 되고, 신도는 각자의 신앙만을 가지고 불교교정(佛教教政)의 운용에 대하여 하등의 간여가 없었다. … 언제까지든지 재래의 습관과 같이 승려 즉 주(主), 신도 즉 종(從)인 주종관계(主從關係)를 계속하여 승려와 신도의 계선(界線)을 판별하여

인으로서의 불교인들에게 부처님은 중생과 평등한 존재이다. "중생이 석가의 님이다"라는 표현은 일체중생이 부처라는 전통적인 명제에 대한 확인인 동시에, 시민사회의 평등주의 이념의 급진적 선언이다.[20]

근대인은 절대적이고 초월적인 존재를 인정하지 않는다. 근대적 사고는 초월적이고 절대적인 권위에 대한 의심에서 출발하여 부정으로 결말을 맺는다. 초월자로서의 신의 존재는 근대인들의 의심을 받았으며, 지상의 권위로서의 왕은 부정되었다. 천상에도 지상에도 영원절대의 진리와 존재는 없다. 이점에서도 만해는 분명 근대인이다. 만해에게서 '님'은 초월성과 절대성을 상실하고 다만 자기구원의 상징으로 남는다. '님'의 초월성과 절대성의 이러한 상실은 『님의 침묵』에서 '님' 자체의 상실 혹은 부재로 표현된다. 초월적 존재, 절대적 존재로서의 님은 시방삼세(十方三世)에 두루 존재해야 한다. 님은 과거에도 현재에도 미래에도 있어야 한다. 님은 우주의 모든 구석에 존재해야 하며, 보다 중요하게는 내 앞에도 있어야 한다. 그런데 만해에게서 님은 떠나버린 존재이며, 다만 신념 속에서만 있을 수 있는 존재이다. "님은 갔습니다. 아아, 사랑하는 나의 님은 갔습니다."[21]라는 것은 그러한 부재의 확인이며, "아아, 님은 갔지마

협동을 취하지 않는다면 일체 평등인 불교교리(佛教教理)에 있어서 모순이 될 뿐 아니라, 교무(教務)의 진전(進展)에 대하여 막대한 지장이 될 것이다." 『韓龍雲全集』 2, p.148.

20) 白樂晴은 만해의 전반적인 사상에 대해 근대적 시민의식의 소산이라 평가하고 있다. 백낙청은 「市民文學論」에서 "교육있는 아전 출신의 아버지를 가졌었고 어려서 동학전쟁과 연결된 의병활동에 가담했었으며 불교의 승려이자 급진적인 불교개혁론자요 열렬한 반식민지주의자가 된 만해가 한국전통 내부에서 자라온 시민의식을 새로운 비약의 단계로 끌어 올릴 수 있었다는 것은 수긍이 가는 일이다."라고 그의 근대적 시민의식을 높게 평가하고 있다. 白樂晴, 「市民文學論」 『창작과 비평』 14호, 1969.6., p.489. 그런데 한용운이 동학에 가담했다는 것은 뚜렷한 증거가 있는 말이 아니다. 또 한용운에게서 발견되는 근대시민의식을 한국전통 내부에서 자라온 것으로 찾는 것도 무리가 따르는 말이다.

21) 본고에서의 『님의 침묵』 현대어 역은 다음 책의 것을 따랐다. 김종인, 『날카로운 첫 키스의 추억: 만해 한용운 『님의 침묵』 평설』, (주)나남, 2008.

는 나는 님을 보내지 아니하였습니다."(「님의 침묵」)라는 것은 님의 존재가 나의 신념 속에서만 가능한 것을 말하고 있다. 이것을 부정하고 내가 님의 현존을 현실 속에서 확인하려할 때 그것은 좌절만을 불러 올 뿐이다.

> 나는 나의 님을 힘껏 껴안았습니다.
> 나의 팔이 나의 가슴을 아프도록 다칠 때에 나의 두 팔에 베어진 허공은 나의 팔을 뒤에 두고 이어졌습니다.
>
> 「잠 없는 꿈」

내가 님을 껴안으려 했으나 허공만을 껴안았다는 것은 님의 부재를 말한다. 이러한 '님'의 부재는 흔히 잃어버린 조국을 이야기하는 것이라고 이해되는데, '님'의 부재가 가지는 보다 근원적인 의미는 초월성과 절대성의 소멸이다. 가장 근원적인 의미에서 '님'은 진리이고 존재의 본질인데, '님'은 회의되는 진리이고 부재하는 존재이다. '님'의 상실, 즉 님에 대한 회의 혹은 부재는 님과 이별했다는 경험적 사실을 말하는 것이 아니라, 님과의 본원적 거리감, 혹은 확인하기 어려움을 표현하는 것이다. 그리고 이것은 절대의 세계, 혹은 존재를 상실한 근대인의 의식과 통한다. 근대인에게서 절대의 세계 혹은 존재 자체는 객관적으로 확인되지 않는다. 확인되는 것은 불확실한 현상뿐이다.

님은 언제나 바로 곁에 있는 것처럼 보이지만 그 님은 아득히 멀리 있고, 몸으로 확인할 수 없다.

> 당신의 얼굴은 달도 아니건만
> 산 넘고 물 넘어 나의 마음을 비춥니다.
>
> 나의 손길은 왜 그리 짧아서

눈앞에 보이는 당신의 가슴을 못 만지나요.

「길이 막혀」

절대적 존재로서의 님은 설령 인간의 시간과 공간의 제한을 받는 육신을 타고나더라도 항상 옳으며 강인해야 한다. 그러나 만해의 '님'은 부처님이기도 하지만 초월적인 존재도 절대적인 존재도 아니다. 까닭에 그 부처님에게는 수많은 중생의 아픔을 헤아리는 천 개의 눈이 없으며, 중생의 온갖 고통을 어루만져 줄 수 있는 천 개의 손이 없다.

'님'은 언제나 믿을 수 있고, 의지할 수 있는 신적인 존재가 아니라, 때로 혼돈된 현실 속에서 헤매고 있는 나 자신이다. '님'은 때론 선과 악을 혼동하며, 자신을 위로하기 위해 스스로를 속이기까지 하는 중생이다.

그것은 어머니의 가슴에 머리를 숙이고, 아기자기한 사랑을 받으려고 삐죽거리는 입술로 표정하는 어여쁜 아기를 싸안으려는 사랑의 날개가 아니라 적(敵)의 깃발입니다.
그것은 자비의 백호광명(白毫光明)이 아니라 번득거리는 악마의 눈빛입니다.
그것은 면류관(冕旒冠)과 황금의 누리와 죽음과를 본 체도 아니하고 몸과 마음을 돌돌 뭉쳐서 사랑의 바다에 퐁당 넣으려는 사랑의 여신이 아니라, 칼의 웃음입니다.
아아 님이여, 위안(慰安)에 목마른 나의 님이여, 걸음을 돌리서요, 거기를 가지 마셔요, 나는 싫어요.
대지(大地)의 음악은 무궁화 그늘에 잠들었습니다.
광명의 꿈은 검은 바다에서 자맥질합니다.

「가지 마셔요」

부처님의 양미간에 있는 하얀 털에서 나오는 백호광명은 삼천대천 세계의 어둠을 밝혀 무명중생을 바른 길로 인도하는 빛이다. 이렇게 어둠

속에서 헤매는 무명중생을 인도하기 위한 빛이기에 그것은 자비의 광명이다. 그러나 번뜩이는 것이 모두가 자비의 빛은 아니다. 악마의 눈빛 또한 어둠 속에서 번득인다. 어두운 숲속에서 먹이를 노리는 야수의 눈빛처럼 악마의 눈빛은 어둠속에서 번득인다. 다 같은 빛이지만 하나는 생명을 주려는 빛인 반면에 다른 하나는 생명을 앗아가려는 죽음의 빛이다.

면류관은 명예와 권력을, 황금의 누리는 부를 상징한다. 세존은 중생을 구제하기 위해 주어진 명예와 권력을 버렸으며, 부를 버리고 떠난 이이다. 세존은 또한 죽음을 무릅쓰고 수도를 한 이이다. 세존은 육신에 대한 집착을 버렸으며, 마음속에 어떠한 것도 두지 않았다. 세상은 고해(苦海)이지만 세존이 몸과 마음을 던진 그 순간 사랑의 바다가 된다. 세존은 곧 사랑의 여신이기 때문이다. 그런데 지금 님을 유혹하는 것은 사랑의 여신이 아니라, 죽음의 여신이다.

이렇듯 님은 절대진리 자체 혹은 그 담지자가 아니라 백호광명과 악마의 눈빛을 혼동하고 사랑의 여신과 잔인한 악마를 구분하지 못하는 어리석은 중생이다. 그러면 이렇듯 어리석은 중생이 사랑과 존경의 대상인 '님'이 되는 것은 어떠한 근거에서인가? 그것은 모든 중생이 모두 불성을 가지고 있다는 대승불교의 이념과 모든 인간은 존경받을 권리가 있다는 근대 민주주의 이념에 근거한 것이라고 볼 수 있을 것이다.

3. 근대 민주주의의 정체(政體)로서의 '님'

'님'의 근대성은 근대적 정치 관념을 통해서도 드러난다. '님'은 부처님일 뿐 아니라 조국이다. 만해는 군말에서 "장미화의 님이 봄비라면 맛치니의 님은 이태리다"라고 말하고 있다. 이 말은 "장미화의 님이 봄비라면 만해의 님은 조선이다"라는 말에 다름 아니다. '님'은 조국이며 그 조국은 민족의 조국이다.

'님'은 민족이기도 하다는 것은 만해에 대한 초기의 연구에서부터 있어온 견해이다. 만해에 대한 최초기의 연구자인 조지훈은 다음과 같이 말하고 있다. "선생의 평생의 님은 민족이었다. 석가의 님이 중생이듯이, 맛치니의 님이 이태리이듯이, 선생의 님은 중생이요, 또 한국이기 때문에 한국의 중생 곧 우리 민족이 그 님이었다."[22] '님'이 누구인가에 대한 많은 논의가 있었으며, '님'은 또한 겨레, 중생, 부처, 진리 등으로 해석되기도 하였지만, 이러한 해석들이 '님'이 조국이기도 하다는 사실을 부정하지는 않는다. 만해는 『님의 침묵』 어디에서도 '님'이 조국이라고 직접 언급한 곳이 없음에도 불구하고 '님'은 조국이라는 사실은 명백하였다.

'님'이 조국이고 민족일 수 있다는 것은 식민지시대 민족운동의 상징이 된 만해의 행적에 미루어 너무나 당연한 것으로 보이며, 때문에 그 누구도 이를 부정하지 않는다. 그러나 '님'은 조국이고 민족이라는 사실이 너무도 명백한 탓에 조국과 민족으로서의 '님'이 가지는 문화사적 의미는 제대로 해석되지 않고 간과되었다.[23] 조국과 민족으로서의 만해의 '님'은 문화사적으로 중요한 의미를 지니고 있다. 조지훈이 "민족을 '님'이란 대명사로 호칭한 것은 만해가 먼저냐 육당이 먼저냐 하는 것을 아직도 구명(究明)하지 못할 정도로 선생은 우리의 문학에 있어서도 선구자였다."[24] 라고 하는 데서도 나타나듯이 만해나 육당 이전에는 조국 혹은 민족은

---

22) 趙芝薰, 「民族主義者 韓龍雲」, 『韓龍雲全集』 2, 1973, p.364.

23) 정우택의 「한국 근대시 형성과정에서 '님'의 위상」(『문학교육학』 2000)은 이러한 방면에서의 유용한 연구이다. 이 글은 근대적 주체의 확립과 관련하여 '님'을 분석하고 있다. 그러나 그의 연구는 문화사적 접근은 아니며, 또 1910년대에 초점을 맞추어서 1920년대에 발표된 『님의 침묵』의 '님'에 대해서는 언급하지 않고 있다.

24) 趙芝薰, 위의 책, p.364.

님으로 불리지 않았다.[25] 그렇게 된 것은 조국과 민족이란 말 자체가 근대세계의 산물이기도 한 까닭도 있다.

조국 혹은 민족이 님으로 여겨지지 않은 것은 이러한 말이 과거에는 없었기 때문이 아니다. 근대 이전에 존재했던 이와 유사한 말, 예컨대 아국(我國)이나 민(民)은 님으로 여겨지지 않았다. 조국과 민족은 만해의 님이 되었지만, 아국(我國)이나 민(民)은 만해 아닌 그 누구에게서도 님으로 여겨질 수 없는 데는 까닭이 있다. 조국과 민족이란 말에는 근대사회의 정치 관념이 결부되어 있지만 아국(我國)이나 민(民)에는 전근대사회의 정치적 가치 관념이 결부되어 있기 때문이다. 아국(我國)이나 민(民)이 님이 되기 위해서는 이들 존재들이 님이란 말이 함의하고 있는 가치, 즉 나를 온전히 투여할 수 있는 가치를 지녀야 하는 것인데 그렇지 못하다. 아국(我國)은 단지 타국(他國)의 상대어로 사용될 뿐이며, 국(國)은 나의 정치적 주권 실현의 최고 주체도 아니다. 전근대시대의 한반도에서 주권 실현의 주체, 즉 정체(政體)는 국(國)이 아니라 군주였으며, 국(國)은 군주의 지배의 영역에 지나지 않았다. 국(國)이 있기 때문에 군주가 있는 것이 아니라, 군주가 있기 때문에 국(國)이 있었다. 때문에 전근대 시대에는 왕조의 멸망은 곧 국(國)의 멸망을 의미했다. 국(國)은 나를 온전히 투여할 만한 절대적 가치의 담지자가 될 수 없었으며, 따라서 님이 될 수 없었다. 또한 전근대 사회에서는 국(國)이 아니라 군주가 님일 다름이다.

만해는 아국(我國)이 아니라 조국(祖國)을, 민(民)이 아니라 민족(民族)을 님으로 여겼다. 『님의 침묵』에는 '조국'이란 말과 '민족'이란 말이 나타나지 않지만 그가 쓴 논설들에는 '국가'라는 말과 '민족'이란 말이 나타난다. 그리고 그 '국가'와 '민족'은 근대의 민족국가 개념과 일치하는 '국가'

25) 최남선은 1910년 『소년』에 발표한 「太白의 님을 離別함」에서 민족을 님으로 부르고 있다.

이며 '민족'이라고 할 수 있다. 만해는 「조선불교의 개혁안」에서 다음과 같이 말한다.

> 세계적으로 자랑할 만한 깊이 있고 무게에 있어서 한 민족으로서 한 국가로서 이렇다고 내어 놓을 만한 것이 조선에 무엇이 있는가. 있다면 해인사(海印寺)의 장경판(藏經板)이 있고, 불국사(佛國寺) 석굴암(石窟庵)의 미술품이 있고, 기타 한글 경판·회화·건축 등 불교에 관한 근소한 몇 가지가 있을 뿐이다.[26)]

"한 민족으로서 한 국가로서"라는 말은 그가 근대 이후에 명확해진 민족국가 관념을 가지고 있음을 분명하게 보여주고 있다. 그 민족과 국가가 '세계'를 염두에 두고 있다는 데서 이 점은 더욱 명백하다. 위의 글은 1926년에 출간된 『님의 침묵』보다 5년 후에 쓰인 글이라는 점에서 여기서 말하는 '민족'과 '국가'가 곧 "맛치니의 님은 이태리다"라고 하는 말 속에서의 님이라는 말이 암시하는 대상과 일치하는 것이라고 단정할 수 없을지도 모른다. 그러나 그는 이미 『님의 침묵』의 집필 이전인 1913년에 쓴 『조선불교유신론』에서 '평등주의'를 이야기할 만큼 근대적인 정치이념을 수용하고 있다. "근세의 자유주의(自由主義)와 세계주의(世界主義)가 사실은 평등한 이 진리에서 나온 것이라 할 수 있다."[27)] 만해는 종종 놀라운 정치적 예민성을 보여준다. '자유주의'와 '세계주의'라는 말은 전통적인 서당교육만을 받고 출가한 승려의 말이라고 믿어지기 어려운 용어들이다. 이러한 정치적 예민성으로 인하여 1930년대의 그의 논설은 '사회주의' '자본주의' '부르주아' '프로 계급' '마르크스' 등의 말을 수시로 사용

26) 『韓龍雲全集』 권 2, p.161.

27) 『韓龍雲全集』 권 2, p.43.

한다. 그가 "장미화의 님이 봄비라면 맛치니의 님은 이태리다"라고 하는 것은 이러한 정치적 예민성에 바탕한 근대적 사유의 반영이며, 그래서 그의 '님'이 조국이고 민족이라고 말할 수 있는 것이다.

4. 근대인의 에로스에 대한 열망과 '님'

'님'은 조국이고 민족이며, 중생이지만 그 이전에 사랑하는 연인이다. 그 '님'이 무엇이건 간에 '님'에 대한 사랑의 원천은 에로스적 열망이다. 『님의 침묵』은 인간의 생명의 근원과 연결되어 있는 까닭에 영원한 문학적 주제가 된 에로스적 열망을 노래한 시이다. 그러나 『님의 침묵』에서의 님에 대한 사랑의 표현은 초시대적 주제의 표현임과 동시에 또한 근대적 표현이다. 문학적 주제로서의 님에는 한국문학사적 맥락이 있는데, 만해는 자신이 속하고 또한 지향한 시대적 맥락에서 님을 노래하고 있다.

오늘날의 일상적 어법에서도 님의 원래적 의미는 에로스적 사랑의 대상을 지칭한다는 것을 느낄 수 있는데, 문학사적으로도 님이란 말의 원형적인 의미는 에로스적 사랑의 대상이다.[28] 그러나 님의 의미는 유교적 이

28) 님은 원래 前·主의 뜻이며(梁柱東, 「古歌硏究」(訂補版, p.437), 博文書館, 단기 4293), 다시 愛人을 가리키는 말, 또는 敬稱으로 전용된 것(南廣祐, 「國語學論文集」, 春潮社, 1962, pp.336-342)으로 알려져 있다.(다음에서 재인용, 崔台鎬, 「古時調에 나타난 '님'의 考」, 『한국어문학』, 한국언어문학회 1976, p.35). 님이 가지고 있는 에로스적 함의를 보다 구체적인 고대 문학 작품 속에서 찾는 연구도 있다. 鄭鶴燮은 다음과 같이 기술하고 있다. "古代世界에 있어 우리의 詩歌에 나타나는 '님'은 男女의 情火의 意味를 가지는 對象이었다. 이 情火는 「公無渡河歌」에서 비롯하여 三國古記에 발견되는 숱한 情火로서의 '님'이라는 概念을 形成하여…"(鄭鶴燮, 앞의 글, p.54)라고 하고 있다. 그러나 鄭鶴燮의 이러한 논지는 한 가지 해결해야 할 문제가 있다. 그것은 현재 알려진 「公無渡河歌」는 원래 한문으로 번역되어 기록된 것이어서, 원래 이 노래에 '님' 혹은 '님'의 원형에 해당하는 말이 있었는지 알 수가 없다는 점이다. 전해 오는 「公無渡河歌」의 한문 번역문은 "公無渡河 公竟渡河

념이 한국사회 전반에 스며드는 고려 중기로 오면서 정치적 숭배의 대상으로 바뀐다. 유교적 사고방식에 기초한 고려시대와 조선시대의 정치인들은 자신들의 정치적 숭배의 대상인 군주를 님으로 불렀다.

에로스적 사랑의 대상, 즉 연인으로서의 님이 정치적 숭배의 대상인 군주를 지칭하게 될 수 있었던 한 이유는 유교사회의 군주 역시 에로스적 사랑의 대상과 마찬가지로 그것을 향하는 이에게 분명 절대적인 의미를 지니고 있는 데 있다. 그러나 자신을 향한 이들에 대한 절대성만으로 군주가 님이 될 수 있는 것은 아니다. 군주가 님이 될 수 있기 위해서는 이데올로기적이고 문화적인 수식이 필요했다. 연인 관계와 달리 신하에 대해 가지는 군주의 절대적인 의미에도 불구하고 신하와 군주의 관계는 본질적으로는 심리적 합일의 관계가 아니라 계약과 합의의 관계였기 때문이다.

그런데 성리학자들은 군주와 신하 사이의 계약과 합의의 관계를 수식하여 미화했다. 절대군주를 중심으로 한 가족적 사회를 영구불변의 이상적 국가 형태로 보고 그 형성을 이념적 목표로 하는 유학자들은 성리학 체계를 통하여 군주와 신하의 관계를 계약과 합의의 관계가 아니라, 인간과 우주의 본질에서 비롯되는 관계로 미화하였다. 성리학 체계에 따르면 군주는 우주의 근원 원리인 태극(太極)이 되며 신하는 개별자에게 구비된 태극으로서의 이(理)가 된다.

성리학 체계를 통한 이러한 군신관계의 논리적 수식에서 더 나아간 것

墮河而死 將奈公何"라고 되어 있는데, 여기서 '公'은 '님' 혹은 '님'의 원형에 해당하는 말일 수도 있지만 다른 어떤 말일 수도 있다. 鄭鶴燮의 이러한 자의적인 논지의 전개는 사실은 金永琪의 다음과 같은 기술의 원용이다. "古代世界에 있어 韓國의 詩歌에 나타나는 님은 男女의 情火의 意味를 가지는 對象이었다. … 이 情火는 … 「箜篌引」에서 비롯하여 三國古記에 발견되는 숱한 情火가 그것이다."(金永琪, 앞의 글, p.54)

이 시(詩)를 통한 심미적 수식이다. 이러한 작업은 『시경』에 대한 해석에서부터 시작되었다. 『시경』에 대한 공자의 열렬한 예찬을 염두에 둔 성리학자들은 『시경』에 나오는 남녀 사이의 사랑을 노래한 시들을 신하의 군주에 대한 사랑의 노래로 해석하였다. 에로스적 사랑의 대상과 정치적 숭배의 대상인 군주를 뒤섞어 놓은 것이다. 『시경』에 자주 등장하는 군(君)은 연정의 대상으로서의 남자가 아니라 신하의 군(君), 즉 군주(君主)로 해석되었다. 『시경』에서의 사랑과 그 사랑의 대상에 대한 이러한 해석은 이념과 논리의 체계를 통해서만 정립되던 신하와 군주의 관계를 본능적·심리적·정서적인 관계, 그래서 더욱더 본질적인 관계가 있는 것처럼 미화하는 역할을 하게 된다. 에로스적 사랑의 주체는 자신의 존재의미를 사랑의 대상과의 합일을 통해서 추구하게 되는데, 그 합일은 본능적 욕구인 까닭에 합일 자체 외에는 어떠한 이해 조건도 가지고 있지 않다. 유학자들은 에로스적 사랑의 주체와 대상 사이의 이러한 무조건적인 관계, 이해와 타산을 넘어선 관계를 유교사회에서의 신하와 군주 사이의 관계에 이입시킨 것이다.

고려시대의 정서(鄭敍)의 「鄭瓜亭曲」이나 조선시대 정철(鄭澈)의 「思美人曲」, 「續美人曲」 등은 여기에서 한 걸음 더 나아가 군주를 님으로 삼은 시를 직접 지음으로써 신하인 자신과 군주의 관계가 본능적·심리적·정서적인 관계에 있음을 스스로 입증하려 하고 있다.

그러나 군신관계에 대한 그러한 미화는 유학의 측면에서는 그 이념을 더욱더 세련되고 완성된 형태로 나아가게 하는 것이지만 문학의 측면에서는 사랑과 님이라는 문학의 고전적 소재에 이념적 덧칠을 함으로써 문학적 효과를 약화시키는 결과를 초래하였다. 성리학자들이 해석한 『시경』이 문학적 감흥을 불러일으키기는 어려운데, 그것은 그들에 의해 해석된 사랑과 님은 더 이상 자연스런 인간의 사랑과 자연 상태의 인간이 그리워하고 염원하는 대상이 아니기 때문이다. 마찬가지로 정서의 「정과정곡」이나 정철의 「사미인곡」, 「속미인곡」 같은 시들도 문학적 감흥을 불러일으키기보다는 권력에 대한 저자의 집착만을 보여준다.

이와 달리 만해의 님은 군주가 아니라 여자의 남자 혹은 남자의 여자이다. 다음과 같은 시구들은 남자와 여자의 관계를 상정하지 않고서는 말해질 수 없는 말들이다.

> 나는 당신의 첫사랑의 팔에 안길 때에 온갖 거짓의 옷을 다 벗고 세상에 나온 그대로의 발가벗은 몸을 당신의 앞에 놓았습니다. 지금까지도 당신의 앞에는 그때에 놓아둔 몸을 그대로 받들고 있습니다.
>
> 「의심하지 마셔요」

"팔에 안길 때"라는 표현과 "발가벗은 몸을 당신의 앞에 놓았습니다," "그때에 놓아둔 몸을 그대로 받들고 있습니다"라는 것은 성적인 욕망에의 갈구라고 할 수 있을 것이다. 군주와 신하 혹은 다른 어떤 관계의 절친함을 묘사하기 위한 문학적 비유라고 보기에는 관능적 의미가 너무나 농후하다. 다음 시구는 성적 대상으로서의 여체에 대한 자극적인 묘사이다.

> 당신은 나의 품으로 오셔요. 나의 품에는 보드라운 가슴이 있습니다.
>
> 「오셔요」

"보드라운 가슴"은 성적인 환상을 불러일으키기에 충분한 말들이다. 문학적 비유이기는 하나 여인이 침실에서 전라의 몸으로 남자를 유혹하는 장면에 다름 아니다.

만해가 님을 여자의 남자로서 재해석했다는 것은 유교적 이념을 바탕으로 한 전근대 시대에 이루어진 님의 형상화에서 야기된 시의 이념적

도구화를 극복하고, 님의 미학적 본성을 회복한 것을 의미한다고 할 수 있다. 이 점에서 만해의 님은 동시대 다른 문학가들보다 훨씬 더 근대적인 사유를 하고 있다. 최남선과 이광수는 한국 근대문학의 선구자로 알려져 있지만, 그들이 형상화한 님은 여전히 유교적 이념을 바탕으로 한 전근대시대의 님의 형상화의 연장선상에 있다. 최남선의 「태백(太白)의 님을 이별함」, 이광수의 「님 나신 날」 등에서 님은 유학자들의 군주로서의 님이 민족 혹은 국가로서의 님으로 환치되었을 뿐이다. 이러한 단순한 환치는 근대적 정치 이념의 수용일 수는 있으나,[29] 근대적 미의식의 수용은 아니다.

님을 여자의 남자로서 재해석했다는 사실 자체만으로 만해가 유교적 이념을 바탕으로 한 전근대 시대의 님의 형상화를 극복했다고 말할 수 있는 것은 아니다. 님이 남자의 여자 혹은 여자의 남자로 표현되는 사례는 조선시대 여류문인들의 시에서도 수없이 발견된다. 따라서 만해의 '님'이 조선시대 여류문인들의 시 속에 등장하는 님과 같은 것이라면 만해의 시는 통속적인 연애시이며, '님'은 문화사적으로 특별한 의미를 가지지 못할 것이다. 하지만 만해의 '님'은 한 남자 혹은 한 여자의 님일 뿐 아니라 그 이상이다. 에로스적 합일의 대상으로서의 님은 만해의 '님'의 전부가 아니다. 조국이며, 민족이며, 진리이며, 부처님이기도 한 다의성으로 인하여 만해의 님은 조선시대 여류문학에서 주류를 이루는 님의 성격과 질적으로 구분된다. 그리고 다의성은 그 다의적인 의미들이 병렬적 관계에 있는 것이 아니라 융합을 이루고 있다. '님'은 때로는 조국, 때로는 민족, 때로는 진리, 때로는 부처님, 때로는 연인이 아니라 조국인

29) 정우택은 1910년대 시에 나타난 '님'은 민족이나 국가에 대한 명시적인 은유이자 시민적 이상인 자유의 상징이라고 정의하고 있다. 정우택, 「한국 근대시 형성과정에서 '님'의 위상」 『문학교육학』, 2000, p.187.

동시에 진리이고, 부처님이고, 연인이다.

이러한 융합적 성격 때문에 '님'은 한 남자 혹은 한 여자의 연모의 대상이라는 통속적 의미를 넘어서 인간이 추구해야 할 본질적 가치의 상징이 된다. 다음 시구는 에로스적 사랑과 인간이 추구해야 할 본질적 가치가 어떻게 닮아 있는가를 보여 준다.

> 날카로운 첫 키스의 추억은 나의 운명의 지침을 돌려놓고 뒷걸음쳐서 사라졌습니다.
> 나는 향기로운 님의 말소리에 귀먹고 꽃다운 님의 얼굴에 눈멀었습니다.
>
> 「님의 침묵」

키스는 원초적인 성애의 표현이다. 그러나 위 시에서 가장 원초적인 행위는 또한 장엄한 행위가 된다. '운명의 지침(指針)'은 그러한 장엄성을 보여준다. 첫 키스의 순간 두 연인은 자신을 잊고 상대를 받아들이게 된다. 상대에 대한 완벽한 확인과 받아들임이 있는 것이다. 첫 키스와 함께 모든 것이 변한다. 첫 키스는 그 이전과 이후를 날카롭게 구분한다. 소녀는 처녀가 되고, 세상은 또 다른 세상이 된다. 진리와의 만남도 그러하다. 세계관이 변하고 따라서 운명의 지침도 변한다. 석가를 만난 가섭은 더 이상 배화교(拜火敎)의 지도자가 아니다. 예수를 만난 베드로는 더 이상 어부가 아니다. 남녀 간의 사랑의 표현이 거룩한 진리의 확인이 되는데, 이는 만해 이전의 한국의 시적 전통에서는 찾아볼 수 없는 것이다.[30)]

만해는 '님'을 통해서 에로스적 합일에의 욕망을 자아의 본질에 관련된 원리와 결부시키고 있다. 만해에게서 '님'은 한 개인의 에로스적 갈망의

---

30) 이 단락은 다음 책에서 전제한 것이다. 김종인, 『날카로운 첫 키스의 추억: 만해 한용운 『님의 침묵』 평설』, (주) 나남, 2008, p.42.

대상인 동시에, 자아 탐색에서의 지향점이다. 바로 이 점에서 만해의 '님'은 조선시대 여류 문인들이나 여성화자 시에 등장하는 님과 확연히 구분된다. 조선시대 여류 시인들이나 여성화자의 님은 시적 화자의 연모의 대상으로서의 구체적인 개인일 따름이다. 그 님은 시인 자신 혹은 인간의 자아에 대한 탐구 과정에서 그려진 초상이 아니다. 이와 달리 만해의 님은 탐구의 대상으로서의 자아이며, 님이 가지고 있는 에로스적 대상으로서의 성격은 이러한 자아에 대한 탐구가 관념적 탐구가 아니라 인간의 원초적 본능과 연결된 피할 수 없는 것이라는 것을 말하고 있다. 만해는 에로스와 인간의 본질을 분리시킬 수 없다는 생각을 하고 있었던 것이다.

만해의 이러한 태도는 명백히 자신이 속해 있는 불교에서의 성에 대한 태도에 대한 전면적 도전인데, 이미 『님의 침묵』에서 시를 통해 표현되기 이전에 논설로서 표현되었다. 만해는 『조선불교유신론』에서 승려들에게도 결혼을 허용해야 한다는 주장을 펴기 위해서 다음과 같이 말한다.

> 겨울을 지내는 나비는 꽃을 그려 병이 되고, 골짜기를 떠난 뻐꾸기는 버들에 매여 발광하는 것이니, 이것은 오래 억눌리어 뜻을 펴고자 하는 마음이 정말 왕성한 탓이다. 정욕이 꺾이면 마음은 천리를 달리게 마련이다. 죽은 노루를 싸가지고 찾아오는 남자와 진수(秦水)를 건너 애인을 만나는 여인이 예로부터 있었던 것이니, 만약 이렇게 종내 결혼을 금하는 경우 풍속을 해치고 뜻과 기개를 상실케 함에 있어서 무엇이 이보다 심할 수 있겠는가.[31]

승려의 결혼을 금지한다는 것은 성적인 욕망을 가진 인간의 본성에 위배되므로 지켜질 수 없고, 따라서 결혼을 허용해야 한다는 것을 주장하기 위해 이처럼 말하고 있다. 승려의 결혼을 허용해야 한다는 것은 대단

31) 『韓龍雲全集』 2, p.85.

히 파격적인 이야기인데, 만해가 이처럼 파격적인 이야기를 하게 된 것은 그의 사고가 인간의 욕망을 긍정하는 근대적 세계관에 기초해 있기 때문이다. 위 인용문의 표현들은 고전적 표현들이며, 그 내용 역시 딱히 근대적 세계관 하에서만 인정될 수 있는 것은 아니다. 그러나 『조선불교유신론』의 전체적 맥락에서 보면 위의 내용이 근대적 세계관의 반영이란 것은 명백하다. 『조선불교유신론』은 다음과 같은 말로서 시작한다. "오늘의 세계는 과거의 세계가 아니며 미래의 세계도 아니오, 어디까지나 현재의 세계다."[32] 그는 현재의 세계 속에서, 근대인의 사고방식과 가치관을 반영하는 인간관을 가지고 있었다. 그러한 인간관에 따르면 인간은 성적 본능을 가진 존재이며, 어떠한 고답적인 가치로도 이 사실을 부인할 수가 없다.

『님의 침묵』에서의 에로스와 인간의 본질적 가치와의 융합은 『조선불교유신론』에서 인간의 성적인 욕망을 제거할 수 없는 인간의 본성으로 보고 인정하는 태도가 미학적인 세련성을 더하면서 표현된 것이라 할 수 있다. 성적인 욕망은 단지 불가피하게 허용되어야 할 인간의 본능이 아니라, 그 자체로부터 인간의 궁극적 가치가 도출되는 본질적인 것이다.

『님의 침묵』은 에로스와 인간의 본질적 가치와의 결합을 통해 님을 미적으로 형상화함으로써 근대사회의 대중에게 호소력을 갖는 문학적 성공을 거둔다. '님'은 형이상학적 이념의 상징으로서의 고원한 존재, 초월적 존재가 아니라 인간의 본능에 기초한 에로스적 사랑의 대상이다. '님'은 나의 본능을 억누르고 육체를 부인하는 이성의 지향점이 아니라, 본능과 육체가 지향하는 대상이며, 그것은 근대적 자아가 지향하는 대상이다.

'님'이 단지 부처님이었다면, '님'이 단지 절대군주였다면, '님'이 단지

32) 『韓龍雲全集』 2, p.35.

국가와 민족이었다면, 『님의 침묵』은 현대 독자들의 공감을 얻는 시가 되지 못했을 것이다. '님'이 부처님이기도 하고, 절대군주이기도 하고, 국가와 민족이기도 하더라도 그것만으로는 『님의 침묵』은 현대 독자들의 사랑을 받지 못했을 것이다. 『님의 침묵』이 현대 독자들의 감흥을 불러일으킬 수 있는 것은 『님의 침묵』의 '님'이 바로 근대인들의 인간관을 반영하고 있기 때문이다. 근대인들은 형이상학적 존재, 절대적 힘을 가진 존재를 갈구하지 않는다. 근대인들의 신은 본능적 욕구를 가진 인간 자신이다.

5. 근대인의 자아에 대한 탐구와 '님'

'님'은 만해의 불교를 중심으로 한 지적 기반과 근대문명의 쇄도라는 문화사적 상황이라는 외적 배경 속에서 해석됨과 동시에 『님의 침묵』 내적으로는 '나'와의 관계 속에서 고찰될 필요가 있다. '님'은 조국이기도 하고, 민족이기도 하고, 더 나아가 부처님이기도 하지만, "님은 갔습니다. 아아, 사랑하는 나의 님은 갔습니다"라는 데서 알 수 있듯이 '님'은 나의 님이다. '님'은 우리의 님, 중생의 님 이전에 "나의 님"이다. 『님의 침묵』은 나의 님을 노래한 시집이다. 『님의 침묵』에는 '나'라는 말이 수없이 등장한다. 『님의 침묵』의 거의 모든 시에서 화자는 함축적 화자로 숨어 있는 것이 아니라 현상적 화자인 '나'로 문면에 나타나 발화하고 있는데, 이것은 이전 시대의 한국 시들에서는 찾아보기 힘든 특징이다. 만해 이전 한국의 시들에서는 '나'라는 단어가 전적으로 배제된 것은 아니지만 '나'를 지칭하는 단어들을 찾기 힘들다.

『님의 침묵』에 이토록 많은 '나'가 등장하는 것을 어떻게 보아야 하는가? 무엇보다도 이것은 『님의 침묵』이 자아의 문제에 대한 탐구와 깊이 연관이 있다는 것을 말한다. 『님의 침묵』은 자연을 노래한 시도 아니고, 객관화된 역사를 노래한 시도 아니다. 『님의 침묵』은 '님'을 노래하는 형식을 취하지만 실은 '나'를 노래하는 시이다. '님'이 민족 혹은 조국으로 해석되는 탓에 만해는 대중적으로는 민족 시인으로 알려지고 또 『님의 침묵』은 민족의 해방을 노래한 시로 알려지기도 하지만, 『님의 침묵』은 자아에 대한 탐구의 시이다.

까닭에 『님의 침묵』에서 '님'은 객관화된 님이 아니라 나의 의식 속에서의 님이다. 그것은 처음부터 나의 님이기 때문이다. 『님의 침묵』은 자아의 문제를 탐구한 '나'의 노래이기 때문에, '님'이 나의 님일 뿐 아니라, 의미 있는 다른 존재자들 역시 나와의 관계 속에서 규정된다. 그래서 『님의 침묵』에는 그러한 관계를 확인하는 '나의 길' '나의 노래' '나의 생명' '나의 가슴' '나의 벗' '나의 고통' '나의 꽃밭' '나의 죽음'이란 말들이 자주 등장한다. '나의 님'이란 것은 나 속의 님, 즉 나 자신이다. '님'은 나를 떠나서는 아무런 실체도 없고, 아무런 행위도 하지 않는다. 『님의 침묵』에서 '님'은 자신의 객관적인 모습을 가지고 있지 않다. 단지 '나'가 님에 대해 어떠한 마음을 가지고 있고, 어떠한 생각을 하고 있고, 어떻게 그리고 있는지만을 말하고 있다. 때로 님은 객관세계 속에 있는 것처럼 보이지만 그것은 다만 객관 세계에 투영된 '나'일 뿐이다. 「알 수 없어요」에서 '님'은 떨어지는 오동잎, 푸른 하늘, 옛 탑 위의 알 수 없는 향기 속에도 있지만, 이러한 '님' 역시 "그칠 줄 모르고 타는 나의 가슴"과 함께 있다. "그칠 줄 모르고 타는 나의 가슴"이 번뇌에 쌓여 있는 '나'라면, 떨어지는 오동잎, 푸른 하늘, 옛 탑 위의 알 수 없는 향기 속에 있는 님은 그러한 번뇌에서 벗어난 '나'이다.

'님'이 객관화된 님이 아니라는 것은 『님의 침묵』의 '님'이 가지는 두드러진 특징이다. 수많은 한국의 전통시들에 등장하는 님은 언제나 객관화된 님이다. 님은 특정한 군주이거나, 연인이었다. 설령 그 님이 정해진 누군가가 아니라, 막연한 그리움의 대상일지라도 그 님은 구체적인 인간, 육신을 가진 인간이다. 최남선, 이광수 등의 경우 님은 민족을 상징하는데 이 역시 객관화된 님이기는 마찬가지이다. 그러나 『님의 침묵』의 '님'은 내 눈앞에 육신을 드러낼 수 있는 구체적인 인간이 아니다. '님'에는 연모의 대상을 향한 연인의 정(情)이 녹아있지만 '님'은 현실 세계에 실재하는 연인이 아니라 나의 정념을 수렴하는 사랑의 본질이다. '님'은 사랑의 원리를 넘어서 우주의 본질이다. 그러기에 '님'은 '오동잎', '푸른 하늘', '작은 시내', '저녁 노을' 속에 존재한다.[33] 그러나 우주의 본질 속에 내재해 있는 님도 실은 내 마음 속에 있을 따름이며, 내 마음을 떠나서는 따로 존재하지 않는 님이다. 「反比例」는 '님'은 객관세계에 존재하는 것이 아니라 내 마음 속의 일임을 다음과 같이 표현하고 있다.

> 당신의 소리는 '침묵'인가요.
> 당신이 노래를 부르지 아니하는 때에 당신의 노랫가락은 역력히 들립니다그려.
> 당신의 소리는 침묵이어요.
>
> 「반비례」

'님'은 객관세계에 실재하는 존재가 아니라 나 자신의 본질이다. 당신의 소리가 '침묵'인 까닭은 그것이 객관세계에 실재하는 님의 육성이 아니라 내 자신의 내면의 소리이기 때문이다. 선사들이 묵언정진을 하는 것은, 혹은 일상의 좌선을 하는 중에도 침묵하는 것은 자신의 내면의 소리를 듣기 위해서이다. 침묵을 통해서 내 자신의 내면의 소리를 들을 수 있는 것이다.

---

33) 「알 수 없어요」의 시어들이다.

'님'은 육체를 가진 객관 세계의 인간이 아니라 나 자신의 내면인데 그 '나'에는 또 근대적 자아관이 반영되어 있다. 그리고 그 근대적 자아는 자신의 존재 이유에 대한 답을 가진 자아가 아니라 거기에 의문을 품는 자아이다. 『님의 침묵』의 '나'는 적극적으로 자신의 길을 찾는 '나'이며, 님에 대한 궁극적인 믿음을 가지면서도 현재의 님에 대한 의심을 가지고 있는 나이다. 만해는 「나의 길」에서 묻는다 "아아, 나의 길은 누가 내었습니까?"

『님의 침묵』에서의 자아에 대한 탐구는 근대적인 사고와 관련이 있다. 데카르트를 자아에 대한 탐색의 전환점으로 삼고 있는 서양과 달리 동아시아의 지적 전통은 자아에 대한 오랜 탐구의 역사를 가지고 있는 것이 사실이다. 불교는 전적으로 자아에 대한 탐구의 철학이며, 유학 역시 자아에 대한 탐구를 학문의 중요한 목표로 삼고 있다. 그럼에도 불구하고 시가 자아 탐구의 매개체 내지는 표현 수단로 사용되는 것은 근대 이전의 한국 시에서는 찾아보기 힘들다. 그것은 근대 이전의 한국의 지적 전통을 지배한 유교와 불교 자체가 이미 완성된 철학체계였다는 것과 관련이 있어 보인다. 불교와 불교의 영향을 받은 유교 모두 자아에 대한 탐구를 세계관 구축의 출발로 삼고 있었을 뿐 아니라, 그에 대한 분명한 해답 역시 가지고 있었다. 그 결과 자아에 대한 탐구는 시적 영감과 상상의 영역이 아니라 체계화되고 정형화된 교리적 학습의 영역이 되었다. 유학자들이나 승려들은 다만 자신들이 그 학습 과정을 끝내고 자아에 대한 해답을 얻었다는 만족감만을 시로 표현할 따름이었다.

『님의 침묵』이 자아의 문제에 대한 해답이 아니라 자아에 대한 탐구 자체를 다시 시적 상상의 영역으로 끌어들인 것은 바로 전시대를 지배한 형이상학의 붕괴와 밀접한 관련이 있다고 볼 수 있다. 만해는 과거를 포기해야만 했을 때 이미 유학적 전통과 결별하고 있었다. 그는 또 선승이었지만 전통적인 불교의 답습이 아니라 불교의 유신을 주장하였으며, 더욱이 그 유신은 단순한 변화가 아니라 철저한 혁명을 의미하였다. 그리고 그러한 주장의 배경에는 불교를 완성된 교리의 체계로 보지 않고 진화하는 철학으로 보는 진화론적 사고가 자리 잡고 있었다.

> 다만 문명의 정도가 날로 향상되면 종교와 철학이 점차 높은 차원(次元)으로 발전하게 될 것이며, 그 때에야 그릇된 철학적 견해나 그릇된 신앙 같은 것이야 어찌 다시 눈에 뛸 줄이 있겠는가? 종교요 철학인 불교는 미래의 도덕·문명의 원료품(原料品) 구실을 착실하게 할 것이다.[34]

만해가 자아에 대한 탐구를 시적 상상력의 세계로 끌어들일 수 있었던 것은 바로 이러한 근대적 사고의 결과이다. 종교와 철학은 완성된 절대 진리의 체계가 아니라 인류의 지적 진보의 일부이며, 이 점에서는 불교 또한 마찬가지이다. 그에게서 불교는 사유의 원료이지 완성된 사유체계 자체는 아닌 것이다. 그가 『님의 침묵』에서 불교를 통해 자아에 대한 해답을 제시하고 있는 것이 아니라, 자아에 대한 탐구를 하고 있는 것이다.

6. 결론

이상에서 근대성의 관점에서 만해의 '님'을 살펴보았다. '님'은 부처며, 연인이며, 조국이며, 민족이며, 진리이기도 한데, 여기에는 만해의 근대성에 대한 이해가 반영되어 있다. '님'은 부처님이지만 그 부처님은 전근대시대 종교관에 기초한 절대적·초월적 존재가 아니라, 그러한 존재를

34) 『韓龍雲全集』 2, p.43.

부정하는 근대인의 자기구원의 상징이다. 또 조국과 민족으로서의 '님'에는 근대적 정치관이 자리 잡고 있다. 만해는 '사회주의', '자본주의', '부르주아', '프로 계급' 등의 근대적 정치용어를 사용할 정도로 정치적 예민성을 지녔으며, 조국과 민족으로서의 '님'은 이러한 정치적 예민성이 반영된 결과이다. 만해는 민주적 정체로서의 국가에 대한 이해가 있었으며, 그런 까닭에 님의 자리에 군주 대신 조국과 민족을 놓은 것이다.

미학적인 관점에서 '님'의 근대성은 에로스의 예술적·철학적 승화에 있다. 고대 시가에서부터 시적 재재로서 사용된 님은 원래 자신의 존재의 미를 사랑의 대상과의 관계에서 찾는 에로스적 함의를 가진 단어였다. 그러나 유학이 한국사회의 주요한 지적 토대가 되고, 님이 군주에 대한 자신의 충심을 드러내는 용어로 사용되게 되면서 에로스적 함의를 잃었다. 이때에도 님은 한편으로는 여류문인들의 시나 여성화자의 시에서 연인을 지칭하였으나, 그 님은 화자에게서 본질적 의미를 지닌 그런 존재는 아니었다. 단지 통속적인 연정(戀情)의 대상이었을 뿐이다. 만해의 '님'은 자신에게 본질적 존재의미를 지닌 에로스적 합일의 대상이다. 만해는 승려임에도 불구하고 육체와 본능 속에서 자아를 찾는 근대문명의 영향을 받아 에로스를 인간의 본래적 가치와 연결시키고 있다. 『님의 침묵』이 예술적 성공을 거두고 근대인들에게 대중적 호소력을 가질 수 있었던 결정적인 이유도 여기서 찾을 수 있다.

'님'은 부처며, 연인이며, 조국이며, 민족이며, 진리이기도 하지만 궁극적으로는 자아이다. '님'은 육체를 가진 객관 세계의 인간이 아니라 나 자신의 내면이며, 그 '나'는 근대인의 자아이다.

제Ⅵ장
한용운의 한시(漢詩)

1. 서론

한용운은 상당한 양의 한시(漢詩)를 남겼다. 현재 176수가 전한다. 편수로 한용운의 문학을 대표하는 『님의 침묵』의 88수 보다 약 두 배 이상 많은 양이다. 그러나 한용운의 한시에 대한 연구자들의 관심은 『님의 침묵』에 전혀 견줄 바가 못 된다. 『님의 침묵』에 관해서는 수백 편이 넘는 연구가 있지만, 한시에 대해서는 불과 20편 안쪽의 연구만이 이루어지고 있다. 이러한 연구의 불균형의 이유는 여러 가지로 찾을 수 있겠지만, 무엇보다도 그의 한시가 가지고 있는 질적 수준이나 문학사적 비중이 『님의 침묵』에 견줄 만한 것이 못 되기 때문이라고 할 수 있다. 그간 그의 한시를 연구한 이들의 평가를 봐도 그렇고 필자의 관점에서 보아도 그의 한시는 질적으로 우수하지 않으며, 특별한 문학사적 의미를 찾기도 어렵다.

그의 한시는 문학적인 면에서는 이처럼 특별한 의미를 찾기 어렵지만, 그의 삶과 사상에 대한 이해에서는 매우 중요한 의미를 지니고 있다. 종합적 지식인이라 할 수 있는 한용운은 수필, 논설, 논문, 주석서, 시, 시조, 한시, 소설 등 다양한 장르의 글을 썼다. 그런데 이 다양한 장르 중에서 한시는 가장 오랜 시기에 걸쳐서 지속적으로 쓰였을 뿐 아니라, 사상적 틀과 지향점에 의해 추상화되거나 가공된 정도가 가장 덜한 모습을 하고 있다. 그 덕분에 한시들을 통해서 우리는 불교 승려나, 독립운동가로서의 한용운이 아니라, 인간 한용운의 모습을 비교적 투명하게 볼 수가 있다. 한시를 통해서 우리는 한용운의 본 모습을 보고, 또 이 본 모습을 토대로 논설과 시, 특히 『님의 침묵』을 통해서 그가 표현하고자 한 사상적 지향이 현실세계에서 실제로 어떻게 구현될 수 있는지를 추측해 볼 수도 있는 것이다. 그런 만치 한용운의 한시에 대한 이해는 인간 한용운과 그의 사상에 대한 실체적 이해에 필수불가결한 것이라 할 수 있다.

한용운의 한시에 대한 연구는 1980년대부터 시작되어 지금껏 20편 안쪽의 연구가 이루어졌다. 한용운의 한시에 대한 첫 연구는 김종균의 「한용운의 한시와 시조-그 옥중작을 중심으로」[1]이지만, 제목에서 알 수 있듯이 이 시는 한시에 대한 본격적 연구는 아니고, 내용면에서도 주로 『님의 침묵』과의 연관성 속에서 고찰하고 있다. 처음으로 한용운의 한시를 전체적으로 고찰하고 평가를 내린 것은 이병주의 「萬海禪師의 漢詩」[2]이다. 이병주는 이 논문에서 한용운의 한시 전체를 시체(詩體)별로 분류하고, 주제별로도 대략적인 분류를 하고 있다. 그리고 전체적으로 한용운의 한시는 "수도를 위한 苦空의 圓音과 自適을 위한 閒吟의 뒤안이 엇갈려 믿음과 소망의 共有가 현실과 이상의 복합성을 풀기에 用心한 흔적이 짙다."[3]고 평하고 있다. 또 문학적 질의 면에서도 한국 한시 일반과 마찬가지로 한용운의 한시도 "저만큼 있는 대상을 중국 투로 묘사하기에 평생을 바친 셈이다."라고 평하고 있다.

한용운의 한시에 대한 종합적인 연구는 박정환의 박사학위 논문인 『萬海 韓龍雲 漢詩硏究』[4]이다. 박정환은 한용운의 한시가 한국의 정신사

1) 『어문연구』 21호, 1979, p.3.

2) 이병주, 「萬海禪師의 漢詩」, 『한용운사상연구』 제2집, 민족사, 1981.

3) 이병주, 위의 책, p.266.

4) 박정환, 『萬海 韓龍雲 漢詩硏究』, 충남대학교 대학원, 1990.11.

적 기반에서 어떻게 형성되었는가, 어떤 구조적 특질(詩形, 시어, 수사의 체계 등)을 지녔는가, 어떤 주제의식의 양상을 보이는가, 『님의 침묵』과의 상관성은 무엇인가를 밝히고 있다. 박정환의 논문의 장점은 거의 모든 시어에 대한 실증적이며 통계적인 분석을 통해서 한용운의 한시의 기본적 성격을 객관적으로 입증하는 데 있다. 예컨대, 그의 시어들 상당수가 『시경』, 『화엄경』, 두보(杜甫), 소식(蘇軾), 장자(莊子), 도연명(陶淵明), 이백(李白), 굴원(屈原) 등의 한시와 고사성어를 많이 원용하고 있다는 것,[5] 또 풍(風), 설(雪), 매(梅), 월(月), 학(鶴), 주(酒) 등 전통적인 한시에서 즐겨 사용하던 어휘들을 사용한다는 것, 상투적 어휘의 잦은 사용을 통해 집단적 감수성을 대변한다는 것, 부정적 심상의 어휘가 많다는 것 등을 밝히고 있다. 한용운의 한시에 대한 가장 최근의 연구는 전재강의 「한용운 한시에 나타난 일상성과 그 확산적 관계망」이다.[6] 한용운의 한시는 『님의 침묵』과 달리 자연인 한용운의 인간적 면모를 많이 보여주고 있는데, 이를 전통적인 한시의 주제의식과 연관시켜 해석한 기존 학자들과 달리 전재강은 이를 선불교의 이념적 틀 내로 다시 끌어들여 해석하고 있다. 전재강은 한시에 나타나는 자연인 한용운의 이러한 인간적 면모는 '세간과 출세간이 하나라는 안목', '출출세간으로서의 세간현실을 지향하는 면모'[7]라고 보고, "일상성이 어떻게 선으로 이어지고 또 선이 작품의 핵심 내용으로 어떻게 드러나는지" 밝히려는 시도를 한다.[8]

본 연구는 기본적으로 한용운의 한시에 대한 문학적 이해가 아니라 그

5) 박정환, 위의 논문, p.9.

6) 전재강, 「한용운 한시에 나타난 일상성과 그 확산적 관계망」, 『국어국문학』 172호, 2015, pp.239-267.

7) 전재강, 위의 글, p.240.

8) 전재강, 위의 글, p.252.

의 한시를 통해서 인간 한용운과 그의 사상의 현실적 의미에 대한 이해를 그 목적으로 한다. 한용운의 한시는 이병주도 에둘러 말했듯이 문학성도 높지 않고, 박정환이 나름대로 애써 문학사적인 의미를 부여하려 했지만 한시 자체가 소멸하는 시점에 있었던 시기에 특별히 문학사적인 의미를 가지기도 힘들다. 이런 맥락에서 보면 그의 한시의 의미는 결국 문학 외적인 데서 찾을 수밖에 없는 것이다. 그런데 한용운은 불교개혁론자로서 그리고 민족운동가로서 한국근대사에서 큰 비중을 차지하고 있는 만큼, 인간 한용운과 그의 사상에 대한 이해는 다양한 측면에서 이루어질 필요가 있으며, 상당한 분량의 그의 한시는 중요한 연구 대상임에 분명하다.

2. 일상의 삶 –『님의 침묵』과의 비교

기존의 연구자들이 하나같이 이야기하는 바와 같이 한용운의 한시는 시인의 매우 솔직한 감정을 표현하고 있다. 누군가의 시가 그의 솔직한 감정을 표현하고 있다는 사실 자체가 특별히 주목할 요인이 아님에도 불구하고, 한용운의 한시의 솔직한 감정 표현이 유난히 연구자들의 눈에 띄는 데는 까닭이 있다. 그것은 한용운에 대해 가지고 있는 우리의 기성의 이미지 때문이다. 기성의 이미지 속의 한용운은 한마디로 불굴의 투사이자, 정열적인 민족혼의 화신이며, 어떠한 상황에서도 흔들림 없는 선사이다. 이러한 신화화된 이미지는 한국현대사의 문화적 필요성에 의해서『님의 침묵』과『조선독립의 서』, 그리고 그와 동시대에 산 후배들의 증언을 토대로 구성된 것이다. 그런데 이것은 분명 한용운의 실제 모습이기는 하나, 한용운의 총체를 보여주는 것은 아니다. 그것은 한용운의 일상의 모습이 아니라, 그가 첨예한 역사적 현실과 정면으로 마주칠 때의 모습이다. 그리고 이때의 언어 역시 일상의 언어가 아니며, 삶의 총체적 진실이 아니다. 첨예한 현실에 대한 대응 방편의 모습이다.

『님의 침묵』과 『조선독립의 서』와 달리 그의 한시들은 대부분 일상의 현실을 노래한 것이고, 자신의 본원적 모습을 드러낸 것이다.[9] 물론 그의 모든 한시가 다 그런 것은 아니다. 옥중시들을 포함한 일부 한시들은 일상적 정서의 표현이 아니라 역사적 현실에 대한 의지의 표현이며, 『님의 침묵』의 시들과 같은 맥락에서 쓰였다. 또 일상의 현실이 역사적 현실과 상관없이 존재하는 것은 아니며, 역사적 현실과의 대면에서 나타난 모습이 본원적 모습과 무관한 것도 아니다. 그렇지만 인간의 자아는 고정된 실체를 가진 것이 아니며, 상황에 따라 다양한 변이를 하는 것이 사실이다. 그리고 그것은 한용운에게서도 마찬가지다. 우리는 한용운의 한시를 통하여 역사적 현실 속의 그와는 다른 그의 일상 속에서의 그의 모습을 보게 되며, 또 이 일상 속에서의 그의 모습을 통하여 역사적 현실 속에서의 그의 모습을 새로운 각도에서 보게 될 것이다. 또 그의 추상화된 사상의 정형화된 모습이 아니라 그 사상이 일상의 삶 속에서 실현되는 실제적인 의미를 보게 될 것이다.

그럼 한용운은 한시를 통해서 얼마나 이념에 지배받지 않는 솔직한 감정을 드러내고 있는지부터 논해야 하는데, 그것은 두 가지 비교를 통해서 이루어질 수 있을 것이다. 하나는 한용운의 다른 글들 특히 그가 역사적 현실과 대면하면서 쓴 『님의 침묵』이나 「대한독립의 서」, 『조선불교유신론』 등과의 비교이고, 또 다른 하나는 철저히 선불교의 이념을 표현하려고 한 다른 선사들의 선시들과의 비교이다. 한용운의 한시가 솔직한

---

9) 여기서 말하는 본원적 모습이란 자신이 추구하는 사상의 틀에 의식적으로 끼워 맞춘 모습이 아니라, 일상생활 속에서 자연스럽게 노정되는 모습을 지칭한다.

감정을 표현하고 있는지는 그의 한시들 대부분의 정조에서 드러나고 있다. 『韓龍雲全集』에는 137편의 한시가 실려 있는데, 이중 그리움, 쓸쓸함, 한탄, 외로움, 향수의 정조를 표현한 시가 68편이나 된다. 이들 시에는 이러한 정조를 의지나 종교적 신념으로 극복하려는 뜻이 없다. 다음은 이러한 정조를 드러내고 있는 시 가운데 하나이다.

詩瘦太酣反奪人	한창 나이건만 詩로 시들어
紅顔減肉口無珍	홀쭉해진 볼에 입맛도 없네
自說吾輩出世俗	세속 떠난 몸이라 자처하나
可憐聲病失青春	청춘을 삼킨 詩癖이 애석구나[10]

〈自笑詩癖〉

시 어디에도 투사의 의지나 선사의 기백을 찾을 수 없다. 문약한 시인의 자조만이 가득하다. 평생 곤궁한 삶과 병고에 시달린 두보의 넋두리를 듣는 것 같다. 여기서 시는 글자나 다듬느라 청춘을 병들게 하는 것이지만,[11] 『님의 침묵』에서의 시에서는 이러한 불건전한 모습을 볼 수가 없다. '군말'에서 한용운은 시는 삶이 나아가야 할 방향을 가리켜 주는 지혜로 이해하고 있다. "나는 해 저문 벌판에서 돌아가는 길을 잃고 헤매는 어린 양이 기루어서 이 시를 쓴다." 『님의 침묵』에서의 한용운의 정조와 한시에서의 한용운의 정조가 얼마나 다른지를 비슷한 주제에 대한 양쪽의 시를 비교해 보면 더욱 선명해진다. 『님의 침묵』은 님과의 이별에 대한 우리의 태도가 어떠해야 하는가를 줄곧 노래하는데, 의지를 통해서 이

10) 이 책에 나오는 한용운의 한시 번역은『韓龍雲全集』1(新舊文化社, 1973)에 실린 이원섭의 번역을 그대로 차용하거나 의미를 보다 분명하게 하기 위해 부분적으로 수정한 것이다.

11) 聲病은 한시에서 시문(詩文)의 성조(聲調)에 얽매이는 병폐를 말하지만, 언어의 조탁을 가리킨다고 해도 될 것이다.

별을 극복해야 한다는 것이다.

> 우리는 만날 때에 떠날 것을 염려하는 것과 같이 떠날 때에 다시 만날 것을 믿습니다.
> 아아, 님은 갔지만은 나는 님을 보내지 아니하였습니다.
> 제 곡조를 못이기는 사랑의 노래는 님의 침묵을 휩싸고 돕니다.
>
> 〈님의 침묵〉

萍水蕭蕭不禁別	떠도는 인생이기 이별은 있어
送君今日又黃花	그대를 보내노니 국화 설운 빛!
依舊驛亭惆悵在	텅 빈 驛舍와 슬픔만 남고
天涯秋聲自相多	하늘가 가을 소리 몸에 스며라

〈別玩豪學士〉

이별의 대상과 이별의 상징적 의미는 다르지만 두 시 모두 이별을 노래한 시다. 그런데 두 시는 이별을 대하는 완전히 다른 화자의 두 모습을 드러내고 있다. 〈님의 침묵〉은 결코 이별이라는 현실을 받아들이지 않겠다는 화자의 태도를 드러내고 있다. 지금은 헤어지지만 다시 만나게 될 것이고, 또 그때까지 잊지 않겠다는 강렬한 의지를 표현하고 있다. 반면에 〈別玩豪學士〉는 이별은 슬프지만 불가피한 것이며, 그에 대해서 내가 딱히 어떻게 할 수 없는 것이다. 나는 이별을 받아들이는 수밖에 없다는 태도이다.

이러한 대조적인 태도는 이별에 대해서만 취해지는 것이 아니다. 『님의 침묵』은 역사 현실에 대한 격정적 대면이고, 나아가서 그것은 세계 일반에 대한 격정적 대면을 노래한 시다. 반면에 한용운의 한시들은 현실과 세계를 받아들이는 심정을 노래한 시들이다. 양자에서의 세계에 대한 이러한 대조적인 대응양식은 시인 자신과 자연과의 관계 설정에서 선명하게 드러난다. 『님의 침묵』에는 많은 자연물이 등장하지는 않는다. 『님의 침묵』은 자연을 노래한 시가 아니라, 역사와 현실을 노래한 시들이므로 당연한 현상이다. 그럼에도 불구하고 여기서 자연은 중요한 의미들을 지니고 있다. 자연은 역사적 상황의 은유이기거나, 시인 자신과 직접 대화하는 인격성을 지니고 있다. 예를 들면 〈군말〉의 '해 저문 벌판'은 몰락한 조선을 은유한다. 〈님의 침묵〉의 "푸른 산 빛을 깨치고 단풍나무 숲을 향하여 난 작은 길을 걸어서 차마 떨치고 갔습니다"에서 '푸른 산빛'과 '단풍나무 숲'도 그렇다. 조국의 흥망성쇠를 은유하고 있다. 자연은 객관세계가 아니다. 시인 자신도 속해 있는 우주적 자아의 일부이다. "이별의 미는 아침의 바탕(質) 없는 황금과 밤의 올(絲) 없는 검은 비단과 죽음 없는 영원의 생명과 시들지 않는 하늘의 푸른 꽃에도 없습니다"〈이별은 미의 창조〉. 이별의 미가 이러한 것들에 없다는 것은 우주적 원리를 대변하는 이러한 것들을 통해 봤을 때는 님과의 이별이 있어서는 안 된다는 것을 의미하고 있다. 인간사와 대자연, 초월의 세계가 원초적으로 결합되어 있음을 전제로 한 표현인 것이다. 〈알 수 없어요〉는 인간의 삶의 세계와 자연과 우주가 얼마나 비밀스럽게 연결되어 있으며, 또 시인 자신이 그것을 얼마나 잘 알고 있는가를 구절구절 표현하고 있다.

> 바람도 없는 공중에 수직의 파문을 내이며 고요히 떨어지는 오동잎은 누구의 발자취입니까.
> 지리한 장마 끝에 서풍에 몰려가는 무서운 검은 구름의 터진 틈으로 언뜻언뜻 보이는 푸른 하늘은 누구의 얼굴입니까.
> 꽃도 없는 깊은 나무에 푸른 이끼를 거쳐서 옛 탑 위의 고요한 하늘을 스치는 알 수 없는 향기는 누구의 입김입니까.
> 근원은 알지 못할 곳에서 나서 돌부리를 울리고 가늘게 흐르는 작은 시내는 굽이굽이 누구의 노래입니까.

> 연꽃 같은 발꿈치로 가없는 바다를 밟고, 옥 같은 손으로 끝없는 하늘을 만지면서 떨어지는 날을 곱게 단장하는 저녁놀은 누구의 시입니까.
> 타고 남은 재가 다시 기름이 됩니다. 그칠 줄을 모르고 타는 나의 가슴은 누구의 밤을 지키는 약한 등불입니까.
>
> 〈알 수 없어요〉

우주의 섭리는 모든 곳에서 언제나 작용하는 진리이다. 그 진리의 작용은 언제나 우리의 모든 감관을 통해서 포착된다. 나뭇잎 하나의 움직임에도 인간사에 미치는 의미가 있는 것이다. 무서운 검은 구름 역시 자연현상 자체가 무서운 것이 아니다. 어두운 현실이다. 푸른 하늘은 어두운 현실을 넘어선 미래의 희망이다. 이처럼 자연세계의 명암은 그대로 인간세계의 명암을 표현하고 있다. 구름과 하늘 그 사이를 흐르는 바람은 우주의 생명이다. 시냇물은 노래이고 저녁놀은 시이다. 역사와 삶의 의미가 그 속에 있는 것이다. 이렇듯 『님의 침묵』에 나오는 모든 자연은 의미의 세계에 속해 있다.

그럼 한용운의 한시에서 자연은 어떻게 나타나는가? 여기서 자연은 전통적인 한시의 전형적인 소재들로 등장한다. 풍(風), 설(雪), 매(梅), 월(月), 국(菊), 안(雁) 학(鶴), 주(酒) 등이다. 그리고 이들 소재를 통해 표현하고자 하는 것 역시 이들 소재가 가진 전형적인 자연적 느낌 그대로이다.

> 江南暮雪有孤村　玉樹層層降詩魂　枝枝散入塞外笛　纖月蒼凉不染昏
> 夜杳連娟歸夢寂　十年虛盟負故園　却恥春風多榮辱　千寒萬寒不事溫
> 嬌態不勝帶晩雨　新意那堪向朝暾　左有左松右有竹　一世相守不掩門
> 雖愛高名易成句　深看佳處還無言　君我俱是厭世者　芳年未闌共對尊
>
> 〈讀雅頌朱子用東坡韻賦梅花用其韻賦梅花〉

해가 지고 눈 내리는 강남의 외딴 마을
매화나무에는 겹겹이 시혼(詩魂)이 핀다.
가지마다 변방의 피리 소리 들려오고
하늘에는 가녀린 달 어슴푸레한 눈매!
이런 밤이면 고요히 향수는 일어
십년을 못 찾은 산천이 그립다.
모든 꽃 봄날에 피네만 영욕 많기에
추운 이 철을 차마 못 버린다.
어찌 비속에 교태 지으며
아침 해 향해 곁눈질 하랴.
아, 여기에 송죽을 벗 삼아
조촐히 그 마음 지키며 사는 꽃.
매화를 두고 이러니저러니 읊기야 쉬워도
정작 그 좋음이야 무엇이라 나타내랴.
매화여! 우리는 함께 염세가(厭世家)거니
그대 지기 전 술 한 잔 하세.

눈, 매화, 달, 꽃, 송죽, 비 등 전통적인 한시에 나오는 전형적인 자연물들이 두루 등장하는 시이다. 이들 자연물에는 『님의 침묵』에서와 같은 특별한 은유나 상징은 없다. 눈은 추운 날씨를, 달은 고향에 대한 향수, 비는 좀 더 고요한 분위기를 묘사하는 정도이다. 시의 소재들인 만큼 감성이 이입되어 있기는 하지만 평범하고 자연스런 감성이다. 누구나 느낄 수 있는 정도의 감성을 표현하고 있다. 특별히 무엇을 상징하거나 암시하는 것은 없다. 당연히 역사적 사건이나, 개인적 시련을 떠올리게 하지도 않는다. 매화와 송죽은 유학자들의 보편적 가치관을 대변하는 소재들이다. 너무나 일반적인 것이어서 상투성밖에 없다.

烏雲散盡孤月橫	먹구름 흩어져 둥근 달 비치니
遠樹寒光歷歷生	멀리 숲에는 찬 빛이 생생하고,
空山鶴去今無夢	빈산에 학도 떠나가 고요한데
殘雪人歸夜有聲	잔설 밟고 가는 이의 발소리 뿐.

〈卽事〉

시의 제목이 말하는 대로다. 본 대로 느낀 대로 쓴 시이다. 시는 시인의 눈에 비친 그대로의 자연을 묘사하고 있다. 멀리 숲이 있고, 학이 떠나고, 구름이 흩어지면서 달이 비친다. 구름과 달은 선시에서 자주 등장하는 무명과 깨달음을 연상시킬 수도 있지만, 여기서는 그렇지 않다. 마음속의 일이 아니라 자연의 풍광이다. 이 풍광에 대해 느낌이 있었겠지만, 특별한 느낌은 아니다. 아무런 과거의 추억을 연상시켜내지도 않고, 미래에 대한 염려나 희망을 불러일으키지도 않는다. 시인은 자신의 느낌에 대해서는 아무런 말도 하지 않는다. 자연은 자연대로 시인은 시인대로 존재한다. 둘 사이에는 어떠한 원리적 통일성이나 상호작용도 존재하지 않는다. 멀리서 바라보는 느낌만 있을 뿐이다. "먹구름 흩어져 둥근 달 비치니 멀리 숲에는 찬 빛이 생생하고"를 앞서 인용하였던 『님의 침묵』에서의 "무서운 검은 구름의 터진 틈으로 언뜻언뜻 보이는 푸른 하늘"과 비교해 보자. 둘 다 하늘의 검은 구름과 구름 사이의 맑은 하늘을 대조한 것이지만, 전혀 다른 시의 세계를 만들어내고 있다. 전자의 구름과 달은 그저 객관세계로서의 조용한 풍경일 따름인 반면에, 후자의 구름과 하늘은 역사 현실과 연동된 우주적 원리의 발현이다.

이처럼 한용운은 한시의 전통적인 소재들로 한시를 지었고, 또 매우 일상적인 감성을 가지고 이들 소재를 대하고 있다. 옥중시를 포함한 몇몇 시를 제외하면 소재 채택이나 표현상에서 혁명적 정신의 소유자로서의 한용운의 모습을 전혀 찾을 수 없다. 그는 평범한 일상을 살아가는 전통적인 지식인, 그런 의미에서 혁명적이기보다는 흔히 유학자라 불리는 온건하면서도 보수적인 전통적 지식인의 모습을 하고 있다. 격정적 감정과 열망을 노래한 『님의 침묵』의 시인 한용운의 모습은 보이지 않는다.

그렇다면 『님의 침묵』과 한용운의 한시는 전혀 다른 정신세계이며, 한용운은 완전히 다른 인격체를 가졌던 것인가? 양자 사이에는 아무런 공통점도 없는 것인가? 그렇지는 않다. 『님의 침묵』과 그의 한시들은 너무도 다른 정조를 표현하고 있는 것처럼 보이지만, 양자에는 공통된 점이 있다. 양자 모두 한용운이 평생 동안 갈구한 바를 노래하고 있다. 다만 그 갈구하는 바를 『님의 침묵』에서는 매우 강렬한 형태로, 한시에서는 담담하고 어느 정도는 체념적으로 표현했을 따름이다. 『님의 침묵』은 이별한 님을 노래한 시인데, 이별한 님은 상실된 존재의 본원(本源)이다. 한용운이 독립운동가인 탓에 '님'은 곧 일제에 빼앗긴 조국을 상기시키지만, '님'을 조국으로만 규정해버리면 '님'의 근원적 의미를 포착하는 데 실패하고, 한용운을 이해하는 데 실패한다. 조국은 한용운이 찾고자 한 존재의 본원의 다양한 현상형태 가운데 하나이다. 한용운이 찾고자 했던 것은 상실한 존재의 근원적 본원이었으며, 그것은 종교적으로는 부처로 상징되고, 정치적으로는 조국과 민족으로 상징되고, 시적으로는 연인으로 상징된다. 부처, 민족, 연인은 그 속에서 한용운이 존재의 본원으로부터 분리된 삶의 불완전성, 내지는 결핍으로 인한 갈망을 충족시킬 수 있는 존재의 본원의 현상 형태들이다. 그가 한시 속에서 추구한 것 역시 어떤 결핍감과 그것이 충족되지 못하는 것에 대한 아쉬움이다.

3. 선의 이데올로기를 벗어난 선사(禪師)

『님의 침묵』은 불과 몇 개월 사이에 완성된 시집이다. 그러므로 『님의 침묵』으로 표현된 한용운은 자신의 생애에 걸쳐서 형성된 한용운이 아니고, 특정 시기의 한용운이라고 할 수 있다. 반면에 한용운의 한시는 30년 이상의 세월에 걸쳐서 지은 것들이다.[12] 한용운의 생애 전체의 정신세계를 대변하는 것은 『님의 침묵』이 아니라 한시들이라 할 수 있다. 그렇다면 우리는 한용운의 정신세계에 대해 새롭게 평가해야 한다. 그간 국문학자와 불교학자들이 한용운에 대해 많은 연구를 했는데, 이들 학자들, 특히 불교학자들의 연구에 따르면 한용운은 매우 급진적인 근대주의자임을 밝히고 있다. 한용운의 『조선불교유신론』은 비록 불교계를 대상으로 한 것이지만, 그 바탕에 깔려 있는 사상은 당대의 어떠한 사상가들보다도 급진적인 근대정신이다. 그는 욕망을 정당시하는 근대적 인간관을 긍정하며, 근대 민주주의와 개인주의의 수용을 넘어 사회주의사상까지 받아들이고 있을 정도로 진보적이다. 뿐만 아니라 이러한 진보적인 사상을 실행에 옮기기 위해 그는 불교계에서 지속적인 활동을 했다. 당대 불교인들의 보수성으로 인해 제대로 성과를 얻지는 못했지만, 근대적 정신에 입각한 그의 불교개혁 운동은 일시적인 활동에 머물지 않고 지속적으로 일관되게 전개되었다. 그런데 앞에서 보았듯이 한시에 나타난 한용운의 정신세계는 전근대적 지식인 일반이 가지고 있는 것과 같은 것이었다. 이러한 모습은 그간 학자들을 통해 알려진 한용운의 모습과 매우 상반되는 것이다. 이러한 현상이 왜 나타나는가? 그것은 한용운의 이중성인가? 한시를

12) 한시들 가운데 일본에서 지은 시들이 있는데, 한용운이 일본에 간 것은 1907년이다. 회갑에 지은 시가 있는데 회갑은 1939년이다. 박정환은 1905년경부터 지은 한시가 있다고 본다. (박정환, p.3.)

통해 나타난 전통적 지식인의 모습과 『님의 침묵』 및 『조선불교유신론』 속의 근대적 지식인의 모습 속에 어떤 내재적 연관성이나 통일성이 존재할 수는 없는가?

한용운의 한시의 또 다른 측면을 보면 우리는 거기서 아마도 이 상반된 모습 속의 통일성을 볼 수도 있을 것이다. 한용운의 한시를 불가(佛家)의 시의 측면에서 보고 기존의 불가의 시와 비교해 보면, 이번에는 그의 한시 속에는 전대의 불가의 시들과는 다른 고유성이 있다는 것을 발견하게 되고, 이 고유성은 『님의 침묵』에서 발견되는 그의 정신과 연결됨을 알 수 있다.

불가의 시는 오랜 역사를 가지고 있다. 불교의 문헌 전통은 산문이 아니라 시로부터 시작된다. 암송을 위한 짧은 형태의 게송이 불교 문헌의 시작이다. 필기도구가 발달하면서 산문 문헌 전통이 주류를 이루었지만, 게송은 불가에서 지속적으로 산출되었다. 동아시아 불교에서도 이 전통은 이어졌다. 특히 선불교에서는 선시라는 문학 장르가 생겨, 인정받는 선사가 되기 위해서는 누구나 선시를 지어 자신의 깨달음을 증명해야 했다. 그런 의미에서 선시는 순수문학이라고 보기 어려운 목적시라 할 수 있다. 물론 모든 승려들의 시가 불교의 이념을 표현하는 것은 아니다. 그들 또한 인간 일반의 보편적인 정서를 가지고 있으며, 또 때로는 이념적 틀에서 벗어나 본연의 감성을 시로 표현하기도 한다. 불교의 사상과 이념을 자신의 삶 속에 완벽히 녹여내어서 문학성 높은 시를 쓴 경우도 있다. 그러나 그러한 시는 극소수이다. 승려들이 쓴 시의 절대다수는 이념시이며 목적시이다.

불가의 시의 고전적인 예는 『테라가타』 등에서도 찾을 수 있겠지만, 한용운의 한시와 비교해 보기 위해서는 한용운의 한시와 같은 언어와 형식으로 쓰인 선시들에서 찾는 것이 나을 것이다. 신수(神秀, 606~706)와

혜능(慧能 638~713)의 시로 일컬어지는 아래 두 시는 사상적 목적성을 띈 선시의 기원이자 전형이다.

身是菩提樹	몸은 보리의 나무
心如明鏡臺	마음은 밝은 거울.
時時勤拂拭	때때로 부지런히 털고 닦아
勿使惹塵埃	티끌 끼지 않도록 하라.

菩提本無樹	보리는 본래 나무가 없고,
明鏡亦非臺	밝은 거울 또한 받침대 없네.
本來無一物	본래 무일물인데,
何處惹塵埃	어느 곳에 티끌과 먼지가 있으리오.

이 두 시는 남종선의 계승자인 신회(神會, 684~758)가 남종선의 우수함을 주장하기 위해 꾸며낸 시들로 보는 것이 사실에 부응할 것이다. 이 두 시처럼 분명한 사상적 의도를 드러내지는 않더라도, 대부분의 선시는 선사상을 표현하고 있다. 이러한 표현은 너무도 보편적이어서 그러한 시의 전형을 찾는 것은 어려운 일이 아니다. 아래 조주선사의 오도송은 손쉽게 찾을 수 있는 예의 하나다.

春有百花秋有月	봄에는 꽃이 피고 가을에는 달이 밝고
夏有凉風冬有雪	여름에는 서늘한 바람 불고 겨울에는 눈 날리네.
若無閑事掛心頭	쓸데없는 생각만 마음에 두지 않으면
便是人間好時節	이것이 바로 좋은 시절이라네.

자연을 노래하고 서정을 표현하고 있지만, 자신이 깨달음을 얻었음을 증명하기 위해 지었다는 것이 선명하게 드러나는 시다. 선(禪)은 인간적

관점에 사로잡히지 않고 세상을 있는 그대로 보는 것이 깨달음이라고 한다. "쓸데없는 생각만 마음에 두지 않으면"이란 바로 욕망과 철학적 견해에 사로잡힌 인간적 관점으로부터의 해방을 말한다. 그랬을 때 삼라만상의 객관세계가 있는 그대로 드러난 해탈의 경지 즉 '좋은 시절'에 도달하게 된다. 선불교의 세계관을 그대로 표현하고 있다. 만해 역시 이와 같은 천편일률적인 형태의 오도송도 남겼다.

男兒到處是故鄕	사나이 이르는 곳마다 고향이거늘
幾人長在客愁中	그 누가 오랫동안 객수에 젖었는가.
一聲喝破三千界	한 소리 큰 할에 삼천세계 타파하니
雪裏桃花片片飛	눈 속에 도화가 흩날리는구나.

인간적 관점에 사로잡히지 않는다는 것은 주관과 객관의 차별을 벗어나는 것이다. 마을이나 지역이 고향이 되는 것은 나와의 관계 때문이다. 나라는 관점을 떠나면 고향도 타향도 없고, 객수도 없다. 이르는 곳마다 고향이란 것은 내가 누구라는 생각을 버렸다는 것을 말한다. '할'로서 삼천세계를 타파한다는 것은 인간적 관점을 벗어나는 것을 말하고, 도화가 날아다닌다는 것은 해탈의 경지다. 조주의 오도송의 판박이다. 그저 옛 선사들의 오도송을 흉내 낸 것에 불과하다.

목적시란 원래 이러한 것이다. 어떠한 문학적 의미도 찾기 어려운 시일 뿐 아니라, 한용운 자신의 진실한 깨달음을 표현한 시로 보이지도 않는다. 오히려 자신이 실제로 역사적 현실 속에서 깨달은 사상과 배치되는 고루한 전통을 답습한 시라고 보아야 할 것이다. 오늘날 불교학자들이 주목한 한용운의 사상은 진부한 말장난으로 변질된 형식화된 선의 논리가 아니라 전통적인 삶의 양식을 급속히 쓸어버리는 근대 문명의 논리이며,

이 문명 속에서 재해석되어야 할 불교이다. 그런데 한용운의 한시들이 모두 오도송과 같은 형태라면 그의 사고도 전통의 연장선에 있는 것으로 보아야 할 것이다. 그러나 한용운의 한시에서 오도송은 예외적인 것이다. 그의 한시는 오도송의 세계관과는 전혀 다른 세계관을 보여주고 있다. 그의 한시는 전형적인 선사의 세계관을 보여주지 않는다.

아래의 리스트를 보면 알 수 있겠지만 한용운의 한시에서 가장 두드러진 정조(情操)는 그리움, 외로움, 고향에 대한 향수이다. 이러한 정조들은 매우 보편적인 정서이자 시의 주제이지만, 한용운에게서는 특별한 의미를 지니고 있다. 한용운이 전통적인 의미에서의 선사였다면 이러한 정조는 어울리지 않는 것이다. 더욱이 오도송에서 표현된 것과 같은 깨달음을 얻었다면 이런 정조를 시로 표현한다는 것은 자기부정이다. 전통 시대의 선사들 가운데서도 오도송과 같은 목적시뿐 아니라 생활 속에서의 솔직한 정조를 표현한 경우에도 이러한 정조는 매우 드물게 발견된다. 전통 시대의 선사들은 어떤 식이든지 불교적 세계관을 벗어나려고 하지 않는다. 그러나 한용운은 그렇지 않다.

한용운이 오랜 기간 동안 승려였으며, 죽을 때까지 참선 수행을 했고, 또 환속하였음에도 불구하고 선사로 여겨졌다는 사실에서 보면 그의 한시는 불가의 시로 간주되어야 한다. 또 구체적인 고증은 할 수 없지만, 한시의 상당수는 그가 승려의 신분으로 쓴 것이 분명하다는 사실로 보아서도 그렇다. 그러나 그의 한시는 불교의 이념이나 교리를 표현하고 있지 않다. 그는 이념과 교리의 눈으로 세계를 보는 것이 아니라, 인간 본연의 감각으로 세계를 보고 여기서 형성되는 자연스런 감정을 그대로 시로 표현하고 있다. 그는 선사이면서도 전통적인 선사의 이데올로기로부터 해방되어 있는 것이다.

4. 뿌리를 잃은 근대인의 정서

번호	시 제목	소재	주제
1	映湖和尙述未嘗見	映湖스님, 봉황	그리움
2	別玩豪學士	玩豪學士, 국화	이별, 쓸쓸함
3	代萬化和尙挽林鄕長	만화, 임향장, 국화, 가을비	죽음, 슬픔
4	登禪房後園	가을, 산	평화로움
5	秋夜雨	참선, 가을, 비, 추위	성성적적
6	避難途中滯雨有感	일본군	고난
7	釋王寺逢映湖乳雲和尙作二首	만남	우정, 현실도피할 수 없는 현실
8	與映湖和尙訪乳雲和尙乘夜同歸	만남, 맑은 마음	우정
9	山家曉日	새벽, 산사	詩心
10	卽事	산, 해와 그늘	부조리
11	寒寂二首	참선, 눈바람, 추위, 매화	안타까움
12	次映湖和尙 1	편지	그리움
13	思鄕 1	고향	그리움
14	次映湖和尙 2	매화, 참선	그리움
15	讀雅頌朱子用東坡韻賦梅花用其韻賦梅花	매화, 눈, 외딴 마을, 술	염세,
16	又古人梅題下不作五古余有好奇心試唫	매화, 눈, 참선, 술	고절
17	曉日	고목	고절
18	次映湖和尙香積韻	숲, 구름	아름다움
19	自悶	꿈, 백발	번뇌
20	自樂	술	평온에의 갈망
21	玩月	달, 산, 밤	그리움
22	暮歲寒雨有感	비, 백발, 계율, 술	쓸쓸함
23	閒遊	풍진	염세
24	見月	달, 시	세상에의 열망
25	月欲生	달, 숲	세상 비판

번호	시 제목	소재	주제
26	月初生	달, 시내	달관
27	月方中	달	염원
28	月欲落	달, 소나무, 안개, 학, 동산	아쉬움
29	卽事2	먹구름, 달, 나무, 학, 눈, 매화, 참선	수행의 즐거움
30	思鄕2	세월, 달, 고향	그리움
31	思鄕苦	등잔불, 매화, 고향	그리움
32	自笑詩癖	시, 야윔, 청춘	한탄
33	淸寒	달, 매화, 오동, 눈, 추위	인고
34	備風雪閉內外戶窓黑痣看書戲作	추위, 어둠, 산가, 명암	상대주의
35	獨坐	북풍, 밤, 눈, 매화, 학, 달빛, 구름	고독감
36	冬至	우레, 궁벽한산중, 나라	희망에의 의지
37	雪曉	새벽, 판자집, 구름, 달, 눈 바람	탄식
38	古意 1	밤, 칼	의지
39	閑吟	중년, 섣달, 봄, 구름, 학	행복
40	次乳雲和尙	친구, 병, 시름, 등불, 늙음	한탄
41	歲寒衣不到戲作	옷, 범숙	쓸쓸함
42	卽事3	햇볕, 숲, 봄, 병	희망
43	雪夜漫吟	눈, 산, 나무군, 매화, 대나무, 영웅	희망
44	病愁	산, 오두막집, 병, 시름	시름
45	咏閑	산, 구름, 시내, 달, 언덕	상념, 망각
46	病吟二首	병, 눈바람, 백발, 비바람	서글픔
47	獨吟	한암, 고목	외로움
48	旅懷	봄, 꽃	외로움
49	曉境三首	달, 구름, 산, 종소리, 매화, 낡은 집	외로움
50	獨夜二首	달, 이슬, 매화, 고향	그리움, 떠돔
51	卽事 4	삭풍, 기러기, 눈	외로움, 떠돔
52	懷吟	기러기, 고향, 달, 국경, 술	외로움, 한탄
53	登高	산, 소낙비, 돛단배, 술, 눈, 낙일	외로움
54	征婦怨	가을, 기러기, 구름	그리움, 무심
55	山晝	눈바람, 매화, 공	공

번호	시 제목	소재	주제
56	遠思	국화, 눈, 달빛, 국경, 야윕, 추위	외로움
57	卽事二首	암자, 구름, 고목, 서산, 불풍, 기러기	외로움
58	孤遊二首	밤달, 백발, 구름, 고국, 기러기	쓸쓸함
59	內院庵有牧丹樹古枝受雪如花因唫	고목, 꽃	시름
60	與映湖乳雲兩伯夜唫	촛불, 눈물	한탄
61	訪白華庵	오솔길, 숲, 길	평화로움
62	馬關舟中	저녁, 낙일, 부슬비, 술	향수
63	宮島舟中	부슬비 영주	향수
64	和淺田教授	참선, 미로, 산 속	자책
65	吟菁	나무, 장마 참선, 고국	향수
66	雨中獨吟	비바람, 나그네	향수
67	東京旅館聽蟬	매미, 나그네	향수
68	胡蝶	봄바람, 꽃	시름
69	淸曉	다락, 새벽, 달, 피리	외로움
70	春夢	낙화, 나비	유심
71	曺洞宗大學校別院二首	절, 나무, 참선, 꿈	평화로움
72	古意 2	풍진, 부평초	외로움
73	增上寺	경쇠, 비, 바람	쓸쓸함
74	四夜聽雨	등불, 빗소리	향수
75	和智光伯	글씨, 친구	우정
76	日光道中	日光, 개울	향수
77	日光南湖	神陀山, 호수 산, 배, 석양	평화로움
78	獨窓風雨	가을, 백발, 비바람	쓸쓸함
79	野行二首	석양	향수
80	秋夜聽雨有感	국화, 등불, 백발, 비	외로움
81	秋曉	가을, 바람, 새벽달, 낙엽, 백발	쓸쓸함
82	與映湖錦峯兩伯作	꿈	공
83	京城逢映湖錦峯兩伯同唫	映湖, 錦峯	공
84	有悶	봄비, 술	해탈

번호	시 제목	소재	주제
85	養眞庵餞春	비, 백발	한탄
86	養眞庵	종, 석양	쓸쓸함
87	淸吟	견성	깨달음
88	雲水	흰구름, 푸른 물	깨달음
89	養眞庵臨發贈鶴鳴禪伯二首	본래 세상	깨달음, 입전수수
90	仙巖寺病後二首	가을, 천리길, 백발, 찬비	외로움
91	與錦峰伯夜唫	시, 술, 국화	우정, 쓸쓸함
92	香爐庵夜吟	국화, 기러기, 가을	
93	留仙巖寺次梅泉韻	백발, 국화, 구름	우국
94	香爐菴卽事	가을 산, 신선	자유로움
95	榮山浦船中	술집, 돛배	쓸쓸함
96	觀落梅有感	선원, 유마	섭리
97	梵魚寺雨後述懷	봄비, 天古, 매화, 백발	한탄
98	春閨怨	봄, 규방, 잠	기다림
99	新晴	새소리, 꽃내음, 참선, 꿈	깨달음
100	漁笛	돛단배, 당풍, 낙조, 갈대꽃	쓸쓸함
101	巴陵 漁父棹歌	배, 달빛	그리움
102	安海州	안중군, 피, 칼, 불꽃	구국
103	黃梅泉	의, 충절	충절
104	華嚴寺散步二首	강, 청산, 저녁	평화로움
105	過九曲領	지리산, 눈	번뇌
106	山家逸興	물가, 구름, 꽃, 술, 석양, 풀피리	평화로움
107	藥師菴途中	구름, 시내, 숲	평화로움
108	龜巖寺初秋	가을, 달빛, 박꽃, 단풍	평화로움
109	述懷	마음, 꿈	번뇌
110	龜巖瀑	가을, 산, 폭포, 늙음	한탄
111	龜巖寺與宋淸巖共吟	가을, 석양, 참선, 국화, 구름, 성긴 머리, 송청암	한탄
112	雙溪樓	나그네	단순 감상
113	贈南亨祐	남형우	번뇌

번호	시 제목	소재	주제
		(독립운동가, 가을빛, 국화, 참선)	
114	贈宋淸巖	가을 산, 구름, 달빛, 낙토	현세열반
115	自京歸五歲庵贈朴漢永	하늘, 단풍	우정, 그리움
116	重陽	백담사, 구름, 국화, 시냇물	평화로움
117	丁巳十二月三日夜十時頃坐禪中忽聞風打墜物聲擬情頓釋柰仍得一詩	한 마디, 삼천세계, 복사꽃	오도
118	五歲庵	구름, 물, 보리, 산, 새, 파초	낙도
119	一日與隣邦通話	앵무대, 웅변, 자유	자유에의 의지
120	獄中感懷	철창, 憂樂, 석가, 공	공
121	寄學生	치욕, 오그 죽음, 칼, 휘파람	투지
122	秋雨	가을비 학, 구름, 서울	쓸쓸함
123	秋懷	나라, 감옥, 백발, 추풍	회한, 쓸쓸함
124	雪夜	감옥, 눈, 철창	쓸쓸함
125	見櫻花有感	겨울, 눈, 봄, 꽃	아픔
126	咏雁二首	기러기, 별, 밤빛, 옥리, 갈대, 달	회의주의
127	病監後園	참선, 그물, 낙엽, 가을, 노	자책
128	贈古友禪話	꽃, 안개, 매화, 눈바람	절망
129	砧聲	다듬이, 옥, 추위, 옷	힘듦
130	咏燈影	밤, 등불, 그림자, 선승	자책
131	贈別	감옥, 이병, 국화	희망
132	漢江	한강, 가을빛, 들국화, 서풍	단순 감상
133	雪夜看畵有感	밤, 눈바람, 늙음, 술, 가난, 매화, 노인	시름
134	無題八首	시름, 술, 추위, 늙음, 매화, 구름, 달, 구름, 학	시름
135	無題二首	추위, 시내, 구름, 하늘, 눈바람, 백발, 칼	단심
136	新聞廢刊	붓, 재갈, 망국, 가을날, 울음	슬픔
137	回甲日卽興	세월, 백발, 풍상, 가난, 병	한탄
138	謹賀啓礎先生晬辰	비, 구름 용, 학, 갈매기	축하

위 리스트는 『韓龍雲全集』에 나온 시 모두를 소재와 주제에 따라 간단하게 분류한 것인데, 무엇보다 눈에 띄는 것은 굳이 정확히 셀 것도 없이 거의 반수가 그리움, 외로움, 고향에 대한 향수를 읊고 있다는 사실이다. 그런데 한용운의 한시를 압도하고 있는 이러한 정조는 『님의 침묵』의 정조와 일치하는 것이며, 이러한 정조 속에 있는 세계에 대한 인식 역시 『님의 침묵』의 그것과 상통하는 것이다. 앞서서 우리는 한용운의 한시들이 그의 『님의 침묵』과 얼마나 다른 것인가에 대해 많이 이야기했지만, 여기서는 양자의 상통성을 말하게 될 것이다.

물론 모든 면에서 『님의 침묵』과 한시들이 상통하는 정조를 가진 것은 아니다. 잘 알려졌듯이 『님의 침묵』은 이별한 님을 그리워하는 노래인데, 『님의 침묵』에서는 님을 그리워하지만 외로움의 정조는 찾기 어렵다. 또 님에 대한 기억은 있지만 한시에서 숱하게 표현되고 있는 향수의 감성이 담겨 있는 기억은 아니다. 그리움의 대상에 대한 시인의 대응의 자세가 『님의 침묵』과 한시에서 서로 다르게 나타나고 있다. 『님의 침묵』에서는 님과의 궁극적 재회에 대한 시인의 강렬한 신념과 의지가 이별한 상황에서 나타날 수 있는 외로움의 정조를 덮어버린 반면에, 한시에서는 그러한 신념이나 의지는 표현하지 못하고 외로운 심경만을 표현하고 있다.

> 아니다, 아니다. '참'보다도 참인 님의 사랑엔 죽음보다도 이별이 훨씬 위대하다.
> 죽음이 한 방울의 찬 이슬이라면 이별은 일천 줄기의 꽃비다.
> 죽음이 밝은 별이라면 이별은 거룩한 태양이다.
>
> 〈이별〉

이 시는 『님의 침묵』에 있는 시이다. 일반적 정서에서 보면 이별은 사랑의 종말이자 배신이다. 사랑에서 이별은 결코 위대한 것이 될 수 없다.

때문에 사랑에 모든 것을 거는 이들은 차라리 죽음을 택한다. 그런데도 불구하고 이 시가 이별을 위대하다고 하는 것은 이별을 이별로 받아들일 수 없다는 뜻을 드러내기 위해서다. 그것은 이별의 대상과의 본원적 합일성에 대한 절대적 신념과 그 신념대로 살겠다는 강렬한 의지의 표현이다. 이런 신념과 의지 속에는 외로움이 깃들 수 없다. 하지만 『님의 침묵』에서와 달리 한용운의 한시에서 이별은 결코 그러한 신념이나 강렬한 의지를 불러일으키지 않는다.

一天明月君何在	한 하늘 한 달이건만 그대 어디 계신지
滿地丹楓我獨來	단풍에 묻힌 산속 나 홀로 돌아왔네.
明月丹楓共相忘	밝은 달과 단풍은 서로 잊지만
唯有我心共徘徊	내 마음만은 그대 따라 헤매는구나!

〈自京歸五歲庵贈朴漢永〉

"단풍에 묻힌 산속 나 홀로"라는 말에서 외로움이 짙게 배어나온다. 그리움이 가득하지만 만남에 대한 강렬한 열망이나 의지 같은 것은 없다. 사실 〈이별〉과 〈自京歸五歲庵贈朴漢永〉는 이별이라는 공통된 주제를 다루지만 이별의 대상이 전혀 다르기 때문에[13] 직접적인 비교는 적절하지 않을 수도 있다. 그런데 여기서 우리가 찾고자 하는 것은 양자의 차이점이 아니라 공통점이다. 서로 너무도 다른 분위기를 가졌지만 『님의 침묵』과 한시들은 분명 동일한 시인의 작품들이고, 그렇다면 거기에는 어떤 공통점이 있을 수밖에 없지 않겠는가? 분명 『님의 침묵』과 한시들에 다같이 그리움, 외로움, 고향에 대한 향수가 가득하다면 거기에는 분명

13) 『님의 침묵』에서의 이별의 대상은 관념화된 조국, 연인이지만, 이 시에서는 박한영이라는 선배 승려이다.

어떤 근원적인 이유가 있지 않겠는가? 그 공통점은 본원으로부터의 분리에 대한 인식에서 오는 불완전성에 대한 자각이라 할 수 있을 것이다. 『님의 침묵』과 한용운의 상당수 한시에는 자신의 본래 근원에 대한 그리움이 표현되고 있다. 『님의 침묵』에서 그 근원은 님으로 표현되고 있고, 님은 흔히 조국, 애인, 부처님으로 해석되고 있다. 님은 원천적인 그리움의 대상인데, 그것은 우리가 원래 님과 분리될 수 없는 하나의 상태에 있기 때문이다. 님은 원천적으로 분리될 수 없는 대상에 대한 시적 표현이며, 그 본질은 철학적으로는 존재의 근원이라 할 수 있다. 또 종교적으로는 부처이며, 역사적으로는 조국이고, 개인적으로는 애인이라 할 수 있다. 그리고 이 존재의 근원이 문화적으로는 고향이 될 수 있는데, 그것이 한용운의 많은 한시에서 고향이 등장하는 까닭이다. 위 리스트 가운데서 적어도 13. 思鄕 1, 15. 讀雅頌朱子用東坡韻賦梅花用其韻賦梅花, 30. 思鄕2, 31. 思鄕苦, 50. 獨夜二首, 51. 卽事 4, 52. 懷吟, 66. 雨中獨吟, 67. 東京旅館聽蟬, 72. 古意 2, 74. 四夜聽雨, 92. 香爐庵夜吟, 112. 雙溪樓 등이 고향에 대한 그리움 혹은 고향을 떠나 떠돌아 다녀야 하는 것에 대한 서글픔을 읊고 있다.

고향에 대한 그리움이 님에 대한 그리움과 같은 정서적 맥락이며, 고향과 님은 철학적으로는 동일한 근원적 존재임를 말했다. 하지만 여기서 더 나아가서 왜 한용운이 이렇게 고향에 대한 그리움을 표현한 시를 많이 썼으며, 그것이 무엇을 의미하는지 살펴보아야 한다. 한용운의 고향에 대한 관념은 매우 특이하다. 한용운의 고향은 충북 홍성이지만, 한용운은 홍성을 그리워한 적이 없다. 그는 27세에 두 번째로 고향을 떠난 이후에는 다시 고향을 찾은 적이 없다. 또 자신의 글에서도, 그리고 그와 관련된 전하는 기록 속에서도 한용운이 홍성을 그리워한 흔적을 찾을 수가 없다.[14] 한용운은 고향을 그리워할 만한 좋은 추억을 가지고 있지도 않다. 고향 홍성은 오히려 그의 가족과 함께 기억 속에서 지워져야 할 대상처럼 보인다.

한용운이 한시에서 말하는 고향은 홍성이 아니다.

> 江國一千里　　천리라 머나먼 고향을 떠나
> 文章三十年　　글에 묻혀 떠돌기 서른 해여라.
> 心長髮已短　　마음이야 젊어도 이미 늙어서
> 風雪到天邊　　눈바람 속 하늘가에 다시 이르다
>
> 〈思鄕 1〉

'江國'은 강이 있는 마을의 의미로 고향마을의 상징적인 풍경에 빗댄 말이다. 물론 홍성은 아니다. 이 시를 쓸 당시 한용운은 대략 40대의 나이이며, 서울에 있었을 것으로 보이는데, 서울서 홍성까지 천리가 될 수가 없다. '江國一千里'는 그냥 고향을 떠나 멀리 있다는 말이다. 그렇다면 고향은 무엇을 가리키는가? 개개의 시에 따라 다르지만 한용운의 한시에서의 고향은 복합적인 의미를 지닌다. 그러한 복합적인 의미는 구체적이기보다는 추상적이어서 더더욱 무엇이라고 규정하기가 어려운데, 분명한 것은 한용운 한시의 고향은 지리적 개념이 아니라 마음의 안식처에 대한 상징적인 표현이라는 사실이다.

> 歲暮寒窓方夜永　　세모 추운 날씨에 밤은 길어서
> 低頭不寐幾驚魂　　잠 못 들고 뒤척이며 몇 번 잠깨니,
> 抹雲淡月成孤夢　　구름 걸린 고요한 달 꿈은 외로와
> 不向滄洲向故園　　창주(滄洲) 아닌 고향으로 마음 달리네.
>
> 〈思鄕〉

---

14) 그에 관한 전기들이 많이 있는데, 어느 것도 한용운이 고향에 대한 그리움을 토로한 일화 같은 것을 기록하고 있지 않다.

창주는 바다 속 신선의 땅으로서 이상향을 가리킨다. 이상향인 창주가 아니라 고향을 향한다는 것은 무슨 의미인가? 승려인 한용운에게서 이상향이란 깨달음의 증득을 말한다고 할 수 있을 것이다. 그러면 고향은 무엇을 말하는가? 고향은 과거의 미화된 기억에 둔 현실의 이상향이다. 고향은 그러나 현실 속의 이상향이지만, 또한 갈 수 없는 곳이긴 마찬가지다. 시에 등장하는 고향이란 갈 수 없는 곳이다. 갈 수 있는 고향이라면 그리워할 까닭도 없고 그리움의 상징으로 시에 등장할 까닭도 없다. 고향이란 상실된 본원이다. 『님의 침묵』의 님이 상실된 본원이자 되돌아갈 궁극임에 비해 고향은 상실되었을 뿐 아니라 되돌아갈 수 없는 본원이다. 님과 고향은 근원적인 의미에서 동일한 존재의 근원을 가리키지만, 전자는 그 근원에 합치하려는 의지를 가진 이 앞에 형상화된 현상인 반면에, 후자는 체념적인 상태에 빠진 이에게 형상화된 현상이다.

한용운이 자신의 근원을 상실하고 체념적 심리에 빠져 있다는 것을 잘 나타내는 것은 나그네 의식과 늙음에 대한 한탄이다. 나그네 의식은 앞서 언급한 고향에 대한 그리움을 표현하고 있는 시들에게서 나타남은 물론이고, 그 외에도 48. 旅懷, 56. 遠思, 88. 雲水, 90. 仙巖寺病後二首, 122. 秋雨 등에서도 볼 수 있다. 시에 대한 정확한 고증을 할 수 없는 상황에서 이 시들이 언제 어디에서 지어졌는지는 알 수 없지만, 자신이 여행 중의 나그네로서 지은 시가 아니라, 나그네 의식을 표현한 시들이다.

나그네는 자신의 근거지를 떠난 이이고, 나그네의 삶을 사는 사람은 뿌리박지 못한 이이다. 한용운의 나그네 의식은 전통적 세계와 세계관으로부터 떠나 온 데서부터 형성된 것이다. 한용운은 고향을 떠난 나그네였다. 그는 전통세계에 대한 회의와 근대문명에 대한 호기심 때문에 고향을 떠났다. 고향을 떠난 것만으로 나그네 의식을 갖는 것은 아니다. 고향을 떠나서도 어딘가에 정착할 수 있다. 그러나 한용운은 정착하지 않았다. 그는 출가하여 승려가 되었으나, 승단에 소속감을 가지지 못했을 뿐 아니라 산중에 오래 머물지도 못하고 해외로 떠돌고 서울을 배회했다. 그는 만년에 재혼하여 성북동 심우장에 머물기 전까지는 어디에서도 안식처를 찾지 못했다. 그는 생애 대부분을 나그네로 산 셈이다. 그가 이토록 배회한 것은 불운한 탓에 자신의 삶을 뿌리내릴 근거지를 찾지 못한 때문이 아니다. 그가 승단에 뿌리박지 못한 것은 스스로 승단의 전근대적 정체성을 부정했기 때문이다. 그는 승단의 전통적 가치관을 부정했고 전통적 삶과 신행 양식을 부정했다. 그의 『조선불교유신론』은 기존 승단의 모든 것과 승단이 의지하고 있는 모든 것을 부정하고 있다. 그는 사상 면에서도 나그네였다. 그는 불교 속에서 진리를 발견했으나, 그가 발견한 불교는 전통적인 종교 교학이 아니었다. 그는 불교를 전시대의 사람들처럼 절대적인 믿음의 체계로 받아들인 것이 아니라 철학의 일종으로 이해하였다. 그리고 철학은 완성이 있는 것이 아니라 문명의 정도에 따라 향상되며 더 높은 차원으로 발전해 가는 것이었다.[15] 철학이란 이성의 체계이며, 회의와 의심, 반론에 대해 열려 있다. 그는 승려였지만 승단이 영원한 귀의처라고 생각하지 않았으며, 참선을 했지만 생로병사로부터의 영원한 해방을 체험적으로 믿지도 않았다. 한용운은 이런 의미에서 공동체를 떠나 뿌리를 잃은 근대인의 일반적인 정서를 가지고 있으며, 전통의 가치체계와 세계관을 부정할 뿐 아니라 감각적으로 확인되지 않는 지식세계에 대해 회의를 가지고 있는 근대인이다.

5. 의지의 표현과 내면의 표현

한용운의 한시를 보면 이것이 정녕 불가의 시이며, 참선하는 선사의

---

15) 『韓龍雲全集』 2, p.43.

시인가 하는 생각이 들게 한다. 한용운의 시는 선사의 시라고 믿기 어려울 정도로 외로움과 쓸쓸함을 직설적으로 토로하거나, 불가의 시라고 보기 어려울 정도로 늙음을 한탄하고 있다. 앞에서 언급한 고향에 관한 시들에는 외로움이 깔려 있을 뿐 아니라, 다음의 시들은 그러한 정서를 직접적으로 토로하고 있다. 2. 別玩豪學士, 22. 暮歲寒雨有感, 41. 歲寒衣不到戱作, 57. 卽事二首, 58. 孤遊二首, 86. 養眞庵, 91. 與錦峰伯夜唫, 95. 榮山浦船中, 100. 漁笛, 122. 秋雨. 다음 시는 그 중 대표적인 〈暮歲寒雨有感〉이다.

寒雨過天末	차가운 비 하늘가를 스치고 지나는데
鬢邊暮歲生	희어진 귀밑머리 해가 저물고,
愁高百骸低	나날이 자라는 시름 키보다 높아
全身但酒情	온몸에 당기는 것 오직 술뿐!
歲寒酒不到	날씨는 차가운데 술은 안 오고
歸讀離騷經	돌아가 이소(離騷)를 읽고 있자니
傍人亦何怪	사람들은 왜 못 마땅히 여기는지
罪我違淨行	계율을 안 지킨다 나를 탓하네.
縱目觀下界	눈을 돌러 인간 세계 내려다보면
盡地又滄溟	땅이란 땅 바다로 또 바뀌느니!

시는 절제되지 않은 행동으로 인하여 주위로부터 따돌림을 받는 타락한 이의 쓸쓸한 노년의 세계를 그리고 있다. 어디에도 해탈이라는 궁극적 이상을 믿고 정진하는 수행자의 모습은 찾아볼 수 없다. 마치 방탕으로 늙어버린 자신의 신세를 한탄하는 주정뱅이의 모습이다. 한용운의 한시에는 유독 늙음에 대한 한탄과 술을 노래하는 내용들이 많다. 32. 自笑詩癖, 39. 閑吟. 40. 次乳雲和尙, 40. 卽事3. 44. 病愁, 45. 病吟二首, 58. 孤遊二首, 78. 獨窓風雨, 80. 秋夜聽雨有感, 81. 秋曉, 85. 養眞

庵餞春, 90. 仙巖寺病後二首, 93. 留仙巖寺次梅泉韻, 95. 榮山浦船中, 97. 梵魚寺雨後述懷, 110. 龜巖瀑, 123. 秋懷, 133. 雪夜看畵有感, 134. 無題八首, 135. 無題二首, 137. 回甲日卽興 등의 시들이 병고와 늙음에 한탄과 술에 대한 호소를 노래하고 있는 시들이다. 우리에게 알려진 아무것에도 얽매이지 않는 선사이자, 어떤 것에도 타협하지 않는 강인한 독립운동가 한용운의 모습과는 너무도 다르다. 우리는 이러한 상반된 모습을 어떻게 이해해야 할 것인가.

인간은 자신의 존재의 비밀에 대해 확실한 앎을 가지고 있지 않다. 그럼에도 불구하고 인간은 삶의 궁극적 목적을 이야기하고 그것이 진리라고 이야기하기를 원한다. 왜냐 하면 그러지 않고서는 불안정한 현재 삶에 대한 심리적 안정성을 가지기 어렵기 때문이다. 진리에 근거하지 않은 채 이야기된 삶의 궁극적 목적들에 대해서 전근대 시대 대부분의 사람들은 믿음을 가지고 살았다. 그것은 그러한 목적을 신뢰할 만한 근거가 존재하지 않는 것과 마찬가지로 부정할 만한 근거에 대한 앎 역시 존재하지 않았기 때문이다. 그러나 근대인들은 그러한 목적들의 근거라고 일컬어지는 것들이 사실은 아무런 실체도 없다는 것을 알고 삶의 궁극적 목적에 대해 회의하게 되었다. 한용운은 근대적 의식을 가진 전근대인이었다. 그는 전근대시대의 지배 이념인 유가의 교육을 받았으며, 전근대적 환경 속에 있던 불교도 공부했다. 그러나 그는 또한 새로운 근대문명을 받아들였고 이를 토대로 자신을 둘러싸고 있던 전근대적 요소들을 부정하였다. 그는 한편으로는 전근대적 진리관에 바탕을 둔 삶의 궁극적 목적에 대해서 믿음을 가지고 있었지만 다른 한편으로는 그에 대한 회의를 가지고 있었다. 그의 글들 속에서도 이러한 믿음과 회의의 양면성이 모두 나타난다.

한용운의 『님의 침묵』과 한시들은 모두 삶의 궁극적 목적이기도 한 본원의 상실이라는 동일한 심리적 상태에서 출발하고 있다. 이런 면에서 보면 한용운은 전형적인 전근대인이다. 전근대인들은 대부분 존재의 근원, 삶의 뿌리가 있다고 믿었다. 그리고 자신의 삶이 이로부터 분리되었다고 느꼈을 때 슬퍼한다. 한용운은 시를 통해서 자신의 본원을 상실한 슬픔을 노래하고 있는데 그 본원은 님과 고향으로 표상되고 있다. 님은 나를 떠나갔고, 나는 고향을 떠나왔지만 이별의 원인은 동일한 것이다. 한용운의 사상에 따르면 자아는 원래 어떤 궁극적 근원과 하나의 상태로 있었지만, 불완전한 현존재로 나오면서 근원과의 이별을 경험하게 된다. 이러한 분리와 이별은 우리가 원한 바가 아니다. 때문에 우리는 분리되지 않은 원래의 상태로 되돌아가고 싶어 한다. 그것이 삶의 궁극적 목적이다.

『님의 침묵』은 그 근원과의 이별은 현상에 불과하며 근원적으로는 하나이기에 결국 그 하나로 돌아가야 한다는 원리를 노래한 시이다. 그렇다고 해서 되돌아갈 수 있다는 것에 대한 이성적 확신이 있는 것은 아니다. 한용운은 또한 근대적 의식을 가진 전근대인이다. 그는 전근대시대의 형이상학의 틀 속에 있으면서도 그것에 대해 회의하고 있었다. 되돌아갈 수 있는 근거는 여전히 한용운 스스로도 절대적 신뢰를 하지 않는 전통적인 종교적 신념이지 이성적 확신은 아니다. 그는 절망 속에 있는 자기 자신과 사회대중에게 희망을 심어주기 위해 『님의 침묵』을 썼다. 『님의 침묵』은 차분한 관조의 시도 아니며, 선적 깨달음의 시도 아니다. 스스로 신뢰하지 않는 본원과의 합일에 대한 믿음을 되살리려는 격정과 열망의 시이다.

반면에 한시들은 대중을 의식하고 쓴 글이 아니라, 홀로 있으면서 자신의 심경을 토로한 시이다. 격정과 열망 속에 쓴 시가 아니라, 차갑게 가라앉은 상태에서 내적으로는 어떠한 고원한 가치에 대해 믿음을 가지지 못한 상태에서 초라한 현실의 자기 자신을 한탄하는 시들이다. 존재와 현실의 실제 모습에 대한 진솔한 받아들임과 대응이다.

제Ⅶ장
한용운의 정치사상

1. 머리말

한용운은 문학사적으로 뿐만 아니라 불교사적으로, 그리고 정치사상적으로도 또한 중요한 의미를 지닌 인물이다. 시인 한용운이 문학사적으로 어떤 의미를 지녔는지에 대해서는 수백 편의 논문을 통해서 연구되었다. 그만치는 아니지만 승려 한용운이 불교사적으로 얼마나 중요한 인물인가에 대해서도 근래에 들어서 상당히 많은 연구가 이루어졌다. 그러나 정치사상적으로 한용운이 어떤 의미를 지녔는가에 대해서는 매우 제한된 연구만이 이루어졌다. 한용운에 대한 연구는 천 편 이상에 달하지만 정치적 측면에서의 연구는 단 몇 편에 불과하다. 3.1운동에서의 그의 역할에 관련된 연구들이 몇 십 편 있기는 하나 정치적인 측면에서의 연구라기보다는 역사적 측면에서의 연구들이다.

정치적인 측면에서 한용운의 의의는 민족지도자 33인의 1인으로서 참가한 3.1운동 과정에서의 그의 역할에도 있지만, 더 중요한 의의는 그의 정치사상에서 찾을 수 있다. 불교철학을 바탕으로 근대 서양의 정치사상을 흡수하여 제시한 그의 정치사상은 한국 근대정치사상사에서 유례를 찾을 수 없는 독특한 의의를 가지고 있다. 하지만 그의 정치사상에 대한 심도 있는 연구는 전혀 이루어지지 않았다. 그의 정치사상에 대한 연구가 이루어지지 않은 일차적인 이유는 일제하의 비타협적인 민족운동가로서 민족적 지조의 상징이 된 그의 이미지와 관련이 있다. 반세기 가까이 지속된 일제 식민지 통치는 수많은 민족운동가를 배출하였지만 수많은 변절자 또한 낳았는데, 그러한 변절자는 국내에서 활동하던 민족주의 진영 속에 특히 많았다. 상황이 이렇다 보니 한용운은 국내에 있으면서도 끝내 변절하지 않고 비타협적인 자세를 유지했다는 자체만으로도 신화적인 존재가 되었다. 그 결과 그에 대해서는 굳이 더 이상의 업적을 찾아내야 할 필요도, 또 특별히 흠결을 찾아 비판할 이유도 없게 되었다. 정치적 측면에서 그는 숭배의 대상이지 연구의 대상이 아니었던 것이다.

그의 정치사상에 대한 연구 부재의 또 다른 이유는 한용운이 선승이었다는 데 있다. 한국정치사상사 연구에서 불교가 기초가 된 사상에 대한 연구를 찾아보기 어려운데, 그것은 조선시대 이래 불교가 한국 사회에서 처한 위치와 관련이 있다. 고려시대까지만 해도 불교는 정치에 깊숙이 관여했으나, 조선시대 이후 불교인들은 가혹한 정치적 탄압을 받았을 뿐 어떠한 정치적 견해도 밝힐 수 없었다. 또 근대 이후로도 1980년대 후반까지 불교인들은 정치적으로 영향력이 없었다. 2000년대 이후 한국불교는 정치사회적 영향력을 많이 회복했지만, 불교인들이 한국사회의 정치적 방향성에 영향을 미칠 정도는 아니다. 이러다 보니 불교는 원래 정치와 무관한 것으로 인식되고, 한국사회에서 불교가 어느 정도 자기 위치를 차지할 수 있게 된 2000년대 이후 승려들의 정치적 참여조차 일종의 일탈로 보는 시각이 많다. 이런 관계로 지금까지도 한국사회에서 신앙적 태도가 아니라 현실정치의 관점에서 불교철학을 바탕으로 유의미한 정치적 사상이 도출될 수 있을 것이라고 보는 사람은 찾기 어렵다.

정치사상과 관련된 학술서들 가운데서 불교의 정치사상을 다룰 개연성이 그나마 높은 한국정치사상사를 다룬 책들을 살펴보아도 불교정치사상은 거의 보이지 않는다. 한국·동양정치사상사학회에서 편찬한 『한국

정치사상사: 단군에서 해방까지』가 그나마 30장 가운데서 겨우 두 장을 할애하여 신라와 고려시대의 불교와 관련된 정치사상을 다룰 뿐이다. 이런 상황에서 정치학계에서 승려인 한용운이 어떠한 정치사상을 가졌는가에 대한 관심을 가지기를 기대하는 것 자체가 어렵다. 그런 점에서 정경환의 『한국정치사상가 연구 1 : 안중근에서 한용운까지』(부산: 이경, 2011)는 이례적인 저술이다. 이 책은 한용운의 정치사상을 민족자결, 반제국주의, 자유정치, 교육진흥 이 네 가지로 정리하고 있다. 평면적인 접근이어서 이 네 가지 측면을 포함한 한용운 정치사상의 유기적 체계나 철학적 바탕에 대한 분석이 이루어지지는 않았지만, 한용운 정치사상의 각 측면에 대한 기초적인 이해를 제공해 준다. 논문의 경우도 마찬가지로 한용운의 정치사상에 관한 연구를 찾기 어렵다. 한용운의 민족주의운동과 관련해서 이전부터 있어 온 사상적 측면에서의 부분적 조명과 사회진화론에 관한 근래의 일부 연구가 있으나,[1] 정치사상에 관한 연구라고 보기는 어려울 것 같다.

불교학계에서는 한용운에 대해서 많은 관심을 가졌지만, 정치학에 무관심한 불교학계의 특성상 한용운의 정치사상에 대해서는 원론적인 이해에 머물 수밖에 없었다. 이런 연유로 정치적 측면에서의 한용운에 관한 연구, 특히 정치사상 측면에서의 한용운에 대한 연구는 거의 이루어지지 않았는데, 유례를 찾을 수 없는 독특한 의미를 지닌 그의 정치사상에 관한 이러한 연구의 부재는 매우 아쉬운 일이다. 한용운의 정치사상이 불교철학에 토대를 두고 있다는 윤세원[2]의 연구는 원론적인 결론이기는 하나

1) 김제란, 「한·중·일 근대불교의 사회진화론에 대한 대응양식 비교–동아시아 불교의 사회진화론 수용과 비판의 두 흐름」, 『시대와 철학』 Vol. 21-2, 2010, pp.117-166.; 류승주, 「사회진화론의 수용과 『조선불교유신론』: 한용운의 불교적 사회진화론」, 『원불교사상과 종교문화』 Vol.41, 2009, pp.249-279.

그나마 한용운의 정치사상에 대한 연구라는 점에서 의미를 찾을 수 있을 정도이다.

2. 정치적 활동

선사(禪師) 한용운을 정치인이라 부르면 이상하게 들리겠지만 한용운은 정치인이다. 누구나 알고 있듯이 한용운은 독립운동가이며, 독립운동가들은 이민족에게 빼앗긴 정치권력을 되찾기 위한 정치투쟁을 한 정치인들이다. 정치인이라는 용어에 덧씌워진 부정적인 의미 때문에 한용운을 정치인이 아니라고 할 필요는 없다.

한용운은 어릴 때부터 정치적인 포부를 가진 인물이었으며, 정치적 활동을 지향하면서 살았다. 1933년 『삼천리』 9월호에 게재한 회고적인 글 「시베리아 거쳐 서울로」에서 그는 첫 출가의 배경과 동기를 말하면서 어릴 때 자신도 의인이나 걸사와 같은 훌륭한 인물에 대한 열망이 있었으며, 1896년 18세 때에 정치적 격변의 소문을 듣고서 큰 뜻을 품고 서울로 향했다고 회고하고 있다.[3] 이런 그가 본격적으로 정치적 행위에 뛰어든 것은 32세 때인 1910년에 승려의 결혼 허용을 요청하는 「건백서(建白書)」를 중추원과 통감부에 내고, 이어서 『조선불교유신론』을 써서 불교개혁에 대한 종합적인 입론을 하면서부터다. 「건백서」와 『조선불교유신론』의 집필은 불교개혁 운동이지만, 국가에서 관리하는 불교의 각종 제도를 개혁하겠다고 나선 것은 정치적 행위를 지향하는 그의 성향을 잘 보여준다.

---

2) 윤세원, 「한용운 자유 개념의 철학적 토대와 논리구조에 관한 연구」, 『동양사회사상』 no.9, 2004, pp.31-56.

3) 『韓龍雲全集』 1, pp.254-255.

그의 이러한 성향은 33세인 1911년에 한국불교와 일본불교의 동맹을 반대하는 임제종운동을 주도하면서 임제종 종무원 관장으로 취임하는 데서도 확인된다. 그는 집단적 의사를 결집하고 그것을 세력화할 줄을 아는 인물이었다.

이러한 일련의 행위를 통해 불교계에서 유명인이 된 만해는 1911년 10월에 만주지방을 순행하면서 독립운동가들과 만나게 된다. 구체적으로 누구를 만나서 어떤 일을 했는지는 정확히 알려지지 않았지만, 이 순행을 회고한 글 (『별건곤』 2권 6호, 1927.8.)에서 "그곳 동지와 협력하여 목자를 잃은 양의 떼같이 동서로 표박하는 동포의 지접할 기관, 보호할 방침도 상의하였다"고 하고 있다. 불교계 내에서의 활동에 머물고 있던 자신의 정치적 실천 영역을 민족운동 일반으로 확대하고 있다는 것을 알 수 있다. 이때의 인연으로 그는 훗날 서대문형무소에서 죽은 독립운동가 김동삼의 장례를 치러주기도 한다. 그는 아이러니컬하게도 이 만주 순행 도중에 일제의 밀정으로 오인을 받아 한국인 청년들로부터 머리에 총을 맞고 목숨을 잃을 뻔하였다. 그는 1903년에도 블라디보스톡에서 밀정으로 오인 받아 목숨을 잃을 뻔한 경험이 있었다. 그가 밀정으로 오인 받은 이유는 충분히 짐작할 수 있다. 낯모르는 사람이 와서 시국을 논하고 사람들의 동향을 묻고 하니 현지인들이 자신들을 염탐하러 온 밀정으로 생각한 것이다. 그가 두 번이나 해외에서 밀정으로 오인 받아 죽을 뻔한 것은 그가 얼마나 정치지향적 성향이 강한 인물이었던가를 보여주는 일이다.

승려로 살면서도 매우 강렬한 정치지향적 성향을 지니고 있던 한용운의 자질은 1919년 3.1운동을 계기로 폭발한다. 3.1운동을 통하여 가장 부각된 인물이 한용운이지만, 한용운은 처음부터 3.1운동을 주도한 것은 아니었다. 3.1운동은 동학농민운동 전통을 이어받고 있던 천도교 인사들이 주도하여 준비하다가 여타 종교 지도자들과 힘을 합치게 된 운동이었다.

한용운은 준비의 막바지에 천도교도였던 최린을 통해 합류하게 되었다. 그러나 일단 합류하게 되자 한용운은 특유의 열정적인 태도로 준비 모임을 주도하게 된다. 그는 천도교의 수장인 손병희가 최종적인 결정을 주저하며 운동이 좌초될 상황에서 손병희를 압박하여 물러나지 못하게 했을 뿐 아니라, 성공적이진 못했지만 불교와 유교 측을 포섭하려는 시도를 하기도 했다.

3.1운동 이후 한용운은 눈에 띄는 정치적인 활동을 하지는 않았으나 그것은 본인이 변했기 때문이 아니라 정치활동을 하기 어려운 국내의 여건 때문이었다. 하지만 그는 각종 집회에 단골 연사로 참석하며 여전히 자신의 정치적 영향력을 행사하였다. 1925년 1월 1일자 『동아일보』에 발표한 논설을 보면 한용운은 3.1운동 이후 확실한 정치운동가가 되었다는 것을 보여준다. 당시 민족운동이 좌우로 대립하는 현실을 목격하고 이의 통합을 위해 다음과 같이 말한다.

> 민족운동과 사회운동, 이것이 우리 조선 사상계를 관류하는 2대 주조입니다. 이것이 서로 반발하고 대치하여 모든 혼돈이 생기고 그에 따라 어느 운동이고 다 뜻이 진행되지 않은가 봅니다. 나는 이 운동이 다 이론을 버리고 실지에 착안하는 날에 이 모든 혼돈이 자연히 없어지리라 봅니다. … 우리는 오늘 우리의 특수한 형편으로 보아 이 두 주조가 반드시 합치리라고 믿으며 또 합쳐야 할 것인 줄 믿습니다.

승려의 언어가 아니라 전형적인 정치가의 언어를 구사하고 있다. 한용운이 정치운동을 지속적으로 펼치고 있었다는 것은 이듬해에 6.10 만세운동 예비검속으로 구속되었을 뿐 아니라, 1927년에는 신간회 발기인으로 참여하여 최고의결기구인 중앙집행위원회 위원 겸 경성지회장으로 선출되었다는 사실로도 확인할 수 있다. 신간회는 좌파와 우파가 연합한 민족협동전선으로서 1927년부터 1931년까지 존속하면서 전국적으로 120-150여 개의 지회를 가졌으며 회원 수 2만-4만에 이른 일제하 가장 규모가 큰 반일사회 운동단체였다.

사회주의 진영이 국제적인 차원에서의 사회주의자들의 연합전선 전략을 포기하면서 신간회가 해소되고, 또 일제의 무단통치로 국내에서의 공개적인 민족운동이 어려워지면서 한용운도 1930년대부터는 별다른 정치활동을 하지는 못한다. 사실상 신간회 해소와 함께 한용운의 실질적인 정치활동은 종결되는데 한용운은 신간회 해소에 대해 진한 아쉬움을 남긴다.[4] 신간회가 해소되지 않았다면 그는 정치활동을 지속했을 것이다.

3. 종교와 정치

한용운은 조선시대 불교탄압이 시작된 이후 처음으로 적극적으로 정치현실에 뛰어든 승려일 뿐 아니라, 근대 정치사상과 불교사상을 융합하여 자신의 정치사상을 표출한 전무후무한 승려이다. 그만큼 한용운의 정치 참여는 한국불교사에서 특수한 사례이다. 이런 점을 생각하면, 그가 어떤 논리로 불교와 정치를 연결시켰는가 하는 문제부터 생각해 볼 필요가 있다.

한용운은 불교개혁운동에서부터 출발하여 정치운동으로까지 나아가는데, 이러한 진행은 그가 불교개혁사상을 종합적으로 전개한 『조선불교유신론』에 논리적으로 예견되어 있다. 한용운은 이글에서 불교의 사상적 지향점을 평등주의와 구세주의라고 해석하고 있다. "불교의 주의 같은 것은

---

4) 『혜성』 창간호, 1931.; 『韓龍雲全集』 2, 1973, p.380.

크게 나누어 둘로 삼을 수 있으니, 하나는 평등주의요, 하나는 구세주의가 그것이다."[5] 불교는 유학자들로부터 종종 개인의 안락만을 추구하는 이기적인 종교라고 비판을 받았을 뿐 아니라, 불교의 수행방식은 개인주의적 성향과 결합되기 쉽다. 이를 의식한 한용운은 "나는 마땅히 … 모든 악취(惡趣)의 중생을 구속(救贖)하여 해탈을 얻게 하리라"는 『화엄경』의 구절을 원용하면서 불교는 구세주의가 원칙이라고 주장한다. 이러한 중생구제는 사실 대승불교전통에서 새삼스런 것이 아니다. "위로 진리를 깨달아 아래로 대중을 교화한다"는 것은 대승불교의 기본이념이다. 그러나 이것은 대중들에게 불교를 전파하기 위한 일상적인 종교 활동 자체를 의미하는 정도로 해석되어 왔을 뿐이다. 이러한 원칙적인 차원에서의 중생구제 이념만으로는 승려의 정치적 활동의 사상적 근거로 삼을 수는 없다.

한용운이 생각하는 중생구제는 대승불교에서 말하는 종교적 차원의 대중교화와는 다르다. 그는 중생구제를 위해 노력한 대표적인 인물로 요(堯), 순(舜), 우(禹)와 공자를 들고, 이들을 세상을 등지고 개인적 안락을 추구한 허유(許由), 양주(楊朱) 같은 이들과 대비하고 있다.[6] 한용운은 인간은 사회적 존재이며 사회적 구제에 대한 의무가 있다고 본 것이다. 또한 그는 구세의 내용에 대해서도 그것이 결코 해탈로 표현되는 정신적 깨달음만이 아님을 말하고 있다. "구세주의자가 여럿 속에 살고 혼자 살지 않는 것은 무슨 때문인가. 두루 세태인정의 희비를 관찰하여 그 폐단을 구하고자 함이다."[7] '세태의 폐단'은 매우 포괄적인 의미를 지닌 말이지만, 불교에서 흔히 말하는 생노병사에 대한 이해의 부족에서 비롯되는 번뇌를 지칭한다기보다는 잘못된 사회정치제도를 가리킨다고 보는 것이

5) 『韓龍雲全集』 2, p.43.

6) 『韓龍雲全集』 2, pp.45-46.

7) 『韓龍雲全集』 2, p.66.

맞을 것이다.

불교의 구세는 결코 정신적인 구제만이 아니라 사회정치적 제도의 개혁을 통해 이루어진다고 보는 한용운의 구세주의 해석은 1931년 11월 『삼천리』[8]에 실린 인터뷰에서 명백하게 드러나고 있다. 「석가의 정신」이라는 제목이 붙은 이 기사의 첫 주제는 '석가는 무엇을 어떻게 구제하실까' 인데, '구제, 구제' 하는데 구제를 위해서 불교에서 한 것이라고는 도덕적, 유심적 운동밖에 더 있느냐는 기자의 질문에 대해 한용운은 다음과 같이 말한다. "부처님은 그때 그 지독한 인도의 계급 제도를 타파하시기에 분주하셨습니다." 석가모니가 최하층 계급 출신들도 승가의 구성원으로 받아들이는 등 어떠한 신분적 차별도 없이 사람들을 대했다는 것을 한용운은 카스트 제도의 철폐로 해석하고 있는 것이다. 이처럼 한용운은 부처님의 중생구제의 핵심을 계급제도의 타파에서 찾고 있는데, 계급제도의 철폐는 분명 정치적인 행위를 통해서 이루어질 수 있는 사회정치 제도의 개혁인 것이다.

또 부처님이 어떠한 수단을 통해서 이를 이룰 수 있었느냐는 질문에 대해서 다음과 같이 말한다. "그때는 교통이 발달되지 못하여서 널리 집단적 운동을 일으킬 수는 없었으므로 철환천하(撤還天下) 하면서…"[9] 부처가 집단적 운동을 하지 않은 이유를 불교의 사상적 본질에서 찾지 않고 역사적 조건 속에서 찾고 있다. 한용운의 이러한 답변에 대해 기자는 다시 '여전히 불교는 결국 정치사회 운동에 소극적일 수밖에 없는 것이 아니냐'는 질문을 한다. 이에 대해 한용운은 정치 운동을 하거나 혁명 사업에 착수하고 아니하는 것이 문제의 초점이 아니며 천하의 모든 인류가

8) 『삼천리』 4권 11월호, 1931.; 『韓龍雲全集』 2, 1973, p.291.

9) 『韓龍雲全集』 2, p.292.

평등하고 자유로운 거기에 이상이 있다고 말한다.[10] 반드시 정치운동을 해야 하는 것은 아니지만, 정치운동을 하지 말아야 할 이유도 없다는 뜻이다. 한용운은 이처럼 불교의 구세사상을 매우 적극적으로 해석하고 있다. 세상을 구제하기 위해서는 윤리적·정신적 운동만 해서는 안 되며, 사회정치적 운동을 통한 사회 구조적 변혁까지 해야 한다고 말한다. 이를 위해서는 정치운동도 해야 하는 것이다.

그런데 한 가지 간과할 수 없는 것은 한용운은 또한 근대 민주주의 정치의 기본적 속성인 정교분리를 주장했다는 점이다. 한용운은 1931년 9월 1일에 발간된 『불교』 87호에 「정교를 분립하라」라는 글을 발표하였다. 그는 "정치와 종교는 근본으로부터 그 성질이 다른 것이니, 종교는 정치를 간섭하지 않고 정치는 종교를 간섭하지 못하는 것이니, 정교분립의 의미에서 각국의 헌법은 종교의 자유를 허하였으니…"[11]라고 정교분리의 원칙과 현실을 말하고 있다. 이 글은 앞서 인용된 『삼천리』에 실린 글보다 불과 두 달 앞서 출판된 글이다. 단순하게 비교하면 두 글은 마치 정반대의 주장을 하고 있는 것처럼 보인다. 「정교를 분립하라」에서는 정치와 종교가 서로 간섭하지 말아야 하는 것이 원칙이라고 주장하고 「석가의 정신」에서는 중생을 구제하기 위해서는 불교가 사회구조를 변혁하기 위해 정치운동도 불사해야 한다는 것을 말하고 있다.

그런데 한용운의 이 두 글의 내용을 서로 모순되는 것으로 보는 것은 우리가 정교분립에 대해 일면적으로 이해하고 있기 때문이다. 정교분립은 정치와 종교 양자가 마치 전혀 다른 우주 공간에 존재하는 것처럼 무관해야 된다는 것을 말하지는 않는다. 동일한 시공간 속에 존재하는 인간

10) 『韓龍雲全集』 2, p.192.

11) 『韓龍雲全集』 2, p.135.

활동들이 전혀 서로 무관할 수는 없는 노릇이다. 근대 정교분립 사상의 연원은 자유주의 정치사상에 있으며, 그 취지는 사회구성원들의 세속적 생활에 대한 종교의 관여를 차단하는 것과 동시에 국가의 영역을 최소화하여 개인의 자유를 보장한다는 데 있다. 즉 개인의 자유를 보장하는 일환으로 종교의 자유가 보장되어야 한다는 것이다. 특정 종교가 국가 권력과 결탁하여 다른 종교를 탄압하지 말아야 한다는 것이다. 중세 기독교의 신권정치로부터 세속권력이 독립하는 것만이 정교분리의 본질은 아니다. 한용운이 이 글에서 정교분립을 주장하는 이유는 종교의 자유를 주장하기 위함이다. 그는 정교분립에 관한 세계 각국의 헌법을 원용한 후 다음과 같이 말한다. "어느 나라의 헌법이든지 종교의 자유를 허(許)한 것이다. 종교의 자유를 허한 이상 원칙적 해석으로 보아 물론 종교의 부산물인 종교적 의식, 교역(敎役), 포교, 재산까지라도 자유를 허한 것이다."[12)]

한용운이 이처럼 정교분립과 종교의 자유를 주장한 데는 현실적인 이유가 있었다. 일제는 1911년 6월에 '사찰령'을 공포하고 7월에 시행규칙을 공포하였다. '사찰령'은 사찰의 병합이나 폐지는 총독부의 허가를 받아야 하며, 주지임명과 재산의 처분은 지방장관의 인가를 받아야 한다고 규정하는 등의 사실에서 볼 수 있듯이 불교에 대한 정치적 통제를 목적으로 하고 있다. 한용운은 이러한 "사찰령은 이로에 있어서 정교분립의 원칙에 위배되고, 현실에 있어서 조선불교의 장애물이 되는 것이니" 철폐되어야 마땅하다고 주장하고 있다.[13)] 사찰령은 1911년에 제정된 이래 줄곧 불교계로부터의 비판의 대상이 되었는데, 1929년 조선불교선교양종대회에서 다시 이 문제가 제기되었다. 한용운 역시 이 시점에서 정교분립이라는 근대의

12) 『韓龍雲全集』 2, p.142.

13) 『韓龍雲全集』 2, p.415.

민주주의 원칙을 근거로 해서 사찰령의 폐지를 주장한 것이다.[14)]

4. 정치적 단위로서의 국가와 민족

한용운은 구세주의를 불교의 사상적 지향점으로 해석하고 승려로서 적극적인 정치적 활동을 한다. 식민지의 피지배민족의 일원으로 태어난 그의 정치적 활동은 당연히 민족의 독립운동으로 귀결되었으며, 그는 민족지도자가 되었다. 그래서 우리는 한용운을 민족주의자로 이해한다. 한용운 자신 또한 민족을 단위로 정치체제가 유지되어야 한다고 말한다. 그러나 민족주의는 매우 다양한 스펙트럼을 가지고 있는 만큼 민족에 대한 한용운의 생각에 대해 보다 구체적인 분석을 할 필요가 있다.

한용운은 정치적 단위로서의 국가와 민족의 위상을 당시 동아시아에서 유행했던 사회진화론을 바탕으로 이해하고 있다. "인류 진화의 범위는 개인적인 데로부터 가족, 가족적인 데로부터 부락, 부락적인 것으로부터 국가, 국가적인 것에서 세계, 다시 세계적인 것에서 우주주의로 진보하는 것인데…"[15)] 그런데 개인에서 출발하여 국가를 거쳐 우주로까지 발전하는 한용운의 이러한 사회진화론은 우리가 일반적으로 알고 있는 근대 유럽 사회학자들에 의해 이해된 것과는 차이가 있다. 가족, 부락, 부족국가, 국가로의 발전 형태를 가정한 것은 사회발전 형태에 대한 일반적인 사고를 원용하고 있지만, 시작과 끝에 개인과 우주를 설정한 것은 불교적 사유의 반영이다. 존재하는 것은 사회적 현상이지만 문제의 출발은 개인에

14) 한용운의 정교분립론의 배경 등에 대해 다룬 글로는 다음이 있다. 김순석, 「한용운의 정교분리론 연구」, 『한국독립운동사연구』 28, 2007, pp.145-176.

15) 『韓龍雲全集』 2, p.346.

게서 시작되고 문제의 해결은 궁극적으로 해결되어야 한다는 불교철학의 표현으로 보인다.

한용운은 개인에서 출발하여 우주로의 진화를 설정하면서도 현재의 사회단계는 국가주의가 지배하는 단계라고 인식하고 있다.[16] 그리고 이러한 맥락에서 각 민족의 독립과 자결을 '자존성의 본능이요, 세계의 대세'라고 말한다.[17] 결국 현재의 인류의 발전단계는 정치적으로 민족국가 체제가 중심이 되는 단계이다. 식민지 억압을 받는 한국인으로서 민족주의를 내세우는 것은 자연스런 현상이라고 할 수 있겠지만 어쨌거나 한용운은 민족을 고유의 정치단위로 보고 있다. 이를 놓고 보면 한용운은 분명 민족주의자라 할 수 있다.

하지만 한용운의 민족주의에는 당시 유행한 일반적인 민족주의와는 명백히 다른 점이 있었다. 대부분의 민족주의자는 자기가 속한 민족의 우수성과 탁월성을 내세운다. 그들이 말하는 우수성과 탁월성은 민족의 오랜 역사 자체일 수도 있고, 문명적 성취일 수도 있고, 신체적 강건함일 수도 있다. 그 어떤 면에서든지 자신의 민족이 다른 민족보다 우수하다는 것이 민족주의의 일반적 경향이며, 이로 인해 민족주의는 다른 민족에 대한 배타성과 공격성으로 전환할 수 있다. 하지만 한용운은 한국민족의 우수성이나 고유성을 내세우지 않는다. 당대의 불교계 지식인인 이능화, 권상로, 박영호, 최남선 등이 불교에서 조선 문화의 우수성을 확인하려 하였지만, 한용운이 불교에서 발견한 것은 민족의 정신이 아니라 민족을 초월한 보편적 정신이다. "부처님은 전세계 인류 중 유독 조선 사람만을 구제하여야 하겠다는 사상을 가진 것은 아닐 것입니다. 또한 조그마한 국경

16) 『韓龍雲全集』 2, p.346.

17) 『韓龍雲全集』 2, p.348.

이나 혈족에 구분을 지으실 이가 아닙니다. 천하의 모든 인류는 모두 평등하고 자유로운 거기에 이상이 있었을 따름이었겠습니다."[18)]

한용운은 궁극적으로 우주적 진리로 가는 과정에서 다만 현 단계에서는 국가주의가 대세이며 그 국가는 민족에 토대를 두어야 한다는 것이었다. 또 한용운은 역사의 보편적인 발전 단계로서의 민족주의 국가를 설정하기 때문에, 한국뿐 아니라 모든 민족이 다 독자적인 국가를 가져야 한다고 말한다. 그는 만주족도, 티베트족도, 몽고족도, 아일랜드도, 인도도, 폴란드도 독립을 꿈꿀 수밖에 없는 것이라고 한다.[19)] 이런 맥락에서 보면 한용운은 일반적인 의미에서의 민족주의자라고 볼 수 없다. 누구도 1919년 윌슨을 포함한 파리강화회의 참석자들을 민족주의자라고 부를 필요가 없듯이, 민족자결을 주장한 한용운을 민족주의자라고 부를 필요가 없을 것이다. 뿐만 아니라 한용운은 민족을 절대적인 단위로 보지도 않는다. 그는 역사의 발전단계를 말하면서도 세계가 국가주의를 넘어서 세계적인 것으로, 다시 우주적인 것으로 나아가리라고 말하고 있다. 불교사상에 토대를 둔 한용운으로서는 국가주의가 아니라 세계주의를 지향하는 것은 너무나 당연한 것이었다. 그는 석가의 정신은 특정인, 특정 국민을 구제하는 것이 아니라 만유를 다 구제하는 것이라고 말한다. "우주의 혁명을 기도하는 것이 부처님의 이상이었으니까, 비단 조선 한 곳만을 위하여 분주하시지 않았을 것입니다."[20)] 한용운이 얼마나 민족을 넘어선 보편적 인류 개념으로 무장한 사상가였는가는 「在滿·在日 同胞의 結婚問題」의 다음 구절을 보면 알 수 있다.

18) 『삼천리』 4권 11월호, 1931.; 『韓龍雲全集』 2, p.292.

19) 『韓龍雲全集』 2, 1973, p.350.

20) 『삼천리』 4권 11월호, 1931.; 『韓龍雲全集』 2, p.291.

조선민족은 조선민족끼리 서로 결혼하고 살아야 한다"는 말을 우리는 승인할 수 없다.

인류의 문명은 서로 흐르는 데서 진보가 있고 발달이 있는 모양으로 인류의 피도 항상 다른 피와 다른 피의 접촉이 있는 데서 향상하고 발달되는 것이다. 더구나 지금은 사해동포가 한 집안이요, 이 세상의 모든 인간이 다 같은 동포라 하는 국제주의가 건성하는 시대에, 어찌 우리만이 결혼도 우리끼리 하여야 하고, 의식주도 우리는 우리끼리만 하여 살아야 한다 할 것인가?

듣건대 유태 민족들은 비록 국가는 멸망이 되었을망정 민족의식만은 매우 강렬하여, 유태 인종은 유태 인종끼리 되도록 결혼을 하여 그 혈통을 깨끗하게 지키어 온다고 하지만, 그렇게 혈통을 한사코 지켜 온 유태 민족들이 대체 일해 놓은 것이 무엇이냐.[21)]

5. 자유와 평등

한용운의 정치사상이 가지고 있는 가장 큰 의미와 특징은 자유와 평등에 대한 해석일 것이다. 근대 시민 혁명을 통해서 성취된 근대민주주의의 핵심 가치인 자유와 평등은 근원적으로는 상호보완적이면서도 현실에서는 상호 대립적인 경우가 많다. 또 이 양자의 관계설정과 어느 쪽에 우선 순위를 부여하느냐에 따라 근대 정치사상과 정책의 실질적인 차이가 결정된다. 자유주의자들은 자유에 우선 순위를 두게 되는 반면에 사회주의자들은 평등에 우선 순위를 둔다. 자유주의자들은 국가권력으로부터 부당한 간섭을 받지 않고 개인이 자신의 신체와 정신, 재산권을 자유롭게 행사하는 민주주의의 가치가 현재의 민주주의 국가에서 실현되고 있는

21) 『삼천리』 제3권 9호, 1931.9.1.; 『韓龍雲全集』 2, pp.384-385.

데, 이 가치들이 오히려 진보주의자들의 평등에 대한 강조 때문에 위협받고 있다고 믿는다. 그래서 그들은 자유의 가치를 절대시하고 평등의 당위성을 부정하면서 보수주의의 입장에 선다. 반면에 사회주의자들을 필두로 하는 진보주의자들은 시민혁명은 표면적으로는 자유를 위한 투쟁이지만 실질적으로는 경제적 평등의 실현을 위한 투쟁이라고 본다. 군주와 귀족들만이 누리던 부의 독점과 자유를 부르주아들도 누리고자 하는 과정에서 시민 혁명이 일어났으며, 부르주아들에게까지 자유를 하층민들까지 누리게 되면서 시민혁명은 형식적으로 완성되었다고 믿는다. 그러나 혁명의 본래적 동기였던 경제적 평등은 여전히 성취되지 않았으며, 경제적 평등이 이루어져야 민주주의가 실질적으로 완성된다고 믿는다.

한용운의 『조선독립의 서』는 ‘자유’라는 말과 함께 시작한다. “자유는 만물의 생명이요, 평화는 인생의 행복이다. 그러므로 자유가 없는 사람은 죽은 시체와 같고 …”[22] “자유를 얻기 위해서는 생명을 터럭처럼 여기고 평화를 지키기 위해서는 희생을 달게 받는 것이다.”[23] 또 그는 이 글에서 ‘자유주의’를 독자적인 항목 하나로 설정하고 있다. 그리고 여기서 인생의 목적은 철학적으로 다양한 설이 있을 수 있겠지만 인생 생활의 목적은 참된 자유에 있다고 말한다.[24] 한용운에게서 자유는 단순한 정치적 슬로건을 넘어서 어떤 심대한 가치가 있다는 것을 알 수 있다.

한용운이 『조선독립의 서』에서 자유에 대해 말하는 방식은 매우 선언적이고 또 그만큼 포괄적인 의미를 함축하는 것으로 볼 수 있다. 이 자유가 구체적으로 어떤 의미를 지니고 있으며, 또 그가 왜 이 자유를 중시하는지를 알기 위해서는 좀 더 다층적인 접근을 통해 살펴보아야 한다. 우

22) 『韓龍雲全集』 2, p.346.

23) 『韓龍雲全集』 2, p.346.

24) 『韓龍雲全集』 2, p.351.

선 표면적으로 보면 이어지는 문장에서 자유는 "인생의 권리인 동시에 의무이기도 하다"고 말하고, 자유가 의무인 까닭은 "남의 자유를 침해하지 않음을 한계로 삼는 것"이기 때문이다[25)]고 말하는 데서 알 수 있듯이, 그가 말하는 자유는 근대의 사회계약론 사상의 보편적 인권 개념에 바탕을 둔 정치적 자유임을 알 수 있다. 그가 말하는 자유가 정치적 자유라는 것은 그의 유고 가운데 하나인 『일본 위정자에게 경책한다』라는 글을 통해서도 알 수 있다. 3.1운동 무렵에 쓴 것으로 보이는 이 글에서 그는 일본의 총독 정치를 평가하면서, 일본이 조선인의 "인권을 유린"했는데, 그 첫 번째가 "조선인의 일반적 자유"를 박탈한 것이라고 하고 있다.[26)] 일본이 한국을 식민통치하면서 조선인의 정치적 자유를 빼앗았다는 것을 말한 것이다.

한용운이 말하는 자유는 일차적으로는 정치적 자유이지만, "자유는 만물의 생명"이라고 할 때의 자유는 정치적 자유를 넘어선 철학적 의미를 내포하고 있다. 그의 저술에서 직접적으로 설명되어 있지는 않지만, 한용운의 자유의 철학적 함의는 절대적 자유의 세계인 불교의 궁극적 목적인 해탈과 연결되어 있다. 한용운은 『조선불교유신론』에서 칸트의 자유 개념과 이에 대한 양계초의 해석을 인용하고 있다. 한용운은 칸트의 다음 말을 인용한다. "우리 몸에 소위 자유성과 부자유성의 두 가지가 동시에 병존하고 있음이 명백한 터이다." 그런 다음 이에 대한 양계초의 해설을 다음과 같이 인용한다. "진여란 칸트의 진정한 자아여서 자유성을 지닌 것이며, 또 소위 무명이라는 것이 있는데, 무명이란 칸트의 현상적인 자아에 해당하는 개념이어서 필연의 법칙에 구속되어 자유성이 없는 것을

25) 『韓龍雲全集』 2, p.346.

26) 『韓龍雲全集』 1, p.376.

뜻한다."[27] 자유는 해탈된 자아의 본질이며, 무명은 얽매어 있는 자아의 현실인 것이다. 한용운은 양계초의 이러한 해설에 보태어 "'부처님은 천상천하에 오직 나만이 존귀하다'고 하셨는데 이것은 사람마다 각각 한 개의 자유스런 진정한 자아를 지니고 있음을 밝히신 것이다."라고 하고 있다.[28] 자유는 모든 인간이 깨달음을 얻었을 때 확인하게 되는 보편적 본질이라고 본 것이다.

한용운은 평등에 대해서는 어떻게 보는가? 「조선독립의 서」에서 한용운은 자신의 정치사상의 개략을 제시하고 있는데 평등에 대해서는 다음 한 마디만 말한다. "평화의 정신은 평등에 있으므로 평등은 자유의 상대가 된다."[29] 평등에 대한 한용운의 구체적인 해석은 오히려 『조선불교유신론』에 나온다. 그는 불교의 주의를 평등주의와 구세주의로 정의한 다음 평등에 대해 다음과 같이 말한다.

> 평등의 도리란 어떤 것인가. 장수, 요절, 선악, 성패, 강약 등이 같아서 하나가 됨을 이름인가. 그렇기도 하고 그렇지 않기도 하다. … 만약 불평등한 견지에서 바라본다면 무엇 하나 불평등하지 않음이 없을 것이며, 평등한 경지에서 바라본다면 무엇 하나 평등하지 않음이 없을 것이다. 그러면 불평등한 견지란 어떤 것인가. 사물, 현상이 이르는 바 필연의 법칙에 의해 제한받음을 이름이다. 평등한 견지란 무엇인가. 공간과 시간을 초월하여 얽매임이 없는 자유로운 진리를 이름이다… 요컨대 소위 평등이란 진리를 지적한 것이며, 현상을 말한 것이 아님을 알아야 한다.[30]

27) 『韓龍雲全集』 1, p.39.
28) 『韓龍雲全集』 1, p.40.
29) 『韓龍雲全集』 2, p.346.
30) 『韓龍雲全集』 1, p.44.

한용운의 평등론은 철학적 구조를 가지고 있다. 한용운은 세계를 두 개의 관점, 즉 절대적 관점에서 보는 것과 상대적 관점에서 보는 것을 모두 설정하고 있는 중관불교(中觀佛教)의 이제론(二諦論)을 바탕으로 평등 개념을 설명하고 있다. 상식의 관점(상대적 관점)에서 보면 세상에는 서로 다른 수많은 현상들, 장수, 요절, 선악, 성패, 강약이 존재하지만, 초월의 관점(절대적 관점)에서 보면 그런 차이들은 실제로 존재하는 것이 아니라 우리들의 주관적 관점에서 비롯된 것이라는 것을 말한다. 결국 절대적 관점에서 보면 세상 만물은 상대적인 차이를 지닌 것이 아니고 평등하다는 것이다.

위에 인용된 한용운의 평등론은 정치학적 담론과는 거리가 먼 철학적 담론으로 보인다. 그러나 한용운은 이를 정치적 담론과 연결시키는데 우선 윤리적 담론을 매개시킨다.

> 우리 부처님께서 중생들이 불평등한 거짓된 현상에 미혹하여 해탈하지 못함을 불쌍히 여기신 까닭에 평등한 진리를 들어 가르치셨던 것이니, 경에 "몸과 마음이 필경 평등하여 여러 중생과 같고 다름이 없음을 알라" 하셨고, 또 "유성(有性), 무성(無性)이 한가지로 불도를 이룬다"고 하셨다. 이런 말씀은 평등의 도리에 있어서 매우 깊고 매우 넓어서 일체를 꿰뚫어 남김이 없다고 하겠다.[31)]

일체 모든 존재가 평등한 이유를 존재론과 인식론의 차원에서 논의한 다음, 다시 윤리적 관점에서 논하여 모든 인간, 모든 존재가 평등함을 설명하고 있다. 부처와 중생이 차이가 없음을 말하고, 모든 중생이 고귀한 존재가 될 수 있음을 말한다. 이 논리를 정치적 측면에 대입하면 인간들

---

31) 『韓龍雲全集』 1, p.44.

사이에는 어떠한 질적인 차이도 없이 본래 평등할 수밖에 없는 것이 된다. 누구나 다 불도를 이루듯이 누구나 다 주체적인 인간이 될 수 있는 것이다. 실제로 한용운은 이러한 윤리적 관점에서의 평등을 정치적 평등과 연결시킨다.

> 근세의 자유주의와 세계주의가 사실은 평등한 이 진리에서 나온 것이라 할 수 있다. … 나의 자유가 다른 사람의 자유와 동일하고, 저 사람의 자유가 이 사람의 자유와 동일해서, 각자의 자유가 모두 수평선처럼 가지런하게 될 것이며, 이리하여 각자의 자유에 사소한 차이도 없고 보면 평등의 이상이 이보다 더한 것이 무엇이 있겠는가?[32)]

만해는 평등을 자유권의 동일한 행사로 이해한다. 그리고 자유권의 동일한 행사는 타인에 대한 존중이며, 이는 곧 세계주의를 가능하게 한다고 보고 있다. 그리고 이러한 평등주의를 누구나 다 부처가 될 수 있는 능력을 가졌다는 불교의 대승적 이념 속에서 찾을 수 있다고 말하고 있다. 불교가 근대의 자유와 평등의 이념, 그리고 세계시민 정신의 철학적 토대가 되는 것이다.

한용운은 이처럼 근대 민주주의의 핵심 가치인 자유와 평등의 논리적 근거를 불교 철학의 토대에서 찾아낸다. 자유와 평등의 근거에 대한 한용운의 이러한 설명 방식은 근대 정치사상가들의 설명 방식과 다른 것이다. 근대 사상가들은 인간이 자유롭고 평등해야 하는 이유를 사회계약론의 가설을 통해 설명한다. 사회계약론들은 인간이 자연상태에서는 누구에게도 종속되지 않기 때문에 자유롭고 또 그렇기 때문에 권리에 있어서 평등하다고 말한다. 그리고 이러한 자유와 평등을 전제로 불편부당한 계약을

32) 『韓龍雲全集』 1, pp.44-45.

맺어야 한다는 것을 말한다. 말하자면 사회계약론에서의 자유와 평등이 전제된 이유는 공정한 계약의 당위성을 설명하기 위한 것이다. 그런 의미에서 자유와 평등은 핵심적 가치임에도 불구하고 최종적 가치는 아니며 일종의 수단적 가치이다. 때문에 사회계약론에 기초하고 있는 정치사상가들이나 정치인들은 때로는 상위의 가치인 공동체나 효율적 생산성을 위해서 자유와 평등이 제한될 수 있음을 말한다.

한용운에게서 자유는 수단적 가치가 아니다. "자유는 만물의 생명"이라는 데서 알 수 있듯이 최종적 가치이다. "자유는 만물의 생명"이라는 말은 결코 시적 수사가 아니다. 한용운이 이렇게 말하는 것은 자유란 불교의 최종 목표인 '해탈'의 정치학적 용어이기 때문이다. 평등 또한 마찬가지다. 평등은 '무분별'의 정치학적 용어이다. 무분별의 경계는 곧 해탈의 경계이다. "평등한 진리란 무엇인가. 공간과 시간을 초월하여 얽매임이 없는 자유로운 진리를 이름이다."[33] 한용운의 입장에서 보면 자유는 곧 평등이요, 평등은 곧 자유인 것이다. 이처럼 한용운은 자유와 평등을 불교가 추구하는 궁극적 목적인 해탈의 정치적 측면으로 해석하기 때문에 자유와 평등의 세계가 곧 불교의 세계라고 말한다. "그렇다면 금후의 세계는 다름 아닌 불교의 세계라 할 수 있다. 무슨 까닭으로 불교의 세계라고 하는 것인가. 평등한 때문이며 자유로운 때문이며 세계가 동일하게 되는 때문에 불교의 세계라고 이르는 것이다."[34]

---

33) 『韓龍雲全集』 1, p.44.

34) 『韓龍雲全集』 1, p.45.

6. 사회주의

한용운의 정치사상 혹은 사회사상과 관련하여 잘 알려지지 않았을 뿐 아니라 의도적으로 무시된 측면이 있는데, 그것은 한용운이 사회주의를 표방했다는 사실이다. 의도적으로 무시되어 왔지만, 한용운의 사회주의 표방은 시대적 상황으로 보나 그의 불교해석으로 보나 자연스런 것이었다. 1917년 러시아 공산주의 혁명과 1919년 3.1운동에 대한 반성은 1920년대 한국 사회에 급속한 사회주의의 전파를 가져왔다. 사회주의는 반종교운동에서도 알 수 있듯이 종교 일반에 대해 적대적 태도를 취했지만, 불교인들 가운데는 사회주의가 불교와 대립되기 보다는 일치하는 점이 많다고 보았다. 이들 불교인들은 사회주의가 기반하고 있는 유물론 철학, 표방하는 사적 소유의 부정과 계급의 철폐, 그리고 과학적 사고방식과 불교를 비교하면서 양자의 유사성을 찾았다. 정신과 물질 어디에도 치우치지 않는 불교의 중도철학은 유물론과는 다르지만 유신론은 아니라는 점, 부처는 사적 소유를 부정하고 공동체 생활을 하였으며, 인도의 카스트 제도를 부인했다는 사실, 그리고 불교의 합리적 사고방식은 과학적 사고방식과 같은 점 등을 들어 양자가 그다지 다르지 않다고 보았다.[35)]

1920년대에 사회주의가 한국 사회에 급속히 전파되기 이전부터 한용운의 사상에는 사회주의적 경향이 있었다. 그는 이미 1910년 『조선불교유신론』을 쓰면서 불교의 주의를 구세주의와 평등주의에서 찾았으며, 부처가 카스트 제도에 상관없이 사람들을 승단에 받아들였던 것을 계급의 혁파로 해석하고 있었다. 만해는 이러한 사상적 경향으로 인하여 종교인이면서도 사회주의자들의 반종교투쟁에 대해 비판적으로 수용하게 된다.

---

35) 김종인, 「1920-30년대 불교계의 사회주의에 대한 인식」, 『대각사상』 18집, 2012, pp.329-357.

1931년 9월 『불교』 87호에 실린 「漫話」에서 그는 종교가 다음과 같은 성격을 가지고 있다고 설명하면서 반종교운동의 비판적 수용의 필요성을 말한다. 1. 신의 명령에 인간을 절대 복종케 한다. 2. 사후에 천국에 태어나 행복을 얻는 것을 목적으로 삼는다. 3. 교단에서 무염(無厭)의 욕(欲)으로 신시(信施)를 착취한다. 그는 또 불교는 다음과 같이 종교 일반의 이러한 성격과 다르다고 설명한다. 1. 불교는 무신론을 주창하고 유신론을 배격한다. 2. 불교는 사후의 행복을 희구하지 않는다. 3. 석가는 걸식 생활로 시종하였기 때문에 근로대중을 착취하는 것은 불교의 반역자다.[36] 또 한용운은 더 나아가 선불교의 우상파괴 정신을 거론하며 불교는 기성화된 종교를 당시의 반종교운동 이상으로 부정하였다고 말한다. "구담노적(瞿曇老賊)을[37] 활착(活捉)하여 일봉(一捧)으로 타살한다는 운문(雲門)의 제시(提示)와 목불(木佛)을 소각하여 어한(禦寒)에 이바지한 단하(丹霞)의 기봉은 반종교 투쟁의 혈전에 비하여 그 완급이 과연 어떠한가."[38]

만해의 이러한 사회주의적 사상 경향은 불교사회주의로 발전한다. 1931년 11월 『삼천리』[39]에는 만해와 기자와의 대담이 실려 있는데 여기서 만해는 자신을 불교사회주의자로 규정한다. 「석가의 정신」이란 제목이 붙은 이 기사에는 '(2) 불교사회주의란'이란 장이 있다. 한용운의 사회주의 표방은 시대적 상황으로 보나 그의 불교해석으로 보나 자연스런 것이었다. 이에 기자는 장래에 저술을 통하여 불교사회주의를 구체적으로 제시하였으면 한다는 뜻을 피력하면서 "석가께서 2천 4백여 년 후인 오늘날 조선에 나셨더라면 우리들이 늘 듣는 공산주의가가 되기 쉬웠을 듯합

---

36) 『韓龍雲全集』 1, p.314.

37) 구담이라는 늙은 도적. 瞿曇은 석가모니의 성인 고타마를 구담으로 음차한 말이다.

38) 『韓龍雲全集』 1, pp.310-311.

39) 『삼천리』 4권 11월호, 1931. 『韓龍雲全集』 2, p.291.

니다."라고 되묻는데, 이에 대한 한용운의 답변은 검열로 삭제되고 없다. 삭제된 이유는 한용운이 기자의 추측대로 부처를 공산주의로 해석했기 때문일 것이다.

7. 결론

한용운은 승려이자 정치인이다. 그는 승려로 살면서도 정치적 활동에 참여하려는 매우 강한 정치적 성향을 지니고 있었는데, 그의 이러한 성향은 1919년 3.1운동을 계기로 폭발하여 일약 불교계를 대표하는 민족 정치인이 된다. 그는 이후 신간회 발기인으로 참여하여 최고의결기구인 중앙집행위원회 위원 겸 경성지회장으로 선출되기도 했다. 그의 정치적 활동만큼이나 불교에 바탕을 둔 그의 정치사상 또한 한국 근대정치사상사에서도 매우 큰 의미를 지니고 있다. 그는 불교의 사상적 지향점을 평등주의와 구세주의라고 해석하고 있는데, 그는 불교의 구세사상을 매우 적극적으로 해석하고 있다. 세상을 구제하기 위해서는 윤리적·정신적 운동만 해서는 안 되며, 사회정치적 운동을 통한 사회 구조적 변혁까지 해야 한다고 말한다. 이를 위해서는 정치운동도 해야 하는 것이다. 그는 민족주의자로 알려져 있지만, 그의 정치사상은 결코 민족주의가 아니다. 그는 조선의 독립을 추구했지만, 세계주의를 지향했다. 그는 민족을 절대적인 정치 단위로 보지도 않는다. 그는 역사의 발전단계를 말하면서 세계가 국가주의를 넘어서 세계적인 것으로, 다시 우주적인 것으로 나아가리라고 말하고 있다. 그는 불교철학을 토대로 근대 민주주의의 핵심가치인 자유와 평등을 재해석한다. 자유를 정치적 자유로만 해석하지 않고 생명체 일반의 보편적 본질로 해석한다. 평등 역시 타인의 인권에 대한 동등한 존중으로만 해석하지 않고, 모든 존재의 근원적 무차별성의 실현으로 해석한다. 이처럼 자유와 평등은 존재의 보편적 본질에 기인하는 것이기 때문에 한용운의 입장에서 보면 자유는 곧 평등이요, 평등은 곧 자유인 것이다. "평등한 진리란 무엇인가. 공간과 시간을 초월하여 얽매임이 없는 자유로운 진리를 이름이다." 이처럼 한용운은 자유와 평등을 불교가 추구하는 궁극적 목적인 해탈의 정치적 측면으로 해석하기 때문에 자유와 평등의 세계가 곧 불교의 세계라고 말한다. 만해는 또 자신을 불교사회주의자로 규정한다. 만해의 사회주의는 불교의 주의를 구세주의와 더불어 평등주의로 규정하고, 부처를 계급을 혁파한 이로 규정하는 데서도 알 수 있다. 또 그가 일제하의 최대 좌우합작 운동단체인 신간회 활동을 하게 된 것 역시 그의 사회주의 사상과 무관하지 않다.

제Ⅷ장

한용운의 승가교육 개혁론

1. 서론

20세기 초 근대문명의 본격적 쇄도와 함께 한국 불교계에는 여러 불교 개혁론이 등장했는데, 불교개혁론의 여러 주제들 가운데서 가장 많이 논의된 것이 승가교육에 관한 것이다. 당대의 대표적인 불교개혁론자인 한용운 역시 불교 개혁의 핵심 과제의 하나로 승가교육의 개혁을 꼽고 있다. 그런 만큼 한용운의 승가교육 개혁론은 당대의 승가교육 개혁론에 대한 연구의 일환으로서 뿐만 아니라, 한용운에 대한 연구의 심화와 확장이란 측면에서도 중요하다.

한용운 당대의 교육개혁론에 대해서는 어느 정도 연구가 이루어져 있다. 한국 승가교육 제도의 초석을 쌓았다고 할 수 있는 남도영의 연구를 비롯하여,[1] 남도영의 연구를 계승하고 있는 박선영의 연구,[2] 또 한국근대 불교 전반에 관해서 수많은 연구를 하고 있는 김광식의 연구,[3] 그리고 한국 근현대 승가교육 전체를 다루어 학위 논문을 쓴 문순회의 연구 등이 있다.[4]

1) 남도영, 「韓國寺院教育制度」 中, 『역사교육』 28호, 역사교육연구회, 1980.; 「舊韓末의 明進學校」, 『역사학보』 90, 역사학회, 1981.6.

2) 박선영, 「한국불교의 승가교육제도」, 『종교교육학연구』 제8권, 한국종교교육학회, 1999.

3) 김광식, 「조선불교 학인대회 연구」, 『한국 근대불교의 현실인식』, 민족사, 1998.; 「조종현, 허영호의 불교교육제도 인식과 대안, 『근현대불교 재조명』, 민족사, 2000.; 「1930년대 강원제도 개선문제」, 『근현대불교 재조명』, 민족사, 2000.

이 외에도 이지관,[5] 이승윤,[6] 이기운[7] 등의 연구도 참조할 수 있다.

한용운에 대해서는 수많은 연구가 있으며, 또 『조선불교유신론』을 통해 표명된 그의 불교개혁론에 대해서도 많은 연구가 있다. 조선불교의 급진적이고 총체적인 불교개혁을 주장하는 그의 개혁론에는 승가교육의 개혁도 들어 있을 뿐 아니라, 개혁론의 각론에서 제일 먼저 다루어지고 있다. 이 때문에 한용운의 불교개혁론에 대한 연구들은 그의 승가교육론에 대해서도 다른 주제들과 함께 다루곤 한다. 그러나 한용운의 불교개혁론에 대한 연구들은 대부분 총론적 연구로서 주로 개혁론의 총체적 성격, 이를 테면 그 근대성, 급진성, 사상성에 관한 연구들이거나, 그의 개혁론과 다른 불교개혁론자들과의 총괄적 비교를 한 것들이어서, 그의 승가교육론에 대한 세부적인 연구는 이루어지지 않고 있다. 전보삼의 「한용운의 교육철학」[8]과 이지중의 「만해 한용운 교육론 고찰」[9]이 한용운의 교육론에 관한 연구인데, 전자는 한용운의 교육론에 대한 분석이 아니라 그의 저술에서 교육에 관한 여러 언급들을 분석 없이 발췌하여 소개하고 있는 정도이고, 후자는 그의 교육론 자체가 아니라 교육론의 사회사상적 배경을 다루고 있다.

본 장에서는 한용운의 승가교육론을 승가교육이라는 특수한 교육 전

4) 문순회(퇴휴), 『한국 근현대 승가교육사 연구』, 박사학위논문, 중앙승가대학교 대학원, 2011.12.

5) 이지관, 「한국불교 승가교육의 사적 고찰」, 『불교학보』 18집, 동국대학교 불교문화연구원, 1981.

6) 이승윤, 「대한제국기 불교계 학교의 설립과 운영」, 『청람사학』 11, 2005.1.

7) 이기운, 「근대기 승가의 교육체제 변혁과 자주화운동」, 『불교학보』 제48집, 동국대불교문화연구원, 2008.

8) 『동아시아 문화연구』 2권, 한양대학교 동아시아문화연구소, 1982.

9) 『교육문제연구』 제27집, 고려대학교 교육문제연구소, 2007.3.

통 속에서 비판적으로 검토할 것이다. 불교의 승가교육은 두 가지 특수성을 가지고 있다. 첫째는 불교라는 종교적 교리의 절대성에 기초한 교육이라는 점이고, 둘째는 승려라는 특수한 집단을 대상으로 한 교육이라는 점이다. 한용운은 보편적 의미에서의 교육에 대해서도 언급한 경우가 있지만, 그의 교육론의 핵심은 승려들의 교육이다. 그러므로 그의 교육론의 실질적 의미를 파악하기 위해서는 승가교육이 가지는 이 두 특수성에 기초한 파악이 전제되어야 한다.

2. 한국불교 승가교육의 전통

수행을 통해 깨달음을 얻는 것을 종교적 이상으로 삼고 있는 불교는 그 역사의 시초부터 이 이상을 공유하는 사람들이 모여 함께 사는 종교적 공동체를 형성했다. 승단이라 불리는 이 공동체는 체계적인 교육과 학습 체제를 필요로 했으며, 그 교육과 학습 체제는 불교의 교리체계와 상응하는 매우 분명한 교육 철학과 목표를 설정할 필요가 있었다. 그 교육철학과 목표를 한 마디로 요약하면 피교육자들이 삼학[戒定慧]을 통하여 진리를 체득하여 중생을 교화할[上求菩提 下化衆生] 수 있도록 하는 것이라고 할 수 있다. 오랜 불교의 역사를 통하여 다양한 부파가 출현하였고, 이들 부파마다 교육 방법에 있어서 차이가 있지만 일상생활 하나하나를 제어하는 계율과 마음을 다스리는 참선 공부, 그리고 존재의 실상을 깨우치는 경전 공부를 교유과 학습의 기본 축으로 하는 것에서는 일치하고 있다. 하지만 불교는 수많은 경론을 가지고 있는데 각 부파마다 중요시하는 경론이 다른 만큼 승가교육에 사용되는 경론에는 차이가 있을 수밖에 없었다.

한국 승가에서도 계, 정, 혜, 삼학(三學)이라는 기본적인 학습체계는 공통적이지만 시대와 부파에 따라 중시해서 가르치는 경론에는 차이가 있었다. 세부적으로는 시기와 사찰마다 다양했겠지만, 대략적으로만 살펴보아도 삼국시대에는 교종의 경전들이 많이 학습되었고, 고려시대에는 선불교의 어록들이 학습되었고, 조선시대에는 선불교의 어록들과 교종의 경전들이 함께 학습되었다.

삼국의 각국에서 불교가 공인된 시점부터 승가 내에서 이러한 경전과 어록들을 가지고 체계적인 학습과 교육을 했겠지만, 그 교육체제 전체가 알려진 것은 조선시대 중기이다. 한국 불교는 유교의 억압으로 인하여 조선시대 내내 쇄락의 길을 걸었지만, 역설적이게도 승가교육은 억압의 과정 속에서 매우 종합적인 체계를 완비했다. 지금도 강원에서 이루어지고 있는 이력(履歷)이라고 일컬어지는 승려 교육의 기본 체제는 대략 10년 정도의 교육 과정을 필요로 하는 사미과(沙彌科), 사집과(四集科), 사교과(四教科), 대교과(大教科)로 이루어져 있는데, 이 체제가 완성된 것이 조선 중기인 인조에서 숙종 시기이다.[10] 어떻게 해서 이 시기에 이렇게 종합적인 교육체제가 갖추어지게 되었는가에 대해서는 구체적으로 알려지지 않았지만, 국가에서 여러 불교 종파를 선교양종으로 강제로 병합한 것이 이러한 선과 교의 교육 과정을 합친 종합적인 교육체제를 갖추게 한 구조적인 요인이 된 것은 분명해 보인다.

그런데 20세기 초에 근대문명과 조우하면서 선교를 아우르는 이러한 한국불교의 승가 교육체제에 대한 재검토가 이루어진다. 이 시기 승가교

10) 한국불교의 전통 강원 체제의 형성에 관해서는 다음의 연구들이 있다. 남도영, 「韓國寺院教育制度」 上, 『역사교육』 27호, 역사교육연구회, 1980.9.; 「韓國寺院教育制度」 中, 『역사교육』 28호. 1980.11.; 박선영, 「한국불교의 승가교육제도」, 『종교교육학연구』 제8권, 한국종교교육학회, 1999.; 이지관, 「한국불교 승가교육의 사적 고찰」, 『불교학보』 18집, 동국대학교 불교문화연구원, 1981.

육체제에 대한 재검토는 주로 당시 유행한 불교개혁론의 틀 속에서 이루어졌는데, 근대사회에서 승가교육을 어떻게 할 것인가에 대한 다양한 견해들이 나왔다. 박한영은 전통교육제도의 틀 내에서 시대 사조에 맞는 교육제도의 변혁을 주장했고, 조종현은 전통 강원에서의 교과목의 개편과 교수방법의 개혁을 주장했으며, 허영호는 근대학문의 대폭적인 수용을 포함하여 일반 사회에서의 교육제도와 유사한 승가교육을 지향하는 개혁안을 내놓았다.[11] 승가교육을 바라보는 이러한 입장의 차이는 결국 전근대 시대와는 전혀 다른 문명과 세계관이 주도하는 근대라는 공간 속에서 일종의 종교적 진리 체계인 불교의 교리 체계를 어떠한 위상으로 파악하고 이를 근대적 세계관 일반과 어떻게 관계지울 것인가 하는 것에 대한 시각 차이를 반영하는 것이다.

3. 한용운의 교육관과 근대적 종교관

한용운의 불교개혁론에 대해 들어 본 사람이라면 한용운은 급진적인 불교개혁을 주장한 만큼 그의 승가교육론 역시 매우 급진적일 것이라는 것을 짐작할 수 있다. 하지만 대부분의 그의 글이 그렇듯 주제에 대한 구체적이고 세밀한 분석적 접근을 하는 것이 아니라, 포괄적이고 선언적인 접근을 하고 있기 때문에, 그러한 급진적인 성격이 구체적으로 승가교육의 전통과 특수성 속에서 구체적으로 어떠한 의미를 지니는지는 쉽게 판단되지 않는다. 그러므로 그의 글의 의미를 파악하기 위해서는 그가 주

11) 이에 대해서는 다음 글 참조. 김광식, 「조종현, 허영호의 불교교육제도 인식과 대안」, 『근현대불교 재조명』, 민족사, 2000.; 이기운, 「근대기 승가의 교육체제 변혁과 자주화운동」, 『불교학보』 제48집, 동국대불교문화연구원, 2008.

장한 문구를 인용하고 그 문구의 내용을 재배열하는 것에 그쳐서는 안 되고, 연역적 추론을 통해서 언급되지 않은 구체적 사실과 연결 지어 해석해 보아야 한다.

앞서 언급했듯이 한용운의 『조선불교유신론』은 불교 개혁의 총론과 각론으로 이루어져 있는데, 그 각론의 제1이 '승려의 교육'이다. 불교개혁에서 승려 교육의 개혁이 제일 중요하다고 보고 있는 것이다. 그가 승려 교육의 개혁을 중시하는 것은 단지 여러 불교 개혁의 분야 가운데 승려 교육의 개혁이 급선무로 여겨졌기 때문만은 아니다. 그는 교육 자체를 매우 중시하고 있다. 또한 그는 표훈사, 화장사, 통도사 등에서 강원의 강사를 한 이력이 있는 만큼 승려들의 교육에 대한 관심이 높았을 것임을 충분히 짐작할 수 있다.

한용운은 선언적인 어투로 글을 쓰는 것을 좋아해서 늘 자신이 하고 싶은 말의 핵심을 글의 초입에 둔다. 때문에 그의 대부분의 글은 자신이 말하고자 하는 바의 핵심적인 내용을 담은 강렬한 선언적인 언명으로 시작한다. 『조선불교유신론』의 각론 첫째 장인 「승려의 교육」에서도 마찬가지다. 그는 이 장을 다음과 같이 시작한다. "교육이 보급되면 문명이 발달하고, 교육이 보급되지 못하면 문명은 쇠미해지는 것이다. 교육이 없다는 것은 야만, 금수가 되는 길이다."[12] 교육과 문명과의 관계에 대한 이러한 언명은 한용운 자신의 숙려된 사고의 체계에 기초한 명제적 정의라기보다는 사람들이 교육의 중요성에 대해 말할 때 보편적으로 일컫는 수사학적 표현이라고 평가할 수도 있다. 한용운이 아니더라도 교육에 종사하는 모든 이들 뿐 아니라, 지나치게 자기 비판적이지 않은 지식인이라면 누구라도 어디선가 한번쯤 해볼 만한 말이다. 그러나 20세기 초 한국

12) 『韓龍雲全集』 2, p.47.

의 승려 한용운이 이렇게 표현한 것은 여러 의미를 함축하고 있다.

문명과 교육이란 용어는 오늘날 매우 보편적으로 사용되는 말이지만, 불교 전통에서 사용되지 않던 말들이다. 이러한 사실에 대해 한용운 자신이 얼마나 엄밀하게 인식하고 있었는지는 모르겠지만, 문명이란 말은 불교에서는 물론이고 동아시아 전통에서도 사용된 적이 없는 용어로서, 18세기부터 유럽에서 계몽주의자들에 의해 사용되기 시작한 용어인 civilization의 번역어이다. 과학과 기술의 혁명적 발전을 토대로 근대문명을 이룩한 유럽사회에 대한 낙관론에 사로잡혀 있던 계몽주의자들이 유럽사회를 미개사회로 표현되는 다른 지역과 구분하기 위해 사용한 용어이다. 일본 근대화의 아버지라 불리는 후쿠자와 유키치는 'civilization'을 처음에 문명개화(文明開化)라는 말로 번역하였는데, 이 단어가 가지는 문화사적 함의를 잘 드러내고 있다. 한국에서는 1880년대에 이르러 김옥균·박영효·홍영식 등 급진개화론자들에 의해 한국사회를 근대사회로 탈바꿈시키자고 하는 문명개화론이 확산되었다. 한용운이 사용한 문명이란 말에는 이러한 문화사적 맥락이 들어 있다.

교육(教育)이란 가르쳐서 육성시킨다는 의미이다. 교육은 『맹자』에도 나올 정도로 동아시아에서도 사용된 지 오래된 단어이긴 하지만 불교 전통에서는 사용되지 않던 단어이다. 육성이라는 개념 자체가 가지는 함의가 불교의 기본 교리와 잘 조화되지 않는다고 할 수 있다. 동아시아 전통 철학을 크게 나누면 유(有)의 철학과 무(無)의 철학으로 나눌 수 있는데, 유교는 유(有)의 철학에 해당하고 도교와 불교는 무(無)의 철학에 해당한다. 이를 교육 활동에 적용하게 되면 유교는 학습 능력만 있을 뿐 구체적인 지적 내용물은 채워지지 않았다고 가정되는 학생의 머릿속에 많은 지식을 축적하게 하는 것을 목표로 하고, 도교와 불교는 머릿속에 채워져 있다고 가정되는 잘못된 관념이나 가치를 타파하거나 비우는 것을 목표로 한다. 육성이라는 말은 유(有)의 철학에 바탕을 둔 교육사상과 조응할 수 있는 단어이지, 무(無)의 철학에 바탕을 두고 있는 교육사상에는 잘 조응하는 단어가 아니다. 오늘날 교육이란 어휘는 그 한자어가 가지고 있는 의미 그대로 사용되는 것이 아니며, 특정한 목표나 철학에 상관없이 '가르치다'라는 의미로 널리 사용되고, 불교인들 사이에서도 마찬가지로 사용되는 단어이지만, 그 원래적 의미를 살펴보면 이처럼 불교철학과는 어긋나는 측면이 있다. 이러한 측면 역시 한용운이 얼마나 자각하고 있었는지는 드러나지 않는다. 그러나 한학에 정통한 그가 이에 대해 전혀 무감각하지는 않았을 것이다.

문명의 발전을 위한 교육의 관점에서 승가교육에 대해 논하는 한용운의 이러한 언명은 불교의 전통적 교육사상과 조응하기 어려운 것은 물론이고 불교의 근본 가치와도 조화되기 어렵다. 그의 승가교육론은 전통적 승가교육에 대한 부분적 개혁과 보완이 아니라 전면적인 혁신을 추구하는 것이며, 그 바탕에는 근대사회에서 불교의 근본적 가치가 재해석되어야 한다는 사고가 깔려 있다고 할 수 있다.

한용운의 불교개혁론은 승려의 결혼 허용, 불교의 각종 소상의 파괴 등에서 드러나는 표면적 과격성으로 인해 많은 논란을 일으키기도 했지만, 『조선불교유신론』 등에 나타난 그의 불교관은 본질적인 문제를 가지고 있다. 『조선불교유신론』에 나타난 그의 불교 인식은 그가 과연 불교를 통해서 종교적 구원을 찾는 승려가 맞는가 하는 의심을 가지게 한다. 왜냐 하면 여기서 그는 불교를 중생을 구제할 절대 진리로 보고 있지 않기 때문이다. 그는 위대한 불교의 진리를 통해 자신과 세계를 보는 것이 아니라, 근대문명을 인류의 지혜의 최고 도달점으로 인식하고, 이 관점에서 불교를 바라보고 있다. 문명과 불교의 관계에 대해 그는 다음과 같이 정리한다.

> 금후의 세계는 진보를 그치지 않아서 진정한 문명의 이상에 도달하지 않고는 그 걸음을 멈추지 않을 추세에 있으며, 만약 불교가 장래의 문명에 적합지 않을 경우에는 죽음에서 살려내는 기술을 터득하여 마르틴 루터나 크롬웰 같은 이를 지하에서 불러 일으켜서 불교를 유신코자 한다 해도 반드시 실패할 것이기 때문이다. 그래서 불교가 종교로서 우수한지 어떤지와, 미래 사회에 적합할지 어떨지를 곰곰이 생각하게 되는데, 불교는 인류 문명에 있어서 손색이 있기는커녕 도리어 특출한 점이 있다는 것이 나의 결론이다.[13)]

현재의 불교는 분명 혁신을 필요로 하지만 불교 자체는 미래의 문명에 적합할 것이며, 종교들 가운데서도 특출하다는 것이 한용운의 평가다. 결론만 놓고 단순하게 보면 위의 글은 분명 불교의 가치를 높게 평가하고 있다. 그런데 문제는 여기서 불교는 절대 진리로서 간주되는 것이 아니라, 인류 문명의 한 요소인 종교 가운데서 상대적으로 우수한 것으로 평가되고 있다는 사실이다. 궁극적 가치의 기준과 문명인 불교로부터 다양한 문명의 요소들이 전개된다고 보는 것이 아니라, 문명-근대성에 기반을 둔 문명-이 가치의 실체라고 보고 있다. 이런 시각에서 한용운은 문명과 불교의 관계에 대해 다음과 같이 결론짓는다. “종교요 철학인 불교는 미래의 도덕, 문명의 원료품 구실을 확실히 하게 될 것이다.”[14)]

일반 상식의 관점에서 보면 불교와 문명 일반과의 관계에 대한 한용운의 이러한 시각은 매우 건전한 것이다. 근대문명에는 다양한 가치에 기반을 둔 수많은 문화적 산물들로 구성된 여러 영역들이 있고, 종교는 그 여러 영역들 가운데 하나를 구성하고 있는 것이 사실이다. 그리고 불교는 종교 영역 내에서 고유한 가치관과 문화를 가지고 자기 위치를 점하고

---

13) 『韓龍雲全集』 2, p.36.

14) 『韓龍雲全集』 2, p.43.

있다. 그러므로 불교가 미래 문명에 적합하게 된다면, 즉 미래 문명의 일반적 가치체계와 논리체계와 일치한다면 미래 문명의 한 요소로서 미래 문명에 기여할 수 있다고 보는 것은 일반적 상식에 부응한다.

그런데 문제는 한용운은 불교와 직접적인 관련이 없는 일반인이 아니라 불교 승려이며, 더욱이 위 글은 승려들을 어떻게 깨우칠 것인지 논하기 위해 쓰였다는 사실이다. 불교 전통 속에서 보면 승려는 불교를 절대 진리, 그 어떤 진리보다 뛰어날 뿐 아니라 세상의 모든 가치를 넘어서는 진리로 믿고, 그 진리의 구현을 위해 자신의 생을 온전히 헌신하기로 작정한 사람이다. 물론 불교 승려이더라도 불교와 다른 가치 체계를 가진 사람들과 대화를 할 때는 일반 상식의 관점에서 불교를 문명이나 문화의 일부로서 이야기할 수 있다. 또 그렇게 하는 것이 종교적 다원성이 구현되고 있는 근대사회에서 불교 승려가 지녀야 할 적합한 태도라고 할 수 있다. 하지만 자신과 마찬가지로 불교를 믿는 승려들이나 신도들과의 대화에서는 불교를 절대 진리로 전제해야 한다. 그렇게 하지 않으면 그 불교는 그들에게 삶의 궁극적 지표가 되는 종교적 권위를 가질 수가 없게 된다.

불교를 문명의 근간이 아니라 한 부분으로 보는 한용운의 이러한 시각은 근대적 종교관과 상응한다. 근대 세계에서 종교는 더 이상 인간의 삶을 총체적으로 규정하지 못한다. 중세 서양에서 기독교는 절대 진리로서 종교 영역은 물론이고 정치, 교육, 문화 등 서구 문명 전체를 포괄했지만, 근대 세계에서 기독교는 서구 문명의 제 영역에서 영향력을 상실하고 하나의 종교로 축소되었다. 일부 독실한 기독교인들을 제외한 근대인 일반인에게서 기독교는 삶의 진리와 상관없는 문화 현상에 불과하다. 기독교와 서구 근대 사회와의 이러한 관계는 여타의 종교와 사회에서도 적용될 수 있는 것이다. 한용운은 또한 이러한 종교관을 가지고 불교를 전체 문명 내에 위치지우고, 그 위치에서 가치부여를 하고 있다. 그런데 이러한 시각은 일반적 상식에 부응하기는 하지만, 불교 승려들의 입장에서는 자기부정적인 관점일 수도 있다.

4. 한용운의 승가교육 개혁론

1) 학문과 사상의 자유

종교적 진리의 절대성을 부정하는 한용운의 근대적 종교관은 학문 방법에 관한 논의에서도 나타난다. 그는 학문을 하는 방법과 목적에 대해 다음과 같이 언명한다.

> 배움에도 요령이 있는가. 물론 있다고 해야 한다. 지혜로 자본을 삼고, 사상의 자유로 법칙을 삼고, 진리로 목적을 삼음이 그것이니, 배우는 이는 이 셋 중에서 어느 하나도 결여해서는 안 되게 마련이다. 그러나 지혜가 없고 진리가 없는 것은 그래도 허용되지만, 사상의 자유가 없는 것은 허용되지 못한다.[15)]

여기서 한용운이 말하고자 하는 것은 학문하는 과정에서는 진리 자체보다도 어떻게 진리에 도달하는가 하는 것이 더 중요하다는 것이다. 학문을 하는 방법의 자체가 곧 가치이고 진리일 수 있다고 보는 이러한 사상은 객관적 진리를 추구하는 근대적 학문관조차도 넘어설 만큼 시대를 앞서가는 사유라 할 수 있다. 그런데 그는 학문을 하는 방법에 관한 것을 '사상의 자유의 법칙'이라는 말로 표현하여 혼란스럽게 하고 있다. 사상

15) 『韓龍雲全集』 2, p.48.

의 자유는 근대의 정치적 이념이다. 학문의 방법에 적용되는 문제이기보다는 개인의 신념에 관한 문제이다. 그런데 한용운은 이를 학문 방법에 적용하고 있다. 그가 왜 이렇게 개인의 신념을 존중하는 사상의 자유를 학문 방법에 적용하여 혼란스럽게 하게 되었는지는 승려들의 교육 방법에 관한 그의 구체적인 문제제기를 보면 이해할 수 있다. 그는 불교 승려들의 교육과정에는 사상의 자유의 전통이 있는데, 이것이 본래적 기능을 상실하고 있다고 말한다.

> 학계의 사상적 자유가 승려만 못하고, 사상적 부자유가 또한 승려만한 것이 없음에 대해 언급하겠다. 무슨 뜻인가. 승려가 입학하는 경우, 그 정도에 따라 각기 학급이 정해져 있어서 자기에게 어울리는 과정을 공부하게 되어있다. 그리고 매일 정해진 과정을 공부함에 있어서는 학생이 먼저 하루 동안의 능력으로 정해진 과정의 뜻을 스스로 연구하여 마음에 터득한 다음, 동급생들이 모여 서로 따지고 설명하고 되풀이해 논쟁을 벌여 대개 득실을 가리게 되며, 그 다음에야 비로소 스승에게 물어 가부를 결정하는 관례가 되어 있다. 이것은 승려 교육의 특색이라 할 만하다. 다른 계통에서 배우는 사람들이 하나도 스스로 연구하지 않고 무엇이나 스승의 의견만 따르는 것에 비교하면 그 사상적 자유에 있어서 현격한 차이가 있음이 사실이다. 그러나 뜻하지 않게도 이런 제도가 오래 유지되는 중에 폐단이 생겨서 규정의 정신과 실제의 상황이 달라졌으니, 배우는 사람들이 연구하고 논하는 것이 문구의 뜻을 따지는 짧은 주석에 지나지 않을 뿐이며, 변론하고 다투는 것이 남을 꺾고 내 사견을 세우고자 하는 것뿐이었기 때문이다. 그리고 정작 큰 뜻과 깊은 취지에 있어서는 들어서 묻는 바가 없는 형편이다. 그러므로 종일 연구하고 종일 논강하면서도 자기가 연구하는 것이 무엇인지, 자기가 논강하는 것이 무슨 뜻인지를 몰라서, 깜깜하여 아무 소득도 없는 사람이 십 중 칠팔이다. 만약 한 번 자기 의견을 세워 선배의 설을 반박이라도 하면 반드시 사견을 지닌 외도로 지목하여 감히 한 마디도 그 자리에게서 못하게 만들어 버린다. 앞에서 말한 배움의 제도에 의하면 어찌나 그리도 자유로우며, 뒤에 언급한 운영

의 실태에 의하건대 어찌나 그리도 부자유스러운 것인가.[16)]

승려들의 교육이 어떻게 이루어져 왔는가를 기술하고 있는 위 구절을 보면 '사상의 자유'라는 말은 사실은 정치적 이념 추구의 자유가 아니라 자유로운 토론을 일컫고 있음을 알 수 있다. 학승들이 먼저 학습 과제에 대해 스스로 연구를 한 다음 동기생들과 토론해 보고 난 연후에야 스승에게 물어보는 매우 주체적인 학습 방법이 바로 사상의 자유인 것이다. 한국의 전통 사원교육의 이러한 토론 중심의 자율적 학습 방법에 대해서는 일찍이 김동화도 언급하고 있으며, 사원교육제도에 대해 선구적 연구를 한 남도영[17)] 그리고 남도영의 연구를 계승하고 있는 박선영도 확인하고 있다.[18)] 남도영은 인조-숙종 시기에 생존한 환성지안(喚惺志安)이 전북 금구(金溝; 지금의 김제)의 금산사에서 학인을 가르칠 때의 모습을 이회명(李晦明)이 『선사실록(禪師實錄)』에 기록한 내용을 간추려서 다음과 같이 정리하고 있다.

> 논강은 먼저 講筒의 추첨으로 中講, 發起 2명을 선정하는데 同牌中에 最年下로 講筒을 흔들게 하여 먼저 나오는 자는 中講이 되고 다음 나오는 者는 發起가 된다. 一同이 跪坐한 후 中講이 책장을 덮은 채로 지내온 硏究經論 과목을 一讀하고 大義만을 들어 설명하여 마치고는, "오늘 본 經의 大義만은 이와 같거니와 세세한 말은 論講시에 합니다." 하고는 合掌低頭하는 동시에 모두 답례하여 마친다. 그 다음 勃起가 책장을 펴고 隨文解釋을 하는데 일동은 開張靜聽할 따름이다. 그 해석에 있어 私記만은 蓮潭記 혹은 仁岳記를 막론하고 所定대로 암송 설명한다. 일동 생각에 發起의 해석이 맞지 않은

16) 『韓龍雲全集』 2, p.49.

17) 남도영, 「韓國寺院敎育制度」 中, 『역사교육』 28호, 1980, pp.51-52.

18) 박선영, 「한국불교의 승가교육제도」, 『종교교육학연구』 제8권, 1999, pp.51-78.

> 문귀가 있다면 각각 자기의 의견을 발표하여 합의가 된다면 인정하고 不然이면 강사의 결재로 미루게 된다. 발기의 해석이 완료됨을 따라 각 패 좌석이 들리도록 '종강이오'라는 소리를 크게 부르짖고는 그 순서에 따라 問講의 길이 先後된다. 강사 앞에 이르러서는 中講이 먼저 과목을 誦讀하고 隨文解釋이 시작되는데 論講할 때 상호간에 의견차가 해결을 보게 된다. 이로부터 다음 연구될 經策幾張을 결정하고 退出한다.[19)]

위 글은 사원에서 강의가 어떻게 진행되는지를 매우 생생하게 보여주고 있다. 매우 체계적이면서도 자율적인 학습 방법이 채택되고 있음을 알 수 있다. 학습 요점의 설명, 발표자의 경전 해석, 학생들 사이의 토론, 최종적으로 강사와의 토론 등의 순서로 체계적인 학습을 하고 있으며, 자율적으로 발표자들을 선정해서 진행하고 있다. 종교 집단에서 볼 수 있는 약간의 의례적 절차가 가미된 것조차도 오히려 진중한 토론의 분위기를 만들어 주고 있는 모습이다.

한용운이 "학생이 먼저 하루 동안의 능력으로 정해진 과정의 뜻을 스스로 연구하여 마음에 터득한 다음, 동급생들이 모여 서로 따지고 설명하고 되풀이해 논쟁을 벌여 대개 득실을 가리게 되며, 그 다음에야 비로소 스승에게 물어 가부를 결정하는 관례가 되어 있다."고 한 승려교육의 특색은 바로 남도영이 요약하고 있는 위와 같은 강론 모습을 말하는 것이다. 이런 모습은 한용운이 말하는 것처럼 승려교육의 특색이며 전근대 시대의 다른 사상적 전통, 특히 종교적 전통에서는 찾기 힘든 것이다. 한용운은 승가에서의 이러한 훌륭한 토론 문화를 상기하며 "학계의 사상적 [토론의] 자유가 승려만 못하고"라고 할 만한 것이다.

그러나 이러한 좋은 제도가 제대로 작동하지 못하여, 토론은 경전에

---

19) 남도영, 「韓國寺院敎育制度」 中, p.57.

대한 자구 해석을 위해 덧붙여진 짧은 주석만을 가지고 이루어지고 글의 근본 취지에 관해서는 이루어지지 못할 뿐 아니라, 선후배간의 위계적 질서의 억압으로 인해 자유로운 토론이 이루어지지 않게 되었다는 것이 한용운의 판단이다. 그래서 사상적 부자유가 또한 승려만한 것이 없다고 보는 것이다.

한용운이 판단하고 있는 것처럼 당시 강원에서의 자유로운 토론을 가능케 하는 교수법의 붕괴가 한용운의 특유한 경험이 아니라 보편적 현상이었는지는 알 수 없으나, 한용운이 여기에 주목하고 이것을 사상의 자유의 위축으로 해석한 것은 그의 사상적 개방성과 연관지어 생각해 볼 필요가 있다. 한용운뿐 아니라 당대의 대표적인 불교개혁론자들이 승려교육의 개혁을 이야기하는데, 대부분은 승려교육의 근본적 부실에 대해 지적하거나, 시대에 맞게 교과목을 개편할 것을 주장한다. 그러나 교수법에서의 학생들의 사상의 자유가 주어져야 한다고 주장하지는 않는다. 심지어는 이러한 승가교육이 가지고 있는 자유로운 학습법의 상징인 논강(論講)과 문강(門講)이 학생들의 능력에 걸맞는 학습법이 아니므로 바꾸어야 한다는 주장조차 있었다.[20]

한용운이 토론의 자유를 사상의 자유로 해석한 것은 그의 급진적 사고방식 및 앞서 언급한 근대적 종교관과 관련이 있다. 한용운은 강론 과정에서 자유로운 토론 자체가 없어진 것이 아니라 선배들에 의해 토론이 억압되고 있음을 지적하는데, 그 억압의 명분이 '사견을 지닌 외도'로 규정하는 것이라 하고 있다. 바로 이런 맥락에서 그는 토론의 자유라고 하지 않고 사상의 자유라고 표현한 것으로 보인다. 불교에는 경론으로 인정되는 문헌들 사이에 서로 상이한 다양한 교리체계들이 존재한다. 이러한

20) 조종현, 「강원교육과 제도개신」, 『불교』 93, 1932.3., pp.36-37.

상이한 교리체계는 불교 내부에서 일어난 자유로운 논쟁의 원인이자 결과이다. 그런 만큼 학승들에 대한 경론 강론에서도 자유로운 토론이 자연스럽게 인정될 수 있었던 것이다. 그러나 그렇다고 해서 다양한 교리체계들 사이에 아무런 통일성도 없거나, 모든 견해가 용납되는 것은 아니다. 불교 역시 종교인만큼 모든 교파에서 공통으로 인정하는 기본 교리체계가 있으며, 불교인들 역시 다른 사상을 추종하는 사람들을 외도라고 규정하여 자신들과 구분한다. 또 불교 경전을 내전이라고 하고 다른 전통에 속한 경전을 외전이라고 하는데, 불교인들 내에서 외도와 외전에 대해 개방적인 이들이 있는가 하면 그렇지 못한 경우도 있다. 한용운은 근대적 종교관을 수용하면서 승려 교육에서도 외도와 외전에 대한 개방적인 자세를 주문하고 있는 것으로 보인다.

2) 승려들의 근대 교육의 필요성

한용운은 승려교육을 개혁하기 위한 자신의 교육철학과 교수방법론을 제시한 다음 교육 내용의 개혁에 관해 언급한다. 앞서 언급했듯이 한국불교의 승가교육은 조선 중기 이래 선과 교를 아우르는 사교(四教), 사집(四集), 대교(大教)의 이력 과정을 수행하는 종합적인 교육체제를 갖추었으며, 이 체제에서 가르치는 정형화된 교과서들을 가지고 있는데 이를 지금까지도 사용하고 있다. 한용운은 이 이력의 절차와 여기에 사용되는 교과서가 "다 적절하지 못하기 때문에 왕왕 힘은 곱을 들이고도 성과는 반에도 못 미치는 사태가 나타나게 되었다"[21]고 비판한다. 그러나 그는 구체적으로 어떤 교과서를 가지고 어떤 절차로 이를 대체해야 하는지에 대해

21) 『韓龍雲全集』 2, p.50.

서는 언급하지 않고 있다. 대신에 그는 이 이력 과정 외에 보통학, 사범학, 외국유학을 승려 교육에 추가하는 것이 급하다고 말한다.[22)]

보통학은 일반교양과 관련된 공부를 지칭한다. 한용운은 보통학은 생존경쟁의 시대에 반드시 알아야 하는 것이며, 문명인들은 모르는 이가 없는 학문이라고 하고 있다. 그리고 이 보통학은 전문학의 기초가 되는 학문이라고 한다.[23)] 그가 보통학의 구체적인 내용에 대해 기술하고 있지는 않지만, 보통학이 어떤 내용일 것인지를 추측하는 것은 어렵지 않다. 1906년에 정부에서 〈보통학교령〉을 공포하여 소학교(小學校)를 보통학교로 변경했는데, 한용운이 『조선불교유신론』을 저술한 것이 1910년이므로, 그가 사용한 보통학이라는 용어는 바로 당시의 보통학교에서 가르치는 교과 내용들을 가리키는 것이라고 볼 수 있다. 1911년에 조선총독부가 발표한 제1차 〈조선교육령〉에 담겨진 보통학교의 교육은 보통의 지식과 기능을 습득하게 하고, 특히 국민 된 성격을 함양하며 일어를 보급함에 목적을 두었다고 하고 있다. 수업연한은 4년이되 지역의 실정에 따라 1년을 단축할 수 있게 하였으며, 입학연령은 8세 이상으로 했다. 교과목은 수신·국어 및 한문·일어·산수·이과·창가·체조·도화·수공·재봉·수예·농업초보·상업초보 등이었다.[24)]

한용운이 승려들에게 이러한 보통학을 가르쳐야 한다고 말하는 데는 두 가지 이유가 있다. 첫째는 일반 사회와의 소통을 위해서다. 그는 보통학을 모르면 “모든 행동과 일상의 온갖 일에 있어서 막히지 않는 것이 없게 마련이므로 생존경쟁의 이 시대를 살아가지는 못할 것이다.”[25)]라고 한다.

---

22) 『韓龍雲全集』 2, pp.49-52.

23) 『韓龍雲全集』 2, p.50.

24) ‘보통학교(普通學校)’, 『한국민족문화대백과』, 한국학중앙연구원.

25) 『韓龍雲全集』 2, p.49.

보통학이라는 말 자체와 교육령에 나타난 보통학교의 취지, 교과목 등에 비추어 볼 때도 보통학은 사회인이면 누구나 배워야 하는 것임을 알 수 있다. 당시 보통학교는 오늘날 초등학교 과정에 해당하는 과정과 오늘날 중등학교에 해당하는 고등보통학교가 있었는데, 오늘날의 기준에서 보면 둘 다 모든 국민들이 수료해야 하는 의무교육 과정에 해당한다.[26]

모든 국민이 일정한 교양 교육을 받도록 하는 의무교육은 근대사회의 산물이다. 여기에는 교육의 평등을 통해서 실질적 평등을 추구하는 근대사회의 평등의 이념이 깔려 있는데, 또 하나 중요한 이념이 있다. 서양 전통에서 보면 교육이 종교로부터 분리되는 정교분리의 이념이 깔려있다는 사실이다. 근대에 이르러 의무교육의 실현과 함께 기독교 교회가 담당하던 교양 교육이 국가로 넘겨지게 된다. 교양 교육의 주체가 교회에서 국가로 바뀐다는 것은 교육의 이념과 내용이 모두 바뀌는 것을 의미한다. 일반 사회가 문화의 중심이고 교회는 문화의 한 부분으로 밀려나는 것이다. 한국의 불교는 근대 이전에도 조선시대의 억압으로 인하여 일반인에 대한 교양 교육에서 불교의 역할은 극히 제한적이었으나, 불교가 번성한 나라에서는 불교사원이 일반인의 교양 교육을 담당했다. 한국불교도 승단에 들어오는 이에 대해서는 교양 교육을 포함한 종합적인 교육을 시켰다. 승단의 사미과정은 일종의 교양 교육에 해당한다고 볼 수 있다. 그런데 한용운이 새삼 승려 교육에서 보통학의 필요성을 이야기하는 것은 교양의 내용이 근대 문명에 기초한 일반 사회에서의 교양 교육으로 바뀌어야 한다고 생각한 때문일 것이다.

승려교육에서 교양 교육의 내용 변화를 주장하는 한용운의 이러한 보

---

26) 오늘날에는 승려들 역시 일반 학교에서 의무교육 과정을 수료한다. 그러나 『조선불교유신론』을 쓰던 당시에는 한국인들에게 보통학교는 의무교육 과정은 아니었다.

통학에 대한 주장은 불교 교리를 완전한 진리체계로 보지 않고, 문명의 일부분으로 보고 있는 그의 근대적 종교관의 연장선상에서 나온 것이다. 그는 불교를 문명의 중심이 아니라 일부로 보듯이, 승가공동체 역시 완전한 사회이거나 세계의 중심이 아니라 세속 사회의 일부로 보고 있다. 이러한 태도는 일반적인 종교인의 태도가 아니다. 실제의 위상과 모습에 상관없이 많은 종교 집단들은 자기 집단이 세계의 중심으로서 전체 사회를 이끌어가야 한다고 본다. 그러나 한용운은 일반 사회가 승가를 따라와야 하는 것이 아니라, 승가가 일반 사회의 기본 논리를 따라야 한다고 보고 있다. 그러려면 일반 사회의 기본 문화를 가르치는 보통학을 배워야 하는 것이다.

한용운이 보통학을 가르쳐야 한다고 하는 또 다른 이유는 보통학이 전문학인 불교의 기초가 된다고 보기 때문이다. 한용운은 "보통학은 전문학의 기초학문"이라고 규정한다. 기초학문 없이 전문학을 할 수는 없는 것인 만큼 보통학을 하지 않고 전문학인 불교학을 할 수는 없는 것이다. 그는 당시의 불교학이 보통학의 기초 위에 가르쳐지지 않아서 "교수하는 절차가 다 적절하지 못하기 때문에 … 성과는 반에도 못 미치는 사태가 나타나게 되었다"[27]고 말한다. 그러므로 "불교 교과서를 새로 편찬한다든지 개정한다든지 하여 그 차례를 정해, 쉬워서 알기 용이한 것을 두루 보통과에 넣어 배워 졸업해서 스스로 사리를 가릴 수 있는 능력이 생긴 다음에 차차 불교의 전문학에 들어가게" 해야 한다고 말한다.[28]

불교를 전문학으로 분류하는 이러한 태도는 종교로서의 불교가 지향하는 보편성을 부정하는 것이다. 보통학은 모든 사람이 반드시 알아야 하

---

27) 『韓龍雲全集』 2, p.50.

28) 『韓龍雲全集』 2, p.50.

는 것인 반면에 전문학은 전문인들만 아는 것이기 때문이다. 전문학으로서의 불교는 생사의 윤회로부터 벗어나기 위해서 반드시 알아야 하는 궁극적 가르침이 아니라, 자신의 적성에 따라서 선택할 수도 있고 그렇지 않을 수도 있는 지식이 된다. 불교에 접근하거나 불교를 가르치는 여러 길이 있겠지만 불교를 전문학으로 분류해 놓고 가르치려는 이러한 시각은 불교를 객관적 지식으로 보고 연구하거나 가르치는 학자의 입장에서 바라보는 것이다. 이는 불교를 삶의 진리로 받아들이는 실천적 종교인의 입장에서 불교를 바라보는 것이라고 하기 어렵다. 일반 학문의 관점에서 보면 불교는 전문학이겠지만, 불교 승려의 입장에서 보면 불교학 자체가 전문학일 수는 없다.

한용운은 보통학이 전문학인 불교학의 기초가 된다고 하지만, 불교는 그 자체 내에 기초학문이 있다. 한국 불교의 전통 강원 체제의 이력 과정은 그 자체 내에 불교의 기초과정과 전문 과정 모두를 포괄하고 있다. 전통 강원은 10년 내지 11년 과정으로 되어 있는데, 이능화가 분석하듯이 사미과는 사집과의 예비과정으로 최하층의 구조에 속하고 계율을 통하여 법도 있는 행동을 알게 하는 데 목적이 있으며, 사집과는 간경의 기초를 습득하게 하는 것을 목적으로 하고 있고, 사교과는 『능엄경』, 『법화경』, 『금강경』, 『원각경』을 연구하게 하며, 대교과는 화엄과 격외의 염송을 수학(修學)함을 목적으로 하고 있다.[29] 남도영은 이를 오늘날의 학제에 비교하면 사미과는 초등학교, 사집과는 중학교, 사교과는 고등학교, 대교과는 대학과정에 해당되며, 수의과는 대학원에 해당된다고 평가한다.[30]

기존의 강원의 이력 과정에서 기초 과정이 부실하거나 불합리한 점이

29) 李能和, 『朝鮮佛教通史』 下, 新文館, 1968, pp.989-990.

30) 남도영, 「韓國寺院教育制度」 중, p.29.

있다고 비판할 수는 있다. 그러나 강원의 이력 과정 전체가 전문학이고 이를 위한 기초 공부로 보통학을 해야 한다고 보는 한용운의 설정은 타당해 보이지 않는다. 그가 보통학의 구체적 교과목들에 대해서 기술하지 않았으므로, 그가 생각하고 있는 보통학의 교과목들이 앞서 언급했던 당시 보통학교의 교과목들과 같은 것이라고 추측할 수 있을 뿐인데, 이들 과목들이 불교학을 하는 데 도움이 될 것으로 보이지도 않는다.

한용운이 전문학의 기초로 보통학이 필요하다는 불합리한 설정을 한 것은 당시 보통학의 근원인 근대성의 흡수에 대한 열망과 강원체제의 부분적 불합리성에 대한 불만에서 비롯된 것으로 보인다. 그는 "승려 학생들을 보건대, 학력의 고하를 가리지 않고 다 불교의 전문적 학문에 종사하여 보통학을 보기를 원수같이 하는 형편"[31]이라고 하는데, 당시의 강원체제가 출가자들의 상이한 나이나 학력 차이를 섬세하게 고려하지 못하는 것에 대한 비판으로 보인다. 그는 또 다음과 같이 말한다.

> 불교 교과서를 새로 편찬한다든지 개정한다든지 하여 그 차례를 정해, 쉬워서 알기 용이한 것을 두루 보통과에 넣어 배워 졸업해서 스스로 사리를 가릴 수 있는 능력이 생긴 다음에 차차 불교의 전문학에 들어가게 한다면 그 일이 순탄하고 그 이치가 이해키 쉬울 것이니, 보통학을 무시할 수 없음이 이와 같은 터이다.[32]

위 구절에 비추어보면 승려들이 보통학을 공부해야 한다고 한 그의 취지는 이력에서 사집과에 들어가기 전의 단계, 즉 사미과 단계의 확대개편과 같은 것으로 보인다. 사미과에 보통학교에서 가르치는 과목들을 넣고,

31) 『韓龍雲全集』 2, p.50.
32) 『韓龍雲全集』 2, p.50.

여기에 다시 기초적인 불교 교리를 학습할 수 있는 과목들을 넣어 이를 보통과로 하자는 것으로 보인다.

당시 이런 사고를 하고 있었던 것은 한용운만이 아니었다. 한용운이 『조선불교유신론』을 쓰기 4년 전인 1906년에 설립된 명진학교(明進學校)의 교과목에 이미 한용운이 보통학이라 지칭할 종교학, 종교사, 산술, 역사 및 지리, 이과, 주산, 농업초보, 일어, 체조, 측량, 도화수공, 법제대요, 철학 빛 철학사, 경제대요 등이 들어 있다.[33] 명진학교는 홍월초, 이보담 등 불교계의 개혁론자들이 주도하여 신학문을 교수하기 위한 최초의 근대식 학교이다. 뿐만 아니라 명진학교의 권고로 지방에 약 20개 사찰에 보통학교가 설립되었다.[34] 한용운 자신 또한 이 명진학교 보조과에서 일어 과정을 단기에 마쳐 1회 졸업생이 되었으며, 후에 명진학교 부설 명진측량강습소 소장으로 재직했다. 한용운의 승려교육론은 명진학교에서의 경험에 크게 영향받은 것이라고 볼 수 있다.

그런데 승려들에게도 보통학을 가르치겠다는 취지는 같으나 명진학교에서의 보통학문의 위상은 한용운이 불교개혁론에서 설정한 위상과 차이가 있다. 명진학교는 처음에는 보통과 학교를 설립할 예정이었으나, 지원자가 많고 입학생 대부분이 사교과 이상의 수료자로 수준이 높아 고등교육기관이 되었다. 그 교칙을 보면 입학생들이 대교과 수료자들로 되어 있고, 근대학문을 신학문으로 분류하고 있다. 반면에 한용운은 근대학문을 보통학이라고 지칭하며 모든 승려들이 불교 공부를 본격적으로 하기 전

33) 동국대학교칠십년사편찬위원회 (편), 『東大七十年史』, 東國大學校 出版部, 1976, p.14.

34) 남도영, 「구한말의 명진학교」, 『역사학보』 90, 1981.6., pp.102-103. 보통학교가 이렇게 빠른 시일에 많이 생긴 데에는 사찰 토지를 보호하려는 목적도 있어 보인다. 당시 교육령에 의거에 전국에서 보통학교를 지으면서 학교를 짓는 명목으로 사찰의 토지를 침탈하는 일들이 비일비재했는데, 사찰 내 보통학교의 설립은 이를 막기 위한 취지도 커 보인다. 이능화, 『조선불교통사-근대편』, 이병두 역주, 도서출판 혜안, 2003, p.176-177.

에 먼저 학습해야 할 기초과목으로 설정하고 있다. 결과적으로 명진학교의 교과는 불교를 기본으로 하는 토대 위에 근대성을 흡수하는 방식이 되었음에 반해,[35] 한용운은 근대성의 토대 위에 불교를 흡수시키려는 태도를 취하고 있는 것이다. 불교승려에게서 불교는 학문 일반의 한 부분인 전문학이 아니라, 완전한 가르침 전체여야 하는데, 불교를 전문학으로 분류하는 한용운의 승려교육 방안은 불교를 자체 완결적인 삶의 진리체계로 간주하고 승려들에게 가르치려는 것이 아니라, 사회 일반의 학문체계 속에 위치지워 놓고 가르치려는 것이다.

3) 승려들의 사범학과 외국유학의 필요성

한용운은 모든 승려들에게 보통학을 교수해야 할 필요성과 함께 사범학과 외국유학을 중요성을 말한다. 그는 15세에서 40세 사이의 재능 있는 승려들에게 사범학을 가르쳐야 한다고 주장하는데,[36] 그 이유는 당시의 불교계의 스승들이 교양적 지식이 결여되어 있다고 보기 때문이다.

> 오늘 요행히 스승의 자리에 있는 자들은 육대주를 구분하지 못하고 오곡을 알지 못하여 생존 경쟁의 이야기를 들으면 때로는 귀머거리가 음악을 듣는 듯 이해하지 못하고, 만국지도를 대하면 어느 곳이나 소경이 그림을 대한 듯 캄캄한 실정이다. 아, 천지가 크고 학문의 세계가 넓은 터에 후배가 무슨

35) 당시 지방 불교 사찰의 보통학교 운영에 대한 구체적인 연구가 이루어지면 당대 불교개혁론자들의 근대 학문에 대한 인식을 보다 명확히 알 수 있을 것이다. 명진학교의 원래 설립목표는 보통과학교로 개교하는 것이었으나, 실제로는 대교과를 마친 승려들이 입학한 데서 알 수 있듯이 당시 불교계 내에서는 근대 학문에 대한 열의는 높았으나 이를 어떻게 수용해야 하느냐에 대한 인식은 체계적으로 정립된 상태가 아니었다. 또 지방 사찰에 설립한 보통학교는 주로 사미 단계의 어린 승려들이 주로 입학한 것으로 보인다.

36) 『韓龍雲全集』 2, p.50.

> 죄로 이런 무식, 무치한 자들의 지도를 감수하여, 그 전철을 밟아 제2의 뽕나무벌레가 되어야 하는 것이랴.[37)]

스승의 위치에 있는 승려들의 지적 자질 결여에 대한 매우 거칠고 단순한 지적인데, "천지가 크고 학문의 세계가 넓은 터"라고 말한 데서 알 수 있듯이 한용운이 문제 삼고 있는 것은 그들의 불교 교리에 대한 지식이 아니라 불교 전통에서 외전이라 일컬어지는 일반 학문에 대한 지식임을 알 수 있다. 이 역시 불교를 자신의 신념체계로 받아들이고 그 자체로서 온전한 가르침으로 보는 것이 아니라, 객관적인 학문의 일종으로 보고 종교 일반 혹은 학문 일반의 범주 속에 두는 태도이다. 불교가 온전한 가르침이라면, 그래서 이를 통해 생사의 고통을 넘어설 수 있다면 불교 승려는 자기 자신을 위해서는 굳이 다른 학문을 알아야 할 까닭이 없다. 다만 다른 학문을 한 사람들과 논쟁을 하거나 설득하는 데 활용하기 위해서 배울 수는 있을 것이다. 일반 상식을 갖추는 것은 누구에게나 필요한 일이고, 또 다양한 학문에 접해 보는 것은 지식인에게 중요한 일이다. 불교 수행자들도 풍부한 교양과 일반 학문에 대한 조예가 있으면 좋을 것이다. 그러나 그것을 필수적으로 보는 것은 불교 수행자들의 본질에 대한 부정일 수 있다.

한용운은 사범학의 중요성을 말하면서 사범학을 두 가지로 분류한다. "사범에는 두 가지가 있다. 하나는 자연 사범이니, 외부 세계의 것으로 자연히 우리의 감각 기관과 의식에 감촉되어 받아들여지는 것이요, 둘째는 인사 사범이니 교도, 감화해서 그 결점을 교정, 구제해 주는 부류다. 지금까지 이 두 가지 사범에 의하지 않고 배운 사람은 없다."[38)] 사범학의

---

37) 『韓龍雲全集』 2, p.51.

38) 『韓龍雲全集』 2, p.50.

중요성이라는 주제와 직접적으로 연관된 것으로 보이지는 않지만, 그가 자연 사범과 인사 사범을 구분하는 태도 또한 근대적인 학문 분류 체계 속에서 불교를 바라보는 그의 시각을 보여준다. 학문을 자연과학과 인문학으로 구분하고 이 두 사범학교를 설립하여 이 두 분과를 가르치자는 것이다.

이렇게 사범학교를 설립하여 교수자를 양성하고, 이들이 승려들에게 일반적 상식을 가르치게 되면 불교계가 사회에 뒤처지지 않을 것이라는 것이 그의 생각이다. 또 그는 이 사범학교를 나온 이들이 소학교에서 가르치면 소학교의 교사 충원에도 도움이 될 것이라고 한다.

사범학의 필요성에 대한 한용운의 이러한 언급은 사범학에 대한 충분한 이해를 바탕으로 이루어진 것으로 보이지는 않는다. 또 보통학을 가르칠 교사를 양성하기 위해 사범학이 필요할 수는 있겠으나, 불교학을 전문학으로 규정하면서 그 전문학을 가르칠 스승들에게 사범학을 배우게 하려는 것은 불합리해 보인다. 설령 승려들에게 보통학을 가르칠 필요가 있다고 하더라도 이에 필요한 교사를 양성하기 위해 승려들이 다니는 사범학교를 설립하고, 또 그들이 일반 소학교에서 가르치도록 하겠다는 것은 당대의 교육제도나 그가 늘 이야기하는 불교계의 현실에 대해 심도 있게 고민하지 않은 상태에서 나온 피상적인 제안으로 보인다.

외국 유학의 필요성에 대한 언급 역시 사범학 만큼이나 피상적인 생각에서 나온 것으로 보인다. 인도에 가 배워서 부처님과 조사들의 발자취를 찾게 하고, 우리나라에 전해지지 않은 경론을 골라 번역하며, 중국에 유학하여 중국 전래 이래의 역사와 조사들의 기문이적(奇聞異蹟), 여타 불교와 관계있는 것들을 수집하여 연구 자료로 삼고, 여러 문명국에 유학하여 그 나라의 종교의 연혁과 현황 등을 배우면 좋을 것이라고 말한다.[39] 당시 인도에의 불교의 상황이나, 중국의 상황, 그리고 유럽의 종교학의 경향 등에 대한 아무런 구체적인 설명 없이 이들 나라에 가서 공부하면 무엇인가 배울 것이 있을 것이라는 막연한 추측에 근거한 제안이다.

외국 유학에 대한 한용운의 이러한 제안은 한용운 본인의 기질적 성향이 그대로 반영된 것으로 보인다. 그는 18세에 신문명에 대한 막연한 동경으로 가출을 해서 서울로 향하다 속리산 보은사를 거쳐 백담사에서 중이 되었다. 또 25세에는 충분한 준비도 없이 세계 일주를 떠났다가 블라디보스톡에서 고초를 겪었음에도 굴하지 않고 26세에는 다시 일본행을 계획하지만 실패한다. 그래도 끝내 30세에 일본 승려들의 도움으로 일본으로 가서 임제종 대학에서 유학을 했다.

5. 결론

한용운의 승려교육개혁론은 쇠락한 한국 불교의 전통에 대한 적나라한 비판을 하면서 승려 교육의 개혁의 기본 방향을 제시하고 있다. 그의 비판과 제시는 근대문명을 문화적 표준으로 삼고서 행해지고 있다. 그는 전통적인 불교 수행자들이 인식하고 있는 불교의 정체성, 즉 삶의 총체적 문제를 해결하는 온전한 가르침이라는 인식을 부인하고, 불교를 근대 문명의 한 요소인 여러 종교 가운데 하나로 자리매김하려고 하고 있다. 이는 불교 수행자로서의 실천적 인식이 아니라 객관적 관찰자로서의 인식인데, 이 관점에서 보면 불교는 여러 전문학 가운데 하나가 된다.

한용운의 승려교육개혁론은 오랜 세월을 통해 완비된 체제를 갖추고 있던 한국의 전통 강원교육의 체제와 교육 철학에 대한 성급한 부정이다.

---

39) 『韓龍雲全集』 2, p.52.

그가 제시하는 보통학, 사범학, 해외유학은 근대문명을 불교인들에게 빨리 흡수시켜야겠다는 의욕이 앞선 나머지, 불교 가르침의 본질과 승려교육의 특수성에 대한 고려 없이 기획되어 있다. 한용운의 승려교육 개혁론에서 제시된 불교에 대한 교육 방법이 승려에 대한 교육이 아니라, 근대사회에서 일반교양으로서의 불교에 대한 교육을 위한 것이라면 매우 합리적인 방안이 될 수 있을 것이다. 그러나 한용운이 제시한 것은 승려에 대한 교육 방안으로서는 합리적인 안이라고 보기 어렵다.

한용운과 같은 개혁론자들에 의해 당시 불교계에 명진학교를 필두로 여러 보통학교, 지방학림 등이 설치되었고, 또 많은 승려들이 유학을 갔다. 그러나 불교의 정체성에 대한 깊이 있는 성찰이 부재한 상태로 진행된 근대식 교육은 한용운의 불교개혁론보다는 훨씬 덜 급진적인 형태로 진행되었음에도 불구하고 수많은 부작용을 낳았다. 그 결과 1920년대에는 많은 전통 강원들이 복원되었다. 또 한용운의 유학 장려의 논리만큼이나 막연한 생각으로 유학을 간 승려들의 행적은 외국 유학에 대한 많은 부정적인 여론을 낳았다. 이러한 사실들은 결국 한용운의 승려교육개혁론의 현실적 한계를 실증하는 현상이라고 볼 수 있을 것이다.

한용운 연보

1879(1세) 8월 29일(음력 7월 12일) 부친 한응준과 모친 온양방씨 사이의 2남으로 충청남도 홍성군 결성면 성곡리 491번지에서 출생.
본관은 청주, 어린시절의 이름은 유천, 호적이름은 정옥.

1884(6세) 향리 서당에서 한학 수학.

1886(8세) 홍성읍내로 이주, 한학 공부 지속.

1887(9세) 통감, 대학, 서상기, 서경 등을 공부.

1892(14세) 전정숙과 결혼.

1896(18세) 향리의 서당 선생, 새로운 도전을 위해 가출. 보은의 속리사로 입산.

1897(19세) 월정사 강원에서 수학.

1898(20세) 설악산백담사로이전, 사미계수계(법명, 奉玩).
세계일주를 위한 시베리아행 도전,
귀국 석왕사 칩거, 참선.

1904(26세) 일본행 계획, 실패. 홍성으로 귀향, 홍성 재가출.
아들인 전보국 출생.

1905(27세) 1월 26일 백담사 재입산, 비구계 수계(은사 김연곡, 계사는 전영제).
4월, 이학암(백담사)에게 기신론, 능엄경, 원각경을 배움.

1907(29세) 건봉사에서 최초의 안거 수행.
만화선사로부터 전법(당호, 龍雲).

1908(30세) 4월 유점사에서 서월하에게 화엄경 배움.
5~10월 일본으로 시찰 겸 유학(임제종대학).
10월 귀국, 건봉사에서 이학암에게 화엄경과 반야경 배움.
12월 10일 경성명진측량강습소 개설, 소장.

1909(31세) 7월 30일 표훈사 강원 강사.

1910(32세) 3월, 9월 중추원과 통감부에 승려의 결혼을 허용해달라는 건백서 제출.
9월 20일, 화장사 화산강숙 강사.

	12월 8일, 「조선불교유신론」 탈고.
1911(33세)	원종의 조동종 맹약에 반대하는 임제종운동 주도. 임제종 종무원의 서무부장 겸 관장 서리, 3월 16일 임제종 종무원 관장에 취임, 종무원을 범어사로 이전. 10월 만주지방 순행.
1912(34세)	5월 임제종중앙포교당 개설 6월 임제종중앙포교당을 일제 외압으로 선종중앙포교당으로 명칭 변경. 8월 불교대중화를 위해 조선불교회와 불교동맹 결성, 좌절. 통도사에 머무르며 대장경 열람.
1913(35세)	3~4월 「조선불교월보」에 〈승려의 단결〉(「조선불교유신론」 일부 원고) 기고. 이 때에 처음으로 필명, 자호인 萬海를 사용. 5월 19일 통도사 강원 강사에 취임.
1914(36세)	4월 조선불교강구회 총재. 4월 30일 「불교대전」을 간행(범어사를 발행처로).
1915(37세)	5월 19일 조선선종중앙포교당 포교사에 취임.
1917(39세)	4월 4일 신문관에서 「정선강의 채근담」 발간 12월 3일 오세암에서 좌선중 깨달음.
1918(40세)	9월 월간 교양잡지 「유심」을 발간, 발행인(3호로 중단)
1919(41세)	1월 최린 등 천도교측과 3·1운동 논의. 2월 불교, 유교측의 민족대표 포섭. 공약삼장 추가. 3월 태화관에서 독립선언식 참여, 주도. 일제에 피체. 7월 10일 〈조선독립 이유서〉 작성. 8월 9일 경성지방법원에서 유죄 판결. 12월 22일 석방, 선학원에 머무름
1922(44세)	3월 24일 역경과 불교대중화를 위한 단체인 법보회 발기. 3월 29~30일 선학원의 선우공제회 발기인. 11월 민립대학기성회에 참여.
1923(45세)	3월 31일 민립대학기성회의 중앙부 집행위원에 피선, 4월 2일 상무집

행위원에 피선.

1924(46세) 1월 6일 조선불교청년회 회장에 취임.

1925(47세) 6월 7일 오세암에서 「십현담주해」 탈고.
8월 29일 「님의침묵」 탈고.

1926(48세) 5월 15일 법보회에서 「십현담주해」 발간(비매품, 법보시)
5월 20일 회동서관에서 「님의 침묵」 발간.
6월 7일 선학원에서 6·10만세운동 예비검속으로 구속.

1927(49세) 1월 19일 신간회 발기인으로 참여.
2월 15일 신간회 중앙집행위원으로 피선.
6월 10일 신간회 경성지회장으로 피선.

1928(50세) 8월 「건봉사급건봉사본말사약지」 편찬, 발간.

1929(51세) 12월 광주학생운동의 민중대회 사건으로 구속.

1930(52세) 5월 항일비밀결사 만당의 당수로 추대(비공식).
서울 종로의 사직동에 칩거.
6월 「불교」의 발간처인 불교사 사장으로 취임
7월 전주 안심사의 한글경판 발견, 확인.

1932(54세) 12월 안심사(전주)에 보관되었던 한글경판을 인출.
「불교」지 선정 불교계 대표인물 선정에서 절대 다수로 1위 차지.

1933(55세) 7월 「불교」 휴간으로 불교사 사장에서 퇴직.
유숙원과 결혼(재혼). 서울성북동에 심우장을 짓고, 머무름.

1934(56세) 9월 딸 한영숙 출생.

1935(57세) 4월 9일, 조선일보에 소설 〈흑풍〉 연재 시작(1936년 2월 4일까지).

1936(58세) 조선중앙일보에 소설, 〈후회〉 연재(50회로 중단).
신채호 묘비 건립(비용은 조선일보의 원고료로 충당, 글씨는 오세창이 씀). 7월 16일, 다산 정약용서거 백년기념회 개최(정인보, 안재홍과 함께).

1937(59세) 3월 만주의 항일운동가 김동삼이 서거하자, 유해 인수하여 장례를 치름.

「불교」신1~2집에 소설 〈철혈미인〉 연재.

1939(61세) 청량사에서 회갑연 개최(음력 7월 12일). 다솔사에서 회갑 기념식수.
조선일보에 삼국지를 번역, 연재시작(1940년 8월, 조선일보 폐간시까지).
신채호 유고집 발간 추진, 좌절(최범술, 박광, 신백우와 함께).

1944(66세) 6월 29일 심우장에서 입적. 미아리화장터에서 화장하고 그 유해는 망우리공동묘지에 안장.

참고문헌

高楠順次郎 編,『大正新修大藏經』권2. 大正新修大藏經刊行委員會, 1935.

고 은,『한용운 평전』, 민음사, 1975.

고재석,『한용운과 그의 시대』, 역락, 2010.

김영기,「님과의 對話」,『現代文學』132호, 1965.12.

김광식,「1930년대 강원제도 개선문제」,『근현대불교 재조명』, 민족사, 2000.

______,「건봉사의 재일 불교유학생과 봉명학교 - 불교근대화의 자생성 모색」,『불교근대화의 이상과 현실』, 선인, 2014.

______,「조선불교 학인대회 연구」,『한국 근대불교의 현실인식』, 민족사, 1998.

______,「조종현 허영호의 불교교육제도 인식과 대안,『근현대불교 재조명』, 민족사, 2000.

______,『우리가 만난 한용운』, 참글세상, 2010.

______,『한용운 연구』, 동국대학교출판부, 2011.

김광원,『『님의 침묵』과 선의 세계』, 새문사, 2008.

김상웅,『만해 한용운 평전』, 시대의 창, 2006.

김선근 옮김,『간디 자서전』, 서울; 지식을만드는 지식, 2012.

김순석,「한용운의 정교분리론 연구」,『한국독립운동사연구』28, 2007.

김영호『한용운과 위트먼의 문학사상』, 도서출판 사사연, 1988.

김용직,『님의 침묵 총체적 분석 연구』, 서정시학, 2010.

김우창,「궁핍한 시대의 시인」,『문학사상』4, 1973.

김인환,『한용운,『님의 침묵』을 읽는다』, 열림원, 2003.

김재홍,『한용운 문학 연구』, 일지사, 1982.

김제란,「한·중·일 근대불교의 사회진화론에 대한 대응양식 비교-동아시아 불교의 사회진화론 수용과 비판의 두 흐름」,『시대와 철학』Vol.21-2, 2010.

김종균,「한용운의 한시와 시조-그 옥중작을 중심으로」,『어문연구』21호, 1979.

김종인,「한용운의 정치사상」,『한국불교학』80호, 2017.03.06.

김종인, 「한용운의 한시」, 『대각사상』 28호, 2017.12.
______, 「한용운 선(禪) 사상의 근대성」, 『철학탐구』 43집, 2016.8.
______, 「1920-30년대 불교계의 사회주의에 대한 인식」, 『대각사상』 18호, 2012.
______, 「만해와 간디: 현대와 반현대」, 『만해학보』 13호, 2013.
______, 「한용운 연구에 대한 평가」, 『만해학보』 16호, 2016.7.
______, 「만해의 현대성(現代性) 수용과 '님」, 『문학과 종교』 13호, 2016.02.04
______, 「백용성의 근대와의 만남과 불교개혁운동」, 『대각사상』 23호, 대각사상연구원, 2015.06.
______, 「한국불교의 두 얼굴, 만해와 성철: 전근대성과 근대성 간의 긴장과 갈등」, 『불교평론』 22호, 불교평론, 2005.03.
______, 「한용운의 승가교육 개혁론」, 『대각사상』 32집, 2019.12.
______, 『날카로운 첫 키스의 추억, 만해 한용운의 『님의 침묵』 평설』, 나남출판, 2008.5.
南廣祐, 「國語學論文集」, 春潮社, 1962.
남도영, 「구한말의 명진학교」, 『역사학보』 90, 1981.6.
______, 「韓國寺院教育制度」 上, 『역사교육』 27호, 역사교육연구회, 1980.9.
______, 「韓國寺院教育制度」 中, 『역사교육』 28호, 1980.11.
동국대학교칠십년사편찬위원회 (편), 『東大七十年史』, 東國大學校 出版部, 1976.
라가반 이예르 엮음, 허우성 옮김, 『마하뜨마 간디의 도덕·정치사상』 권1, 소명출판, 2008.
__________ 엮음, ______ 옮김, 『마하뜨마 간디의 도덕·정치사상』 권2, 소명출판, 2008.
류승주, 「사회진화론의 수용과 『조선불교유신론』: 한용운의 불교적 사회진화론」, 『원불교사상과 종교문화』 Vol.41, 2009.
문순회(퇴휴), 『한국 근현대 승가교육사 연구』, 박사학위논문, 중앙승가대학교 대학원, 2011.12.
박노준, 인권한, 『萬海韓龍雲研究』, 통문관, 1960.
박선영, 「한국불교의 승가교육제도」, 『종교교육학연구』 제8권, 한국종교교육학회, 1999.
박영민, 『한국 한시와 여성 인식의 구도』, 소명출판사, 2003.
박재현, 「만해 한용운의 선의식을 중심으로 본 근대성과 탈근대성」, 『한국선학』 41호, 한국선학회, 2015.
______, 「만해 한용운의 선적 역할의식에 관한 연구」, 『불교학연구』 16호, 불교학연구회, 2007.
박정환, 『萬海 韓龍雲 漢詩硏究』, 박사학위 논문, 충남대학교 대학원, 1990.11.
白樂晴, 「市民文學論」, 『창작과 비평』 14호, 1969.
서재영, 「선사로서의 한용운의 행적과 선사상」, 『한국선학』 4호, 한국선학회, 2002. pp.273-299.
송 욱, 『전편 해설 한용운시집 『님의 침묵』』, 과학사, 1974.
신규탁, 「『십현담주해』에 나타난 만해 한용운의 선사상」, 『선문화연구』 16집, 한국불교선리연구원, 2014.
신은경, 「조선후기 '님' 담론의 특성과 그 의미: 辭說時調와 雜歌를 중심으로」, 『시조학논총』, 2004.
梁柱東, 「古歌硏究」, 博文書館, 단기 4293.
윤석성, 『『님의沈默』연구』, 지식과교양, 2011.
윤세원, 「한용운 자유 개념의 철학적 토대와 논리구조에 관한 연구」, 『동양사회사상』 no.9, 2004.
윤재근, 『만해 시 『님의 침묵』 연구』, 민족문화사, 1985.
이경순, 「일제시대 불교유학생의 동향」, 『승가교육』 2. 1988.
이기운, 「근대기 승가의 교육체제 변혁과 자주화운동」, 『불교학보』 제48집, 동국대불교문화연구원, 2008.
李能和, 『朝鮮佛敎通史』 下, 新文館, 1968.
이병두 역주, 이능화, 『조선불교통사-근대편』, 도서출판혜안, 2003.
이병주, 「萬海禪師의 漢詩」, 『한용운사상연구』 제2집, 민족사, 1981.
이상섭, 『님의 침묵의 어휘와 그 활용 구조』, 탐구당, 1984.
이승윤, 「대한제국기 불교계 학교의 설립과 운영」, 『청람사학』 11. 2005.1.
이원섭, 「萬海 詩의 性格」, 『韓龍雲 思想硏究』, 민족사, 1981.
이지경 외, 한국·동양정치사상사학회, 『한국정치사상사: 단군에서 해방까지』,

백산서당, 2005.
이지관, 「한국불교 승가교육의 사적 고찰」, 『불교학보』 18집, 동국대학교 불교문화연구원, 1981.
이지중, 「만해 한용운 교육론 고찰」, 『교육문제연구』 제27집, 고려대학교 교육문제연구소, 2007.3.
임중빈, 『한용운 일대기』, 정음사, 1974.
전보삼, 「만해 한용운 교육론 고찰」, 「동아시아 문화연구』 2권, 한양대학교 동아시아문화연구소, 1982.
______, 「한용운 선사상의 일고찰」, 『동아시아문화연구』 3호, 한양대학교한국학연구소, 1983.
전재강, 「한용운 한시에 나타난 일상성과 그 확산적 관계망」, 『국어국문학』, 172호, 2015.
정경환, 『한국정치사상가 연구 1 : 안중근에서 한용운까지』, 이경, 2011.
정우택, 「한국 근대시 형성과정에서 '님'의 위상」, 『문학교육학』, 2000.
鄭鶴燮, 「悲劇的 反抗과 革命情神-萬海 韓龍雲의 人間과 文學 『님의 沈默』 試巧」, 『국어교육』 32. 1978.
정혜정, 「일제하 승가교육의 근대화론」, 『승가교육』 2. 1988.
정효구, 『한용운의 님의 침묵 전편 다시 읽기』, 푸른사상, 2013.
조종현, 「강원교육과 제도개신」, 『불교』 93, 1932.3.
趙芝薰, 「民族主義者 韓龍雲」, 『韓龍雲全集』 2. 新丘文化社, 1973.
최남선, 「太白의 님을 離別함」, 『소년』, 1910.
최동호, 『한용운-사랑과 혁명의 아우라』, 건국대학교, 2000.
崔台鎬, 「古時調에 나타난 '님' 考」, 『한국언어문학』, vol.14, 1976.
春秋學人, 「尋牛莊에서 參禪하는 韓龍雲氏를 찾아」, 『韓龍雲全集』 4. 新丘文化社, 1973.
退翁性澈, 백련선서간행회 역, 『百日法門 下』, 장경각, 불기2526(1992).
________, 『자기를 바로 봅시다』, 장경각, 2003.
한계전, 『한용운의 『님의 침묵』, 기타 자유시 및 시조』, 서울대학교, 1996.
허우성, 「간디와 만해: '위정척사(衛正斥邪)'와 동도서기(東道西器)」, 『만해학연구』 창간호, 만해학술원, 2005.

허우성, 『간디의 진리 실험 이야기』, 도서출판 풀빛, 2007.
韓龍雲, 『삼천리』 4권 11월호, 1931.
______, 『韓龍雲全集』 1. 新舊文化社, 1973.
______, 『韓龍雲全集』 2. 新舊文化社, 1973.
______, 『韓龍雲全集』 3. 新舊文化社, 1973.
______, 『韓龍雲全集』 4. 新舊文化社, 1973.
______, 『韓龍雲全集』 5. 新舊文化社, 1973.
______, 『韓龍雲全集』 6. 新舊文化社, 1973.
______, 『혜성』 창간호, 1931.

만해 연구 자료 총목록

1차 문헌

한용운, 『조선불교유신론』, 불교회관, 1913.
______, 『불교대전』, 홍법원, 1914.
______, 『정선강의 채근담』, 동양서원, 1917.
______, 『현담주해』, 법보회, 1925.
______, 『님의 침묵』, 회동서관, 1926.
______, 『님의 침묵』, 한성도서, 1934.
______, 『님의 침묵』, 한성도서, 1950.
______, 『님의 침묵』, 진명문화, 1950.
______, 『님의 침묵』, 한성도서, 1952.
______, 『님의 침묵』, 한성도서, 1953.
______, 『님의 침묵』, 이준범 편, 정연사, 1966.
______, 『님의 침묵』, 향원 편, 문창사, 1971.
______, 『님의 침묵』, 진명문화사, 1972.
______, 『님의 침묵』, 서경수 편역, 삼성문화재단, 1972.
______, 『님의 침묵』, 정음사, 1973.
______, 『한용운 전집』, 신구문화사, 1973.
______, 『님의 침묵』, 을유문화사, 1974.
______, 『님의 침묵·속(續) 님의 침묵』, 을유문화사, 1974.
______, 『만해선생시집』, 대동문화연구원 편, 보련각, 1975.
______, 『님의 침묵』, 삼중당, 1975.
______, 『님의 침묵』, 서림문화사, 1977.
______, 『님의 침묵』, 문화공론사, 1977.
______, 『님의 침묵』, 동서문화사, 1977.
______, 『님의 침묵』, 만해사상연구회 편, 민족사, 1980.
______, 『님의 침묵』, 혜원출판사, 1980.

한용운, 『님의 침묵』, 민음사, 1980.
______, 『님의 침묵』, 혜림출판사, 1982.
______, 『님의 침묵』, 문공사, 1982.
______, 『님의 침묵』, 마당, 1982.
______, 『님의 침묵』, 삼중당, 1983.
______, 『님의 침묵』, 정음문화사, 1983.
______, 『님의 침묵』, 범우사, 1983.
______, 『님의 침묵』, 정음사, 1983.
______, 『님의 침묵』, 우리극단마당 편, 정음사, 1984.
______, 『님의 침묵』, 동서문화사, 1984.
______, 『님의 침묵』, 서경수 편역, 삼성미술문화재단출판부, 1984.
______, 『님의 침묵』, 민족문화사, 1985.
______, 『님의 침묵』, 문지사, 1985.
______, 『님의 침묵』, 덕우출판사, 1985.
______, 『님의 침묵』, 한미출판사, 1986.
______, 『님의 침묵』, 양우당, 1986.
______, 『님의 침묵』, 명지사, 1986.
______, 『님의 침묵』, 청목사, 1986.
______, 『님의 침묵』, 자유문학사, 1987.
______, 『님의 침묵』, 민중서각, 1987.
______, 『님의 침묵』, 문장, 1987.
______, 『님의 침묵』, 한국학연구소, 1987.
______, 『님의 침묵』, 오성출판사, 1987.
______, 『님의 침묵』, 학원사, 1987.
______, 『님의 침묵』, 열음사, 1988.
______, 『님의 침묵』, 풍림출판사, 1989.
______, 『한용운 시전집』, 최동호 편, 문학사상사, 1989.
______, 『한용운 산문 선집』, 정해렴 편, 현대실학사, 1991.
______, 『님의 침묵』, 상아, 1991.
______, 『님의 침묵』, 서문당, 1993.

한용운, 『님의 침묵』, 범우사, 1993.
______, 『님의 침묵』, 신구미디어, 1993.
______, 『님의 침묵』, 을유문화사, 1994.
______, 『님의 침묵』, 학원사, 1994.
______, 『님의 침묵』, 시와시학사, 1996.
______, 『님의 침묵』, 소담출판사, 1996.
______, 『님의 침묵』, 상아, 1996.
______, 『님의 침묵』, 인문출판사, 1996.
______, 『님의 침묵』, 전보삼 편, 수창출판사, 1996.
______, 『한용운 님의 침묵』, 한계전 편, 서울대 출판부, 1996.
______, 『님의 침묵』, 혜원출판사, 1997.
______, 『님의 침묵』, 세손, 1997.
______, 『님의 침묵』, 선영사, 1997.
______, 『님의 침묵』, 동해, 1997.
______, 『님의 침묵』, 하서출판사, 1998.
______, 『한용운 시전집』, 만해사상실천선양회 편, 장승, 1998.
______, 『님의 침묵』, 신라출판사, 1999.
______, 『님의 침묵』, 문학과현실사, 1999.
______, 『님의 침묵』, 태학당출판사, 1999.
______, 『님의 침묵』, 예가, 1999.
______, 『님의 침묵』, 동해, 1999.
______, 『님의 침묵』, 고은 편, 민음사, 1999.
______, 『님의 침묵』, 한국근대시인총서 2, 동서문화원 편저, 한국인문과학원, 1999.
______, 『만해 한용운 한시선』, 서정주 편, 민음사, 1999.
______, 『만해 한용운 논설집』, 만해사상실천선양회 편, 장승, 2000.
______, 『님의 침묵』, 노벨, 2001.
______, 『님의 침묵』, 미래사, 2002.
______, 『님의 침묵』, 청목사, 2002.
______, 『님의 침묵』, 황금북, 2002.

한용운, 『님의 침묵』, 범우사, 2002.
______, 『님의 침묵』, 청동거울, 2002.
______, 『흑풍』 상·하, 사랑과 나무, 2002.
______, 『한용운 작품선집』, 서준섭 편, 강원대 출판부, 2003.
______, 『님의 침묵』, 작가문화, 2003.
______, 『님의 침묵』, 책만드는집, 2003.
______, 『님의 침묵』, 미래사, 2003.
______, 『님의 침묵』, 열린책들, 2004.
______, 『만해 한용운 정본·원본 님의 침묵』, 만해학술원, 2006.
______, 『님의 沈默 번역시선 *Selected Poems From the silence of My Love*』, 김재홍 편/ 장경렬·박종소·유형규·이가림·박정순·테레사 현 옮김, 만해학술원, 2005.

학위 논문

김재홍, 『한국현대시의 방법론적 연구』, 서울대 석사 논문, 1972.2.
엄창섭, 『'님의 침묵'에 표현된 만해의 시세계』, 경희대 교육대학원 논문, 1973.6.
최동호, 『만해 한용운 연구, 그의 시적 변모를 중심으로』, 고려대 대학원 논문, 1975.
김몽학, 『한용운의 『님의 침묵』에 나타난 불교사상의 고찰』, 동아대 교육대 학원 논문, 1975.2.
유광렬, 『한용운 시의 형성 과정과 특이성』, 중앙대 대학원 논문, 1975.12.
박정환, 『만해 한용운론』, 충남대 대학원 논문, 1976.2.
김진국, 『한용운 문학의 현상학적 연구』, 서강대 대학원 논문, 1976.2.
송명희, 『한용운 시의 연구』, 고려대 교육대학원 논문, 1977.2.
송재갑, 『만해의 불교사상과 시세계』, 동국대 대학원 논문, 1977.2.
이인복, 『한국문학에 나타난 죽음의식 연구』, 숙명여대 박사 논문, 1978.8.
이양순, 『한용운의 사회사상에 관한 연구』, 이화여대 대학원 논문, 1978.12.
윤영천, 『1920년대시의 현실인식』, 서울대 석사 논문, 1980.2.
도모나 까노리, 『한용운의 '님의 침묵' 연구』, 숙명여대 석사 논문, 1980.9.
조정환, 『한용운 시의 역설연구』, 서울대 석사 논문, 1982.

김재홍, 『한용운 문학의 연구』, 서울대 박사 논문, 1982.2.
김현자, 『김소월, 한용운 시에 나타난 상상력의 변형구조』, 이화여대 박사논문, 1982.2.
석숙희, 『김소월, 한용운 시의 비교연구』, 충북대 석사 논문, 1982.2.
손창대, 『한용운의 자유사상에 관한 연구』, 건국대 석사 논문, 1982.2.
이근철, 『한용운의 윤리사상』, 동국대 교육대학원 석사 논문, 1982.8.
신상철, 『한국 현대시에 나타난 '님'의 연구』, 동아대 박사 논문, 1983.2.
이상천, 『한용운의 사회사상에 관한 고찰』, 서울대 석사 논문, 1983.2.
김종연, 『한용운의 자주정신에 관한 연구』, 한양대 교육대학원 논문, 1983.8.
오재용, 『만해 한용운 연구』, 충남대 석사 논문, 1983.
정홍배, 『만해 한용운의 사상성 고찰』, 조선대 석사 논문, 1983.
유근조, 『소월과 만해시의 대비연구』, 단국대 박사 논문, 1984.2.
육근웅, 『만해시에 나타난 선어적 전통』, 한양대 석사 논문, 1984.2.
윤재근, 『만해시 '님의 침묵' 연구』, 경희대 박사 논문, 1984.2.
전보삼, 『한용운의 화엄사상연구』, 한양대 교육대학원 논문, 1984.2.
김춘남, 『양계초를 통한 만해의 서구사상수용』, 동국대 석사 논문, 1984.
채수영, 『한용운에 있어서 님의 거리』, 동국대 석사 논문, 1984.2.
김정칠, 『한용운의 독립사상 연구』, 경희대 석사 논문, 1985.
박종린, 『만해 한용운의 불교개혁사상 연구』, 동국대 석사 논문, 1985.
이해진, 『한용운의 님의 침묵에 대한 한 고찰』, 인하대 석사 논문, 1985.
현선식, 『만해시에 나타난 심리연구』, 조선대 석사 논문, 1985.2.
정복선, 『만해 한용운의 님의 침묵에 나타난 순환구조』, 성신여대 석사 논문, 1986.
한창엽, 『만해 한용운 연구』, 한양대 석사 논문, 1986.
양병호, 『만시의 리듬 연구』, 전북대 석사논문, 1987.
원인숙, 『만해 한용운 시에 있어서 공간과 시간의식』, 성균관대 석사 논문, 1987.
이영희, 『한국 현대시에 나타난 삶의 인식방법 연구』, 경희대 박사 논문, 1987.8.30.
이형권, 『만해시에 나타난 상징 연구』, 충남대 석사논문, 1987.
현명선, 『한용운의 '님의 침묵' 연구』, 연세대 석사 논문, 1987.

김석태, 『한용운의 '님의 침묵' 연구』, 연세대 석사 논문, 1988.
김미선, 『한용운의 한시연구』, 청주대 석사 논문, 1989.
강미자, 『한용운의 시대인식에 관한 일고찰; '조선불교유신론'·'조선독립의 서'를 중심으로』, 경상대 석사 논문, 1990.2.
김선학, 『한국 현대시의 시적공간에 관한 연구』, 동국대 박사 논문, 1990.2.
이병도, 『구조주의 문학관과 불교 중관론의 대비; '님의 침묵'을 중심으로』, 경희대 석사 논문, 1990.2.
한명희, 『한용운 시집 '님의 침묵'의 구조 연구』, 서울시립대 석사 논문, 1991.
권기현, 『용성의 대각교운동과 만해의 불교유신운동 비교연구』, 동국대 석사 논문, 1991.2.
기우조, 『한용운 시의 수사적 특징 고찰』, 조선대 교육대학원 석사 논문, 1991.2.
김광길, 『만해 한용운 시의 존재론적 해명』, 경기대 박사 논문, 1991.2.
박정환, 『만해 한용운 한시 연구』, 충남대 박사 논문, 1991.2.
윤석성, 『한용운 시의 정조 연구』, 동국대 박사 논문, 1991.2.
임정채, 『힌용운시의 상징성』, 전남대 교육대학원 석사 논문, 1991.2.
허 탁, 『만해시의 기호학적 연구』, 부산대 박사 논문, 1991.2.
김미애, 『한용운 소설 연구』, 효성여대 석사 논문, 1991.8.
양영길, 『'님의 침묵'의 구조 연구』, 제주대 교육대학원 석사 논문, 1991.8.
조정행, 『소월과 만해 대비연구; 님과 죽음을 중심으로』, 동국대 교육대학원 석사 논문, 1991.8.
김광원, 『한용운의 선시 연구』, 원광대 석사 논문, 1992.2.
서호천, 『만해사상의 회통적 조명; 사사무애관을 중심으로』, 동국대 석사 논문, 1992.2.
신달자, 『소월과 만해시의 여성지향 연구』, 숙명여대 박사 논문, 1992.2.
최성은, 『만해 한용운 시 연구』, 전남대 교육대학원 석사 논문, 1992.2.
신선우, 『만해 한용운 문학의 연구: '님의 침묵'을 중심으로』, 원광대 교육대학원 석사 논문, 1992.8.
박용모, 『'님의 침묵'의 사상적 배경 고찰』, 조선대 교육대학원 석사 논문, 1993.2.
정학심, 『한용운 시에 나타난 전통과 선사상에 관한 연구』, 한국교원대 석사 논문, 1993.2.

노윤옥, 『만해시에 나타난 시간의식 연구; 시집 '님의 침묵'을 중심으로』, 중앙대 교육대학원 석사 논문, 1993.8.

강예자, 『만해 한용운 시 연구; 시에 나타난 역설적 표현을 중심으로』, 경원대 교육대학원 석사 논문, 1994.2.

서재영, 『만해 한용운의 '조선불교유신론' 연구』, 동국대 석사 논문, 1994.2.

염창권, 『한국 현대시의 공간구조와 교육적 적용 방안 연구』, 한국교원대 박사 논문, 1994.2.

최태호, 『만해·지훈의 한시 연구』, 한국외국어대 박사 논문, 1994.2.

이경교, 『한국 현대 시정신의 형성과정 연구; 한용운, 이육사, 그리고 이상을 중심으로』, 동국대 박사 논문, 1995.2.

박지순, 『님의 침묵 연구; 이원적 순환을 통한 한의 초극』, 원광대 교육대학원 석사 논문, 1995.8.

임성조, 『한용운 시의 선해석적 연구』, 연세대 박사 논문, 1995.8.

김광원, 『만해 한용운 시 연구』, 원광대 박사 논문, 1996.2.

김형준, 『만해 한용운 시의 여성편향성 연구』, 영남대 교육대학원 석사 논문, 1996.2.

노귀남, 『한용운 시의 '상' 연구; 시집 '님의 침묵'을 중심으로』, 경희대 박사 논문, 1996.2.

이병석, 『만해시에서의 '님'의 불교적 연구』, 동아대 박사 논문, 1996.2.

이혜원, 『한용운·김소월 시의 비유구조와 욕망의 존재방식』, 고려대 박사 논문, 1996.

유영학, 『만해 한용운의 불교유신사상 연구』, 원광대 석사 논문, 1997.

홍필기, 『한용운 시의 님과 여성성 연구』, 충북대 석사 논문, 1997.

정성현, 『만해 한용운시 연구』, 중앙대 석사 논문, 1997.

신현락, 『한국 현대시의 자연관 연구』, 한국교원대 박사 논문, 1998.

이호미, 『한용운의 님의 침묵에 나타난 여성성 연구』, 효성가톨릭대 석사 논문, 1998.

김덕근, 『한국 현대 선시 연구』, 청주대 박사 논문, 1999.

김대춘, 『만해 한용운의 한시연구』, 동국대 석사 논문, 1999.

박명자, 『한국 현대시의 눈물의 시학 연구』, 원광대 박사 논문, 1999.

이성원, 『만해 한용운의 불교사상 연구』, 영남대 석사 논문, 1999.
이선이, 『만해시의 생명사상 연구』, 경희대 박사 논문, 1999.2.
배영애, 『현대시에 나타난 불교의식연구』, 숙명여대 박사 논문, 1999.
정윤열, 『만해 시의 '님'에 대한 연구』, 동국대 석사 논문, 1999.
오성칠, 『한용운의 소설문학 연구』, 중앙대 석사 논문, 1999.
강기욱, 『한용운의 '님의 침묵'에 나타난 여성성 연구』, 조선대 석사 논문, 2000.
선효원, 『한용운·김광균 시의 대비연구』, 동아대 박사 논문, 2000.
현광석, 『한국 현대 선시 연구』, 경희대 석사 논문, 2000.
홍정애, 『만해 한용운 한시 연구』, 국민대 석사 논문, 2000.
Mark J. S weetin, Non-substantiality and the seeds of contemplation in Han Yong-un's Nim ui Ch'immuk, 연세대 석사 논문, 2000.
최규현, 『한용운 시의 연구』, 서남대 석사 논문, 2001.
권석창, 『한국 근대시의 현실대응 양상 연구; 만해, 상화, 육사, 동주를 중심으로』, 대구대 박사 논문, 2002.
장석문, 『만해 한용운의 한시 연구』, 강원대 석사 논문, 2002.
김점태, 『님 지향성과 여성 편향성. 한용운의 님의 침묵을 중심으로』, 건국대 석사 논문, 2002.
이양우, 『님의 침묵의 사상적 배경 연구』, 동국대 석사 논문, 2002.
유은하, 『한용운과 윤동주의 시 비교 연구』, 고려대 석사 논문, 2003.
강경애, 『만해 한용운의 한시 연구』, 한남대 석사 논문, 2003.
이지원, 『'님의 침묵'에 나타난 '물'의 이미지』, 충남대 석사 논문, 2004.
최현규, 『만해 한용운의 님의 침묵 연구』, 가톨릭대 석사 논문, 2004.8.
이희숙, 『만해 한용운의 한시 연구』, 국민대 석사 논문, 2004.
이경희, 『만해시에 나타난 불교적 사유연구』, 경희대 박사 논문, 2005.
강미자, 『한용운의 불교개혁론과 민족주의 운동』, 경성대 박사 논문, 2007.
전보삼, 『화엄의 관점으로 본 만해사상』, 동국대 박사 논문, 2007.
문정희, 『만해 시의 역설 연구; 『님의 침묵』을 중심으로』, 중앙대 박사 논문, 2010.
이진정, 『만해 한용운 시 연구』, 경원대 석사 논문, 2010.
전덕윤, 『한용운의 사회진화론 인식과 대응』, 동국대 석사 논문, 2010.

권영빈, 『만해시의 범종교적 양상과 그 배경: 님의 침묵을 중심으로』, 연세대 교육대학원 석사 논문, 2011.
김보연, 『한용운의 『님의 침묵』 연구』, 강남대 석사 논문, 2012.
무하메드 알타프, 『한국과 파키스탄 시의 비교 연구: 한용운과 모함마드 이크발의 시를 중심으로』, 신라대 석사 논문, 2013.
부이판 안 트, 『한국·베트남의 근대시 특성 비교연구; 한용운과 딴다(TAN DA)의 시정신을 중심으로』, 영남대 박사 논문, 2013.
이효나, 『김소월과 한용운의 시의 비교연구』, 가천대 박사 논문, 2014.

▌논문 및 저서

유광렬, 「'님의 침묵' 독후감」, 「시대일보」, 1926.5.31.
주요한, 「애의 기도, 기도의 애. 한용운 근작 '님의 침묵' 독후감」, 「동아일보」, 1926.6.22, 26.
유동근, 「만해거사 한용운면영」, 『혜성』, 1931.8.
춘추학인, 「심우장에 참선하는 한용운씨를 찾아. 당대 처사 찾아」, 『삼천리』 74호, 1936.6.
김정설, 「고 한용운 선생 추도문」, 『신생』 1호, 1946.3.
장도환, 「만해 선생 산소 참배기」, 『신생』 5호, 1946.7.
최범술, 「고 만해 선생의 대기를 당하여」, 『신생』 5호, 1946.7.
조영암, 「조국과 예술. 젊은 한용운의 문학과 그 생애」, 『자유세계』 1권 4호, 1952.5.
조지훈, 「한용운 선생」, 『신천지』 9권 10호, 1954.10.
조영암, 「일제에 항거한 시인군상」, 『전망』 4호, 1956.1.
조승원, 「한용운평전」, 『녹원』 1호, 1957.2.
정태용, 「현대시인 연구 제3: 만해의 동양적 감각성」, 『현대문학』 29호, 1957.5.
조연현, 「한국현대문학사」, 『현대문학』 32호, 1957.8.
조영암, 「한용운 평전」, 『녹원』 창간호, 1957.8.
조지훈, 「한용운론」, 『사조』 1권 5호, 1958.10.
허 명, 「만해 한용운 선생」, 『민족문화』 12호, 1958.12.
홍효민, 「만해 한용운론; 인물문학사 제4」, 『현대문학』 56호, 1959.8.

박효순, 「만해의 조국애와 '님의 침묵'」, 『국문학보』(전남대) 1호, 1959.10.
Peter Hyun, *Voices of the Dawn,* London, 1960.
김상일, 「근대시인론 4, 한용운」, 『현대문학』 66호, 1960.6.
박노준, 「님의 정체. 한용운 연구; 그의 시문학을 중심으로 하여」, 『고대문화』 2집, 1960.8.
인권환, 「만해의 불교적 이론과 공적, 한용운 연구」, 『고대문화』 2집, 1960.8.
박노준·인권환, 『한용운 연구』 통문관, 1960.9.
장문평, 「한용운의 '임'」, 『현대문학』 88호, 1962.4.
박봉우, 『흘러간 사랑의 시인상; 한용운 편, 그리운 것은 님이다』, 백문사, 1962.5.
서정주, 「만해 한용운 선사」, 『사상계』 113호, 1962.11.
송 욱, 「만해 한용운과 타고르; 유미적 초월과 혁명적 아공」, 『사상계』 117호, 1963.2.
송석래, 「'님의 침묵' 연구」, 『국어국문학논문집』(동국대) 5집, 1964.7.
김운학, 「한국 현대시에 나타난 불교사상」, 『현대문학』 118호, 1964.10.
최일수, 「부정과 현세해방; 한용운론」, 『문학춘추』 8호, 1964.11.
유광렬, 「무애자존의 수도자」, 불교시보, 1965.6.
김영기, 「만해 한용운론; 님과의 대화」, 『현대문학』 132호, 1965.12.
조지훈, 「흑풍·암흑 속의 혁명가; 한국의 민족시인 한용운」, 『사상계』 14권 1호, 1966.1.
김장호, 「동국문단사; 한용운과 강원의 시인들」, 『동국대 국어국문학회논문집』 6집, 1966.1.
조지훈, 「방우한화; 근대명언초」, 『신동아』, 1966.4.
김학동, 「현대시인론; 고.만해 한용운의 시문학사적 위치 其2」, 『동양문학』(대구대) 5집, 1966.6.
김윤식, 「소월·만해·육사론; 이들의 기간 시집에 미수록된 작품을 중심으로.」, 『사상계』 160호, 1966.8.
박노준·임종국, 『한용운론; 흘러간 성좌』 국제문화사, 1966.10.
최원규, 「한국시의 전통과 선에 관한 소구」, 『충남대논문집』 5집, 1966.10.
박노준, 「한용운의 '님의 침묵'」, 『사상계』 165호, 1967.7.

신동문, 『님의 언어, 저항의 언어, 한국의 인간상』 신구문화사, 1967.10.

박항식, 「한국근대시인과 그 대표작에 대한 연구」, 『원광대논문집』 3집, 1967.12.

양중해, 「만해 한용운론」, 『제주대학보』 9집, 1967.12.

김정자, 「한용운론」, 『청파문학』 8집, 1968.4.

김해성, 「기루는 시정신; 만해 한용운의 문학세계」, 『불교계』 20호, 1969.4.

김우정, 「한용운론」, 『현대시학』 3호, 1969.5.

김승옥, 「만해 한용운과 헷세의 비교」, 『고대문화』 10집, 1969.5.

서정주, 「한용운과 그의 시」, 『한국의 현대시』 일지사, 1969.5.

고 은, 「한용운론」, 『월간문학』 8호, 1969.6.

백낙청, 「시민문학론」, 『창작과비평』 14호, 1969.6.

최원규, 「한용운 시의 이해. 사랑과 존재의 본질을 중심으로」, 『충남대대학원논문집』 2집, 1969.7.

정광호, 「한용운전」, 『신동아』 60호, 1969.8.

김 현, 「여성주의의 승리」, 『현대문학』 178호, 1969.10.

E. D. Rockstein, Some Notes on the Founder of Modern Korea Poetry, *Korea Journal* 9권 12호, 1969.12.

김윤식, 「한국 신문학에 있어서의 타골의 영향에 대하여」, 『진단학보』 32호, 1969.12.

강용흘, *Meditation of the Lover*, 연세대출판부, 1970.

육 산, 「현대 불교인 열전; 만해 한용운」, 대한불교, 1970.6. 21~11. 1(13회).

이호철, 「님의 침묵; 여성을 위한 명저순례」, 중앙일보, 1970.9.18.

이길진, 「조선독립이유서」(역), 『창작과 비평』 5권 3호, 1970.9.

한종만, 「박한영과 한용운의 한국불교근대화 사상」, 『원광대논문집』 5, 1970.12.

정광호, 「한용운; 한일근대인물백선」, 『신동아』 부록, 1970.1.

송민호, 「만해의 저항작품」, 『일제하의 문화운동사』, 민중서관, 1970.4.

김윤식, 「님의 침묵과 알 수 없어요; 한용운 작품 해설」, 『월간문학』 2호, 1970.6.

최정석, 「소월과 만해; 그 동질성과 이질성」, 『효성여대연구논문집』 6·7합집, 1970.7.

양주동, 「만해의 생애와 '불청'운동」, 『법륜』 25호, 1970.8.

서정주, 「만해의 문학정신」, 『법륜』 25호, 1970.8.

심종선,「님에 관한 연구; 한용운의 시를 主로 하여」,『동국문학』3집, 1970.9.
석지현,「한용운 유고에 비친 시세계」, 동아일보, 1970.10.5.
조광해,「영원한 청년 한용운」,『법륜』27~31호, 1970.10~1971.2.
정광호,『한용운평전』다리, 1970.11.
염무웅,「한용운의 인간과 시」, 독서신문 1호, 1970.11.8.
안병직,「만해 한용운의 독립사상」,『창작과비평』5권 4호, 1970.12.
김용직,「한국 현대시에 미친 Rabindranath Tagore」,『아세아연구』41호, 1971.3.
김종해,「만해 한용운 행적기」,『나라사랑』2집, 1971.4.
석청담,「고독한 수련 속의 구도자」,『나라사랑』2집, 1971.4.
신석정,「시인으로서의 만해」,『나라사랑』2집, 1971.4.
정광호,「민족적 애국지사로 본 만해」,『나라사랑』2집, 1971.4.
조종현,「불교인으로서의 만해」,『나라사랑』2집, 1971.4.
염무웅,「님이 침묵하는 시대」,『나라사랑』2집, 1971.4.
장　호,「풍난화 매운 향기」,『나라사랑』2집, 1971.4.
한영숙,「아버지 만해의 추억」,『나라사랑』2집, 1971.4.
최범술,「철창철학」,『시문학』5호, 1971.12.
박요순,「한용운 연구」,『시문학』5호, 1971.12.
유승우,「'님의 침묵'과 반야바라밀다심경」,『현대시학』35호, 1972.2.
장　호,「한용운에의 접근」,『동국문학』5집, 1972.3.
유승우,「한용운의 시세계; 헤어짐과 만남의 길」,『현대시학』36호, 1972.3.
임중빈,「절대를 추가한 길」,『부정의 문학』한얼문고, 1972.4.
김종철,「이별의 상상력; 님의 침묵론」,『문화비평』13호, 1972.7.
임중빈,『만해 한용운; 위대한 한국인』태극출판사, 1972.11.
김용성,「'님의 침묵'의 한용운」, 한국일보, 1972.11.5.
변종하,「한용운의 얼굴과 그의 내면세계」,『문학사상』3호, 1972.12.
문학사상 편집부,「한용운 작 '님의 침묵'의 작품배경」,『문학사상』3호, 1972.12.
박경혜,「새 자료로 본 만해, 그 생의 완성자」,『창작과비평』7권 4호, 1972.12.
염무웅,「만해 한용운론」,『창작과 비평』7권 4호, 1972. 12.
홍신선,「임, 혹은 주검에의 길; 만해의 시인적 편모를 살핀다」,『법륜』51~53호, 1972.12~1973.4.

김우창, 「궁핍한 시대의 시인」, 『문학사상』 4호, 1973.1.
민희식, 「바슐라르의 촛불에 비춰본 한용운의 시」, 『문학사상』 4호, 1973.1.
김열규, 「슬픔과 찬미사의 '이로니'」, 『문학사상』 4호, 1973.1.
서경보, 「한용운과 불교사상」, 『문학사상』 4호, 1973.1.
박경혜, 「만해 그 생의 완성자」, 『문학사상』 4호, 1973.1.
이원섭 외 2인, 「땅에의 의지와 월의 정신(좌담회); 한용운의 인간과 문학」, 『문학사상』 4호, 1973.1.
이정강, 「소월과 만해의 시에 나타난 내면적 공간세계 비교고찰」, 『덕성여대 논문집』 2호, 1973.2.
홍이섭·김열규, 「'님의 침묵'의 님은 조국인가 연인인가」, 「중앙일보」, 1973.3.5.
김장호, 「한용운 시론」, 『양주동 박사 고희기념논문집』, 1973.3.
이원섭, 「조선불교유신론」(역), 『창작과 비평』 8권 1호, 1973.3.
김열규, 'Han Yong-Un; His Life, Religion, Poetry', *Korea Journal* 13권 4호, 1973.4.
홍이섭, 'Han Yong-Un and Nationalism, Poetry', *Korea Journal* 13권 4호, 1973.4.
염무웅, 「만해사상의 윤곽」, 서울신문, 1973.4.11.
신상웅, 「만해 한용운; 영원한 한국인」, 『샘터』 37호, 1973.4.
권기종, 「조선불교유신론」(역), 『법시』 96~110호, 1973.4~1974.6(14회).
김병익, 「만해 한용운」, 동아일보, 1973.5. 30~31.
안병욱, 「한용운의 저항과 인간」, 『통일세계』 31호, 1973.6.
송 욱, 「시인 한용운의 세계」, 『한용운전집』, 신구문화사, 1973.7.
조명기, 「만해 한용운의 저서와 불교사상」, 『한용운전집』, 신구문화사, 1973.7.
백 철, 「시인 한용운의 소설」, 『한용운전집』, 신구문화사, 1973.7.
임중빈, 「님의 시인 한용운」, 『한용운 시집』, 정음사, 1973.7.
윤재근, 「만해의 '알 수 없어요'의 서와 정」, 『현대문학』 226호, 1973.10.
홍이섭, 「한용운과 불교사상」, 『문학과 지성』 14호, 1973.10.
최원규, 「한국현대시의 전통 문제」, 『보운 3호』, 1973.12.
박철석, 「한용운의 이별의 미학」, 『부산문학』 6집, 1973.12.
송은상, 「님을 향한 지향성」, 『성대문학』 18집, 1973.12.

이정강, 「소월과 만해의 시에 나타난 내면적 공간세계 비교고찰」, 『덕성여대 논문집』 2집, 1973.12.
이정강, 「만해의 불과 촛불의 상징성」, 『운현』 5집, 1974.2.
김학동, 「만해 한용운론」, 『한국근대시인연구 1』 일조각, 1974.1.
이기영, 「매월당과 만해의 차이」, 『세대』 127호, 1974.2.
송 욱, 『님의 침묵 전편해설』 과학사, 1974.3.
김용직, 「비극적 구조의 초비극성」, 『한국문학의 비평적 성찰』, 민음사, 1974.4.
윤영천, 「형식적 영원주의의 허구; 만해 한용운의 경우」, 『신동아』 116호, 1974.4.
정한모, 「만해시의 발전과정고 서설」, 동덕여대 학보, 1974.4.30.
이형기, 「20년대 서정의 결정. 만해·소월·상화」, 『심상』 7호, 1974.4.
김윤식, 「님과 등불」, 『한국근대작가론고』, 일지사, 1974.5.
노경태, 「만해 속의 타고르」, 『동국사상』 7집, 1974.5.
석지현, 「한용운의 님. 그 순수 서정」, 『현대시학』 63호, 1974.6.
문덕수, 『한용운의 생애와 문학』, 정음사, 1974.6.
김병익, 「만해 한용운 선생의 사상과 생애」, 동아일보, 1974.6.29.
정재관, 「침묵과 언어; 님의 침묵의 인식론적 면」, 『마산교대논문집』 5권 1호, 1974.7.
임중빈, 『한용운 일대기』, 정음사, 1974.7.
허미자, 「한국시에 나타난 촛불의 이미지 연구; 한용운의 '님의 침묵'을 중심으로」, 『이대 한국문화연구원논총』 24집, 1974.8.
김우창, 「한용운의 소설」, 『문학과 지성』 17호, 1974.8.
최동호, 「만해 한용운 시의 이해」, 고대신문, 1974.10.8(상)~10.22(하).
김용직, 「Rabindranath Tagore의 수용」, 『한국 현대시 연구』, 일지사, 1974.11.
김용직, 「'님의 침묵' 그 노래와 형태의 비밀」, 『심상』 2권 11호, 1974.11.
김윤식, 「만해론의 행방」, 『심상』 2권 11호, 1974.11.
문덕수, 「한용운론」, 『현대한국시론』, 선명문화사, 1974.12.
정중환, 「유불 양교의 유신론과 그 사상사적 의의」, 『하성 이선근 박사 고희 기념 논문집』, 1974.
황헌식, 「색불이공 공불이색의 경지. 한용운의 경우」, 『현대시학』 69호, 1974.12.
지종옥, 「만해 한용운론」, 『목포교대 논문집』 12집, 1974.12.

김상선, 「한용운론 서설; 시집, 님의 침묵을 중심으로」, 『국어국문학』 65·66합집, 1974.12.
오세영, 「침묵하는 님의 역설」, 『국어국문학』 65·66합집, 1974.12.
E. D. Rockstein, 'Your Silence-Doubt in Faith Han Yong-Un and Ingmar Borgman', *Asia and Pacific Quarterly*, 1975.1.
조재훈, 「한국 현대 시문학에 미친 불교의 영향. 육당·춘원·만해·공초」, 『공주사대논문집』 12집, 1975.3.
김재홍, 「만해 상상력의 원리와 그 실체적 과정의 분석」, 『국어국문학』 67호, 1975.4.
최원규, 「한국근대시에 나타난 불교적 영향에 관한 연구」, 『충남대 인문과학연구소 논문집』 2권 1호, 1975.5.
김관호, 「3·1운동의 전야(만해선생일화)」, 『법륜』 75호, 1975.5.
김윤식, 「만해론」, 『한국현대시론비판』, 일지사, 1975.8.
고 은, 『한용운평전』, 민음사, 1975.9.
조종현, 「만해 한용운」, 『한국의 사상가 12선』, 현암사, 1975.9.
한종만, 「불교유신사상」, 『박길진박사 화갑기념 한국불교사상사』, 원광대 출판국, 1975.10.
이명재, 「만해 소설고」, 『국어국문학』 70호, 1976.3.
이관구, 「독립운동과 한용운」, 「경향신문」, 1976.3.1.
백광하, 「불교인의 독립운동; 만해를 중심으로」, 『법륜』 85호, 1976.3.
한기두, 「불교유신론과 불교혁신론」, 『창작과 비평』 11권 1호, 1976.3.
소두영, 「구조문체론의 방법; 한용운의 '님의 침묵' 분석시론」, 『언어학』 1호, 1976.4.
조재훈, 「부정의 불꽃; 님의 침묵론」, 『호서문학』 5집, 1976.4.
조동일, 「김소월·이상화·한용운의 님」, 『문학과 지성』 24호, 1976.5.
김영태, 「불교유신론 서설」, 『창작과비평』, 1976 여름.
이기철, 「한국저항시의 구조」, 『우촌 강복수 박사 회갑논문집』, 1976.6.
김홍수, 「한용운의 백담사」, 일요신문, 1976.6.20.
김운학, 「민족과 일체감 이룬 만해」, 『새바람』 2호, 1976.7.
김영무, 「한용운과 이육사」, 『뿌리깊은나무』 7권 7호, 1976.8.

이명재, 「한용운 문학의 연구; 민족문학 모델로서의 총체적 접근」, 『중대논문집』 20집, 1976.10.

정한모, 「만해시의 발전과정 서설」, 『관악어문연구』 1집, 1976.12.

박종문, 「만해 한용운의 시세계; 님의 침묵과 역설의 고찰」, 『조대학보』(조선대) 10호, 1976.12.

J. C. Houlhan, *The Life and Work of Han Yong-Un*, London University, 1977.

김성배, 「한용운 편 불교교육 불교한문 독본에 대한 연구」, 『불교학보』 제5집, 동국대 출판부, 1977.

최원규, 「근대시의 형성과 불교」, 『현대시학』 96호, 1977.2.

박철희, 「시 작품과 해석의 문제; '님의 침묵'과 '알 수 없어요'의 경우.」, 『문리대학보』(영남대) 9호, 1977.2.

송 혁, 「만해의 불교사상과 시세계」, 『현대문학』 268~269, 1977.4~5.

김재홍, 「만해 시의 장르적 특성」, 국어국문학회 월례발표, 1977.4.

______, 「만해 시 정서의 형질에 관한 분석」, 『국어국문학』 74호, 1977.4.

한승옥, 「대립과 생성의 구조」, 『어문논집』 18집, 1977.4.

이용훈, 「님의 침묵에 대한 인식론적 고찰. 만해시의 인식 세계와 정신」, 『국어국문학』 75호, 1977.5.

송 혁, 「만해의 불교사상」, 『법륜』 100호, 1977.6.

박철희, 「한국 근대시와 자기인식; 김소월과 한용운의 경우」, 『현대문학』 271호, 1977.7.

조종현, 「조선독립의 서」(역), 『법륜』 102호, 1977.8.

장백일, 「만해 한용운론; 님의 침묵의 불교사상적 이해」, 『시문학』 73~74호, 1977.8~9.

최원규, 「만해시의 불교적 영향」, 『현대시학』 101~104호, 1977.8~11.

김선학, 「시인 한용운」, 『동악어문논집』 10집, 1977.9.

송재갑, 「현대불교시연구; 한용운과 서정주」, 『동악어문논집』 10집, 1977.9.

홍문표, 「한국현대시의 불교적 전통; 만해시를 중심하여」, 『월암 박성희박사 환력기념논총』, 1977.9.

최동호, 「서정시의 시적 형상에 관한 비평적 이해; 김소월·한용운의 경우」, 『박성우 박사 환력기념 논총』, 1977.9.
이명재, 「한용운 문학의 특수성」, 『녹지』 11집, 1977.12.
______, 「만해 문학의 여성편향고」, 『아카데미논총』 5집, 1977.12.
최범술, 「한용운 선생의 사상」, 『불광』 41호, 1978.3.
인권환, 「만해의 시와 보살사상」, 『불광』 41호, 1978.3.
강석주, 「한용운선생을 생각한다」, 『불광』 41호, 1978.3.
고 은, 「한용운론 서설」, 『불광』 41호, 1978. 3.
장 호, 「'님의침묵'을 통해 본 만해사상」, 『불광』 41호, 1978.3.
송건호, 「한용운 선생을 생각한다」, 『불광』 41호, 1978.3.
조동일, 「한용운」, 『한국문학사상사시론』, 지식산업사, 1978.4.
김 현, 「우상화와 선입견의 죄」, 『문학사상』 71호, 1978.8.
목정배, 「만해의 불교청년운동고」, 『법시』 160호, 1978.8.
______, 「한용운의 평화사상」, 『불교학보』 15, 1978.8.
송 욱, 「설법과 증도의 선시」, 『문예중앙』 가을호, 1978.10.
김흥규, 「시인인가 혁명가인가」, 『문예중앙』 가을호, 1978.10.
이선영, 「그 실상은 무엇인가?」, 『문예중앙』 가을호, 1978.10.
김 현, 「만해 그 영원한 이별의 미학」, 『문예중앙』 가을호, 1978.10.
목정배, 「만해의 포교관」, 『법시』 162호, 1978.10.
김상현, 「만해의 보살사상; 시집 '님의 침묵'을 통해 본」, 『법륜』 117~121호, 1978.11~1979.3(5회).
심재기, 「만해 한용운의 문체추이」, 『관악어문연구』 3집, 1978.12.
전서암, 「만해의 저항정신과 불교유신론」, 『씨알의 소리』 79호, 1978.12.
이인복, 『죽음의식을 통해 본 소월과 만해』, 숙명여대 출판부, 1979.
안병직, 『한용운』, 한길사, 1979.
정병덕, 「만해론 소고; 만해시의 초월사상을 중심으로」, 『행당』(한양대) 8집, 1979.1.
김재홍, 「한국시의 장르 선택과 전통성 문제」, 『충북대논문집』 17집, 1979.2.
이동화, 「한국의 불교와 근대문학; 님의 침묵과 관련하여」, 『서울대』(교지) 2호, 1979.2.
김종균, 「한용운의 한시와 시조; 그 옥중작을 중심으로」, 『어문연구』 21호,

1979.3.

목정배, 「만해와 청년불교, 젊은 나라」, 『세대』 186호, 1979.3.

이혜성, 「만해 스님과 청담 스님의 사상」, 『법륜』 121호, 1979.3.

전보삼, 「만해정신의 현장」, 대한불교 785~794호, 1979.4.15~7.1.

이명재, 「만해연구와 그 문학적 특성」, 『법륜』 123호, 1979.5.

송 혁, 「만해선사의 호국관」, 『불광』 56호, 1979.6.

김흥규, 「님의 소재와 진정한 역사」, 『창작과비평』 14권 2호, 1979.6.

안병직, 「조선불교유신론의 분석」, 『창작과비평』 14권 2호, 1979.6.

이상섭, 「만해시에의 열쇠는 없다」, 『문학사상』 80호, 1979.7.

김우창, 「한용운의 믿음과 회의」, 『문학사상』 80호, 1979.7.

김열규, 「'님의 침묵'에 대한 해석학적 접근」, 『문학사상』 80호, 1979.7.

전보삼, 「타인 작품을 만해 작품으로」, 대한불교 795호, 1979.7.8.

이명재, 「만해는 실천적 민족시인」, 한국일보, 1979.8.29.

조병춘, 「만해와 민족혼」, 독서신문 4740~4742호, 1979.8.19~9.2.

한춘섭, 「만해 한용운의 문학」, 『시조문학』 6권 3호, 1979.9.

김 현, 「님과 사랑」, 『한국문학』 7권 11호, 1979.11.

한종만, 『한국근대 민중불교의 이념과 전개』, 한길사, 1980.

김흥규, 「님의 소재와 진정한 역사」, 『문학과 역사적 인간』, 창작과비평사, 1980.

장 호, 「한용운의 시와 소설」, 『한용운』, 한국문학연구소(동국대), 1980.1.

정병홍, 「만해문학의 역사성과 그 정신」, 『순천농전 인문사회과학 논문집』 17집, 1980.2.

김우창, 「일체유심.한용운의 용기에 대하여」, 『실천문학』 1호, 1980.3.

김 현, 「한용운에 관한 세 편의 글」, 『문학과 유토피아』, 문학과 지성사, 1980.4.

장미라, 「만해 시조연구」, 『어문논집』(중앙대) 15집, 1980.6.

길종균, 「만해 한용운」, 『기러기』 184호, 1980.11.

박항식, 「한용운의 시조」, 한국문학학술회의(동국대), 1980.11.

김장호, 「'님의 침묵'의 언어개혁」, 한국문학학술회의(동국대), 1980.11.

이병주, 「만해선사의 한시와 그 특성」, 한국문학학술회의(동국대), 1980.11.

김은자, 「'님의 침묵'의 비유연구시론」, 『관악어문연구』 5집, 1980.12.

노재찬, 「만해 한용운과 '님의 침묵' 其1」, 『부산대사대 논문집』, 1980.12.

신용협, 「만해시에 나타난 '님'의 전통적 의미」, 『덕성여대논문집』 9집, 1980.12.
박철희, 「한용운의 님의 침묵」, 『한국현대시작품론』, 문장, 1981.
김재홍, 「만해 시학의 원리」, 『현대문학』 313호, 1981.1.
엄창섭, 「만해의 님에 관한 탐구」, 『관동대논문집』 9집, 1981.1.
이정태, 「만해 한용운의 시조문학론」, 『대림공전논문집』 2집, 1981.2.
구인환, 「만해의 소설고」, 『한국문학연구』, 1981.2.
김재홍, 「만해 시조의 한 고찰」, 『선청어문』 11집, 1981.3.
박항식, 「10대 시인의 시와 그 정신차원」, 『현대시학』 13권 5호, 1981.5.
김종균, 「한용운의 산문시 연구」, 『어문연구』, 1981.5.
송효섭, 「'님의 침묵'의 구조」, 『서강어문』 1호, 1981.6.
김희철, 「한용운의 시관연구」, 『서울여대논문집』 10집, 1981.6.
김재홍, 「님의 침묵의 판본과 표기체계」, 『개신어문연구』 2집, 1981.8.
인권환, 「한용운 소설 연구의 문제점과 그 방향」, 『한용운사상연구』 2집, 1981.9.
이원섭, 「만해시의 성격」, 『한용운사상연구』 2집, 1981.9.
김용성, 「'님의 침묵' 이본고」, 『한용운사상연구』 2집, 1981.9.
서경수, 「만해의 불교유신론」, 『한용운사상연구』 2집, 1981.9.
신동욱, 「만해의 시 연구」, 『우리 시의 역사적 연구』 새문사, 1981.9.
문덕수, 「한용운의 님의 침묵」, 『시문학』 123호, 1981.10.
오하근, 「불, 그 영원한 종합」, 『현대문학』 27권 10호, 1981.10.
김이상, 「만해시의 시정신과 표현」, 『어문학교육』, 1981.12.
문덕수, 「한용운의 '알 수 없어요'」, 『시문학』 125호, 1981.12.
유시욱, 「한용운 시와 향가 비교 연구」, 『서강어문』 2집, 서강어문학회, 1982.1.
김열규·신동욱, 『한용운연구』, 새문사, 1982.
이영무, 「한국불교사상 한용운의 위치; 조선불교유신론을 중심으로」, 『인문과학연구』(건국대) 14, 1982.
김재홍, 『한용운 문학연구』, 일지사, 1982.
신동욱, 『님이 침묵하는 시대의 노래』, 문학세계사, 1982.
송 혁, 『한국불교시문학론』, 동국대출판부, 1982.
전보삼, 「한용운의 교육철학」, 『한국학논집』 2, 1982.
김용직, 「만해 한용운의 시와 그 사적 연구」, 『한국문학』 100~101호, 1982.2-3.

유시광, 「시의 역학적 구조와 전통성: 한용운론」, 『시문학』 128호, 1982.2.
김관호, 「만해 한용운의 독립에 바친 일생」, 『불교』 120호, 1982.3.
성내운, 「불교 민족시인 만해와 일」, 『법륜』 159호, 1982.5.
이선영, 「한용운의 대승적 역사인식」, 『세계의 문학』 여름호, 1982. 여름.
고재석, 「님의 침묵의 신화적 구조」, 『동악어문집』, 1982.6.
김희수, 「만해 한용운의 문학사상」, 『법륜』 161호, 1982.7.
김어수, 「만해 한용운의 문학사상: 소박하고 솔직하게 쏟아놓은 뜨거운 목소리」, 『법륜』, 1982.12.
김병택, 「한용운 시의 수사적 경향」, 『한국시가연구』, 태학사, 1983.
김장호, 「한용운시론」, 『한국시가연구』, 태학사, 1983.
윤재근, 『만해시와 주제적 시론』, 문학세계사, 1983.
전보삼, 『한용운시론』, 민족문화사, 1983.
______, 「한용운 선사상의 일고」, 『한국학논집』 3, 1983.
김용태, 「만해시의 자비관」, 『불광』 99호, 1983. 1.
이철균, 「한용운과 즉물사상」, 『한국문학』 112호, 1983.2.
윤재근, 「만해시의 '나'와 '님'」, 『월간문학』 168호, 1983.2.
조수자, 「조선불교유신론과 조선불교혁신론의 비교고찰」, 『원불교학연구』(원광대) 13호, 1983.5.
윤재근, 「만해시의 미적양식」, 『월간문학』 173~174호, 1983.7~8.
______, 「만해시의 운율적 시상」, 『현대문학』 343호, 1983.7.
이상철, 「한용운의 사회사상」, 『한국학보』 30~31집, 일지사, 1983 봄, 여름.
김이성, 「한용운문학의 일평가」, 『어문교육』 6집, 1983.12.
윤재근, 「만해시와 미적 대상」, 『현대문학』, 1983.12.
김봉군, 「한용운론」, 『한국현대작가론』, 민지사, 1984.
윤영천, 「복종과 자유의 변증법」, 『한국문학의 현단계』 3, 창작과비평사, 1984.
김교식, 『한용운』 계성출판사, 1984.
이상섭, 『'님의 침묵'의 어휘와 활용구조』, 탐구당, 1984.1.
정효구, 「만해시의 구조고찰」, 『정신문화연구』 19집, 1984.1.
고재석, 「만해의 탐색담과 '님의 침묵'의 발생법칙분석」, 『한국문학연구』(동국대) 6·7합집, 1984.2.

감필연, 「한용운 시에 나타난 '기다림'의 미학」, 『어문연구』(마산대), 1984.4.
윤재근, 「만해시와 미적 자료」, 『월간문학』 17권 4~6호, 1984.4~6.
채수영, 「한용운의 시정신」, 『새국어교육』 39호, 1984.6.
황동규, 「(서평) 섬세한 문학연구를 위한 한 시도; 이상섭의 "님의 침묵의 어휘와 그 활용구조"」, 『세계문학』 9권 2호, 1984.6.
윤재근, 「만해시 연구의 방향」, 『현대문학』 355호, 1984.7.
채수영, 「절망의 비교연구」, 『경기대대학원논문집』 1집, 1984.9.
김준오, 「총체화된 자아와 '나—님'의 세계」, 『한국문학논총』 6·7집, 1984.10.
신경득, 「일제시대 문학사상에 대하여」, 『배달말』 9호, 1984.11.
서경수, 「한용운의 정교분리론에 대하여」, 『불교학보』 제22집, 동국대 출판부, 1985.
송희복, 「님의 침묵과 사성제」, 『불교사상』 7월호, 1985.
정광호, 「식민지하의 불교」, 『불교사상』 8월호, 1985.
서준섭, 「지사와 선사로서의 삶 사이의 갈등」, 『식민지시대의 시인연구』, 시인사, 1985.4.
김재홍, 「만해, 민족시의 등불」, 『소설문학』 11권 6호, 1985.6.
박철희, 「밝음과 어둠의 변증법」, 『한글 새소식』 154호, 1985.6.
윤재근, 『만해시, 님의 침묵 연구』, 민족문화사, 1985.7.
이승훈, 「한용운의 대표시 20편은 무엇인가」, 『문학사상』, 1985.9.
김종욱, 「만해시 연구사 개관」, 『문학사상』 14권 9호, 1985.9.
이태동, 「님의 소멸과 기다림의 미학」, 『문학사상』 14권 9호, 1985.9.
김준오, 「님의 현상학과 형이상학」, 『문학사상』 14권 9호, 1985.9.
김재홍, 「만해의 문학과 사상」, 『문학사상』 14권 9호, 1985.9.
최명화, 「한용운론고」, 『미원 우인서 선생 화갑기념논문집』, 집문당, 1986.
조동일, 「김소월·이상화·한용운의 님」, 『우리 문학과의 만남』, 기린원, 1986.
한종만, 「박한영의 사회운동」, 『불교사상』 4월호, 1986.
장백일, 「만해의 불교적 인간관」, 『불교사상』 4월호, 1986.
한보광, 「백용성의 대각교운동」, 『불교사상』 4월호, 1986.
유한근, 「한국현대불교시와 주제 전통」, 『불교사상』 5월호, 1986.
박진환, 「불교문학의 단편적 정리」, 『불교사상』 5월호, 1986.

이숭원, 「자연표상에 대한 고찰」, 『국어국문학』 95호, 1986.6.31.
최명환, 「항일저항시의 정신사적 맥락」, 『국어교육』 5·6집, 한국국어교육연구회, 1986.7.20.
조재훈, 「만해시의 상상체계 소고; '알 수 없어요'를 중심으로」, 『한국언어문학논총』, 1986.8.30.
이영섭, 「시에 있어서 대상인식의 문제. 소월의 님과 만해의 님」, 『연세어문학』(연세대) 19집, 1986.12.25.
조동민, 「만해시에 나타난 '님'의 상징」, 『학술연구원 학술지』(건국대) 39집, 1987.5.15.
이영희, 「현대시의 생사관 고찰; 한용운의 '님의 침묵'을 중심으로」, 『한국언어문학』 25집, 1987.5.26.
채수영, 「만해시와 원; 십우도를 중심으로」, 『한실 이상보 박사 회갑기념 논총』, 1987.9.18.
최유진, 「한용운의 불교사상」, 『가라문화』 6, 1988.
함동선, 「한국근대시에 있어서의 자기반성. 3·1 독립운동을 중심으로」, 『홍익어문』(홍익대) 7집, 1988.2.
고재석, 「'님의 침묵'의 존재론적 상상구조; 삶의 의미지평과 문학적 구조와의 상동관계」, 『한국문학연구』(동국대) 11집, 1988.2.31.
김영호, 『한용운과 휘트먼의 문학사상』 사사연, 1988.3.
김용태, 「만해시 '님의 침묵'의 시간구조」, 『국어국문학』(부산대) 5집, 1988.
마광수, 「한국 현대시의 심리비평적 해석」, 『인문과학』(연세대) 59호, 1988.6
김병택, 「만해시에 나타난 꿈의 성격과 전개양상」, 『문학과 비평』 6호, 1988.8.
신용협, 「한용운의 시정신 연구」, 『인문과학연구소논문집』(충남대) 15권 1호, 1988.8.31.
전광진, 「한용운의 '님'과 릴케의 '천사'」, 『동양문학』 3호, 1988.9.1.
박철석, 「한국낭만주의시의 취향」, 『파천 김무조 박사 화갑기념논총』, 1988.9.
김미선, 「한용운의 한시 연구」, 『청대한림』 4, 1989.
정상균, 「한용운 시의 연구」, 『선청어문』(서울대) 18집, 1989.8.
이병석, 「시집, 『님의 침묵』에 나타난 자비관」, 『국어국문학』(동아대) 9집, 1989.12.

김해성, 「한용운론; 일반법칙을 기루는 시관고」, 『현대시인연구』, 진명문화사, 1990.
이동하, 「한국의 불교와 근대문학」, 『불교문학평론선』, 민족사, 1990.
조숙희, 「이별과 만남의 변증법; 한용운의 '님의 침묵'서시 분석」, 『백록어문』(제주대), 1990.2.
지 욱, 「한용운의 생애와 사상; 조선불교유신론을 중심으로」, 『수다라』(해인승가대), 1990.3.
이경현, 「인물로 본 한보국; 해방 직후 홍성 지역 사회운동의 거목」, 「주간홍성」, 1990.8.13.
박남훈, 「'님의 침묵'에 나타난 플롯 의식」, 『국어국문학』(부산대) 27집, 1990.9.
성기조, 「한용운의 시와 평등사상」, 『덜곶 김상선 교수 화갑기념논총』 중앙대 국문과, 1990.11.
김용범, 「만해 한용운의 소설 '흑풍' 연구; 포교문학 또는 고전소설 기법적 측면에서」, 『한양어문연구』, 1990.12.
박건명, 「'님의 침묵'과 '원정'의 비교연구」, 『우리문학연구』, 1990.12.
윤석성, 「'님의 침묵'의 나의 정조」, 『한국문학연구』(동국대), 1990.12.
김호성, 「바가바드기타와 구라단두경의 입장에서 본 조선불교유신론의 의례관」, 『불교학보』 36집, 1990.
전보삼, 「한용운의 민족주의사상 연구」, 『신구전문대논문집』, 1991.1.
윤석성, 『한용운 시의 비평적 연구』 열린불교, 1991.6.
양영길, 「'님의 침묵'의 구조 연구」, 『국어교육논총』(제주대 교육대학원), 1991.7.
최태호, 「만해 한시의 도가 수용; 선과 관련된 시어를 중심으로」, 『우리어문학연구』(한국외대), 1991.8.
박걸순, 「한용운의 '조선독립에 대한 감상' 분석」, 『월간 독립기념관』 42호, 1991.8.
최유진, 「한용운의 불교개혁이론」, 『철학논집』(경남대), 1991.9.
예종숙, 「만해의 시」, 『영남전문대논문집』, 1991.12.
정대호, 「한용운 시에 나타난 현실 대응의 논리」, 『국어국문학』, 1991.12.
윤석성, 「선시의 정서」, 『현대문학과 선시』, 불지사, 1992.
이경고, 「침묵과 언어의 만남; 님의 침묵을 중심으로 본 선과 시」, 『현대문학과 선시』, 불지사, 1992.
전보삼, 「푸른 산빛을 깨치고」, 『만해의 불교사상』, 민족사, 1992.
박철희, 『한용운』, 서강대출판부, 1992.
이 탄, 「소월·만해의 그릇; 한국현대시론」, 『현대시학』, 1992.1.
한계전, 「만해 한용운 문단의 문하생들; 만해 문단의 성립과 문하생들의 작품세계를 중심으로」, 『문학사상』 231호, 1992.1.
고재석, 「마른 국화와 매운 풍란화」, 『만해학보』 창간호, 1992.6.
권영민, 「만해 한용운의 문학관에 대하여」, 『만해학보』 창간호, 1992.6.
김재홍, 「만해연구 略史」, 『만해학보』 창간호, 1992.6.
전보삼, 「한용운 화엄사상의 일고찰」, 『만해학보』 창간호, 1992.6.
허우성, 「만해의 불교이해」, 『만해학보』 창간호, 1992.6.
김기중, 「체험의 시적 변용에 대하여; 지용·이상·만해의 경우」, 『민족문화연구』(고려대), 1992.7.
김종주, 「침묵하는 님의 정신분석」, 『외국문학』, 1992.9.
양영길, 「'님의 침묵'과 '진달래꽃'의 시간 구조의 비교연구」, 『백록어문』(제주대), 1992.9.
이병석, 「만해시 '알 수 없어요'에 대한 고찰」, 『한국문학논총』, 1992.10.
박걸순, 『한용운의 생애와 독립투쟁』, 독립기념관, 1992.10.
유원곤, 「조선불교유신론과 조선불교혁신론의 성립배경 연구」, 『한국종교』 17, 1992.
한명희, 「'님의 침묵'에 나타난 '나와 님'의 관계」, 『전농어문연구』(서울시립대), 1992.12.
김영태, 「만해의 새불교운동」, 『불교사상사론』, 민족사, 1992.12.
정학심, 「한용운 시에 나타난 전통과 선사상에 관한 연구」, 『청람어문학』 1993.1.
전보삼, 「불교개혁을 위한 한용운의 화두」, 『회당학보』 2, 1993.
정병조, 「한국 현대불교개혁론 비교연구」, 『회당학보』 2, 1993.
이병석, 「만해시의 '님'에 대한 고찰」, 『동아어문논집』, 1993.7.
김창원, 「시쓰기의 화법과 투사적 시읽기; 님의 침묵을 텍스트로」, 『선청어문』(서울사대), 1993.9.
김승동, 「만해와 소태산의 불교개혁론에 관한 비교연구」, 『인문논총』(부산대),

1993.12.
유재천, 「한용운 시의 의미화 원리」, 『배달말』, 1993.12.
윤석성, 「'님의 침묵'의 유식론적 접근」, 『동국논집』(인문사회과학), 1993.12.
허형석, 「석정시의 성립 배경 연구Ⅲ; 타고르·만해의 수용을 중심으로」, 『군산대논문집』, 1993.12.
양은용, 「근대불교개혁운동」, 『한국사상대계』 6, 정신문화연구원, 1993.
최병헌, 「일제불교의 침투와 한용운의 조선불교유신론」, 『진산 한기두 박사 화갑기념. 한국종교사의 재조명』, 1993.
김상현, 「3·1운동에서의 한용운의 역할」, 『한용운사상연구』 3집, 1994.2.
송건호, 「만해 한용운의 민족운동」, 『한용운사상연구』 3집, 1994.2.
송현호, 「만해의 소설과 탈식민주의」, 『국어국문학』, 1994.5.
이경교, 「선비정신의 비극적 정화」, 『동국어문학』, 1994.1.
이병석, 「만해시의 의지적 정서와 시적 형상」, 『어문학교육』, 1994.5.
이영무, 「만해 한용운의 자유사상」, 『한용운사상연구』 3집, 1994.2.
이원조, 「한용운의 시어를 통한 그의 의식의 고찰」, 『진주산업대논문집』, 1994.12.
임혜봉, 「친일매불음모와 임제종의 자주화 운동」, 『순국』, 1994.9.
전보삼, 「한용운의 3·1독립정신에 관한 일고찰」, 『한용운사상연구』 3집, 1994.2.
김동환, 「한용운 시의 효용론적 소통구조」, 『만해학보』 2집, 1995.8.
김용직, 「행동과 형이상의 세계」, 『만해학보』 2집, 1995.8.
김재현, 「Donne과 한용운의 시의 역설」, 『인문논총』(아주대), 1995.12.
김정휴, 「만해의 전인적 삶과 자유」, 『만해학보』 2집, 1995.8.
김종명, 「한용운(1879~1944)의 불교사회사상」, 『서지와 종교』 18, 1995.
김종명, 「한용운(1879~1944)의 불교사회사상」, 『현대와 종교』, 1995.6.
문덕수, 『여백의 시학』, 시문학, 1995.6.
송기섭, 「님의 원형과 재생; 한용운의 님」, 『어문연구』, 1995.12.
윤여탁, 「시감상의 어려움에 대하여; 한용운의 시를 중심으로」, 『만해학보』 2집, 1995.8.
윤태수, 「만해와 소월의 시; 세계의 인식과 대응방식」, 『인문과학연구』(상명여대), 1995.12.
이승원, 「한용운의 시와 시인의 사명」, 『현대시』, 1995.7.

임성조, 「만해시의 선의식에 관한 고찰」, 『만해학보』 2집, 1995.8.
전봉관, 「한용운 시의 두 가지 관념」, 『만해학보』 2집, 1995.8.
조성면, 「한용운 재론; 아버지 지우기와 비극적 세계관」, 『민족문학사연구』, 1995.6.
허우성, 「만해와 성철을 넘어서; 새로운 불교이념 모색을 위하여」, 『만해학보』 2집, 1995.8.
홍신선, 「방언 사용을 통해서 본 기전, 충청권 정서; 지용·만해·노작의 시를 중심으로」, 『현대시학』, 1995.12.
고형진, 「만해시의 어조연구」, 『어문학연구』(상명여대), 1996.2.
김광식, 「조선불교청년총동맹과 만당」, 『한국근대불교사연구』, 민족사, 1996.8.
김광식, 「조선불교청년회의 사적 고찰」, 『한국근대불교사연구』, 민족사, 1996.8.
김혜니, 「한용운 시의 대모여성원형」, 『이화어문논집』, 1996.4.
신혁락, 「선과 시적 상상력; '님의 침묵'을 중심으로」, 『비평문학』, 1996.7.
윤석성, 「『님의 침묵』 의 '나'」, 『동악어문논집』 31, 1996.
임문혁, 「한용운 시 은유의 특질」, 『국제어문』, 1996.5.
홍정자, 「'만해' 한용운의 자손들」, 『말』, 1996.
김상현, 『만해 한용운 어록, 조선청년에게 고함』, 시와시학사, 1997.7.
김승철, 「만해 한용운의 선사상과 실천적 다원주의」, 『원불교사상』 21, 1997.
이혜원, 「한용운 시에서의 욕망과 언어의 문제」, 『국어국문학』 120호, 1997.12.
권오현, 「만해 한용운 소설 연구」, 『계명어문학』(계명대) 11집, 1998.2.
김경집, 「한용운의 조선불교유신론」, 『한국근대불교사』, 경서원, 1998.
김종주, 「만해의 욕망」, 『예술세계』, 1998년 4월호.
김창수, 「한국 및 인도의 독립운동과 그 역사적 성격; 만해 한용운과 마하트마 간디의 활동을 중심으로」, 『만해학보』 3호, 1998.6.
오세영, 「님의 침묵·나룻배와 행인」, 『한국 현대시 분석적 읽기』, 고려대출판부 1998.
이선이, 「만해시의 생명문학적 표출양상과 의미」, 『만해학보』 3호, 1998.6.
전보삼, 「한용운의 불교개혁사상에 대하여」, 『한국사상과 문화』 2, 1998.
하희정, 「한용운 시와 근대적 서정성 형성문제; 주요한·김소월과의 비교를 중심으로」, 『만해학보』 3호, 1998.6.

Davide R. McCann, 'Hearing the Silcnce of Love', 『만해축전. 현대시의 반성과 만해문학의 국제적 인식』, 만해사상실천선양회, 1999.

Elisabeth Andres, 'Aspects de la metaphysique religieuse chez MAN-HAE', 『만해축전; 현대시의 반성과 만해문학의 국제적 인식』, 만해사상실천선양회, 1999.

Ivana Marie Gruberova, 'How are MANHAE Poems Interpreted and Evaluated erom the Viewpoint of Middle-Europeans', 『만해축전; 현대시의 반성과 만해문학의 국제적 인식』, 만해사상실천선양회, 1999.

권영민, 「만해 한용운의 소설과 도덕적 상상력」, 『만해축전; 현대시의 반성과 만해문학의 국제적 인식』, 만해사상실천선양회, 1999.

김영호, 「휘트먼, 타골, 한용운의 시와 풀잎 상징」, 『문학과 종교』 4호, 1999.

인권환, 「만해문학의 전개와 그 전망적 과제」, 『만해축전; 현대시의 반성과 만해문학의 국제적 인식』, 만해사상실천선양회, 1999.

정찬주, 『만행』(장편소설), 민음사, 1999.

조동일, 「만해문학의 사상사적 의미」, 『만해축전; 현대시의 반성과 만해문학의 국제적 인식』, 만해사상실천선양회, 1999.

한계전, 「만해 한용운 사상 형성과 그 배경」, 『만해축전; 현대시의 반성과 해문학의 국제적 인식』, 만해사상실천선양회, 1999.

한점돌, 「한용운 소설에 나타난 사랑의 양상과 그 의미」, 『국어교육』 99, 1999.

현태리, 「타골시 번역 규범과 만해시 비교론」, 『만해축전; 현대시의 반성과 만해문학의 국제적 인식』 만해사상실천선양회, 1999.

고명수, 「한용운의 후기시와 시조에 대하여」, 『불교문예』 겨울호, 2000.

______, 『나의 꽃밭에 님의 꽃이 피었습니다』, 한길사, 2000.

고 은, 『한용운 평전』, 고려원, 2000.

김광식, 「근대불교개혁론의 배경과 성격」, 『근현대불교의 재조명』, 민족사, 2000.10.

김광원, 「님의 침묵과 선의 세계」, 『다르마』 3호, 전북불교문인회, 2000.

김상현, 「1990년대 한국불교계의 유신론」, 『2000 만해축전』, 만해사상실천선양회, 2000.

김효사, 「만해와 육사에서 신동엽과 김남주까지」, 『2000 만해축전』, 만해사상실천선양회, 2000.

방민호, 「옛 형식 속에 담긴 유신(維新)의 기미-만해 시조의 한 감상」, 『2000 만해축전』, 만해사상실천선양회, 2000.
이병석, 「만해시의 신비와 초월지향적 형상화 연구」, 『2000 만해축전』, 만해사상실천선양회, 2000.
이숭원, 「서정주의 시의 전개와 현재의 위상」, 『서정시학』 봄호, 웅동, 2000.
이혜원, 「한용운의 님의 침묵」, 『대표시 대표평론』 2000.3.1.
임중번, 「침묵의 기도. 한용운의 생애와 시문학」, 『다르마』 3호, 전북불교문인회, 2000.
전보삼, 「강원도와 만해」, 『2000 만해축전』, 만해사상실천선양회, 2000.
고명수, 「조선독립이유서에 나타난 만해의 독립사상」, 『2001 만해축전』, 만해사상실천선양회, 2001.
고명수, 「만해시와 동양미학」, 『유심』 여름호, 2001.
고재석, 「영혼의 도반과 투명한 유산」, 『2001 만해축전』, 만해사상실천선양회, 2001.
김광식, 「만해와 효당, 그리고 다솔사」, 『유심』 가을호, 2001.
김열규, 「순수한 모순이여!」, 『유심』 복간호(봄호), 2001.
김형중, 「한용운의 선시 세계」, 『유심』 겨울호, 2001.
블라디미르 티호노프, 「기미독립선언서 '공약삼장'의 집필자에 관하여」, 『2001 만해축전』, 만해사상실천선양회, 2001.
석 주, 「아! 만해 님은 아직 내 곁에 있습니다」, 『유심』 겨울호, 2001.
염무웅, 「여전히 싱그러운 국화 향내」, 『유심』 복간호(봄호), 2001.
이병석, 「만해 한시(漢詩) 연구(1)」, 『2001 만해축전』, 만해사상실천선양회, 2001.
______, 「전율의 귀띔」, 『유심』 복간호(봄호), 2001.
이선이, 『만해시(萬海詩)의 생명사상 연구』, 월인, 2001.
이승하, 「한용운의 옥중 한시 감상」, 『유심』 겨울호, 2001.
이종찬, 「만해의 시세계; 한시(漢詩)와 자유시의 달인」, 『2001 만해축전』, 만해사상실천선양회, 2001.
______, 「만해의 한시」, 『한국문학연구』(동국대) 24집, 2001.
장석만, 「만해 한용운과 정교분리 원칙」, 『2001 만해축전』, 만해사상실천선양회, 2001.

전보삼, 「만해와 계초 이야기」, 『유심』 복간호(봄호), 2001.
______, 「만해 한용운의, 『유심』 지 고찰」, 『유심』 여름호, 2001.
정광호, 「운허스님으로부터 들은 만해 이야기」, 『유심』 겨울호, 2001.
최동호, 『한용운』, 건국대 출판부, 2001.
최병노, 「만해 한용운 문학의 근원. '조선불교유신론'을 중심으로」, 『동방문학』 19, 2001.2.
한계전, 「만해와 건봉사 봉명학교」, 『유심』 복간호(봄호), 2001.
한보광, 「海·龍의 만남」, 『유심』 겨울호, 2001.
강영주, 「만해와 벽초의 교우」, 『유심』 여름호, 2002.
고명수, 「만해 불교의 이념과 그 현대적 의미」, 『2002 만해축전』, 만해사상실천선양회, 2002.
______, 「만해 불교이념과 그 현대적 의의」, 『의상만해연구』 제1집, 2002.
권영민, 「자료발굴: 한용운의 일본 시절. 일본잡지, 『화융지』에 수록된 한용운의 한시」, 『문학사상』 31권 8호, 2002.8.
김광식, 「만해와 석전, 그 접점과 갈림길 그리고 절묘한 이중주」, 『유심』 겨울호, 2002.
김선학, 「시인 한용운론; 님의 침묵 재조명」, 『우리말 글』 24집, 2002.
김헌선, 「한용운 글쓰기의 사상적 근거」, 『한국사상과 문화』 15, 2002.
박구하, 「시와 시조로 길을 밝힌 시대의 등불」, 『시조문학』 2002, 여름호(통권 143호).
박포리, 「불교대전의 편제와 만해 한용운의 불교관」, 『의상만해연구』 제1집, 2002.
서재영, 「1910년 전후의 시대상과 '조선불교유신론'의 의의」, 『의상 만해연구』 제1집, 2002.
______, 「선사로서의 만해의 행적과 선사상」, 『2002 만해축전』, 만해사상실천선양회, 2002.
서준섭, 「조선불교유신론·십현담주해의 철학적 해석을 위한 시론」, 『2002만해축전』, 만해사상실천선양회, 2002.
______, 「한용운의 선과 님의 침묵」, 『만해학보』 4, 2002.8.
신원선, 「한용운 시의 대중성 연구」, 『한민족문화연구』 10, 2002.

윤석성, 「Anima와 관음신앙」, 『불교어문논집』 7, 2002.
윤재웅, 「만해 문학에 나타난 자유의 의미」, 『2002 만해축전』, 만해사상실천선양회, 2002.
이병석, 「만해 한시 연구(2)」, 『2002 만해축전』, 만해사상실천선양회, 2002.
이선이, 「만해 문학에 나타난 생명사상」, 『2002 만해축전』, 만해사상실천선양회, 2002.
장미라, 「한용운 연구－시조를 중심으로」, 『현대시조』 봄·여름호, 2002.
전보삼, 「만해 한용운과 조선불교청년회」, 『유심』 봄호, 2002.
조정래, 「내 영혼 속의 만해와 철운」, 『유심』 겨울호, 2002.
종 명, 「조선불교유신론에 나타난 만해의 계율관」, 『2002 만해축전』, 만해사상실천선양회, 2002.
고명수, 「조선불교유신론과 만해의 문학관」, 『2003 만해축전』, 만해사상실천선양회, 2003.
고재석, 「한용운과 그의 시대(1)」, 『유심』 가을·겨울호, 2003.
김광식, 「민족불교로 독립 지존의 길을 개척하다. 만해와 만공」, 『유심』 여름호, 2003.
______, 「조선불교유신론과 현대 한국불교」, 『2003 만해축전』, 만해사상실천선양회, 2003.
______, 「한용운의 민족의식과 조선불교유신론」, 『한국민족운동사연구』 35, 2003.6.
______, 「만해는 근대화 추구한 독립운동가」, 「불교신문」, 2003.8.29.
김광원, 「님의 침묵의 배경, 십현담주해」, 『만해학보』 5, 2003.
김상영, 「불교대전의 특성과 인용경전 연구(상)」, 『만해학보』 5, 2003.
김옥성, 「만해 한용운의 시에 나타난 종교적 상상력」, 『관악어문학연구』 28호, 2003.
김인환, 『한용운의 '님의 침묵'을 읽는다』, 열림원, 2003.
노연숙, 「한용운, 생의 풍경이 투영된 사랑과 혁명」, 『만해학보』 5, 2003.
맹문재, 「한용운 시에 나타난 '님'의 이성성(異性性) 연구」, 『어문연구』 31권 4호, 2003.
명 정, 「스승과 제자, 그리고 도반의 아름다운 만남. 만해와 경봉」, 『유심』 봄호,

2003.
서재영, 「조선불교유신론의 소회(塑繪) 폐지론과 선종의 정체성」, 『2003 만해축전』, 만해사상실천선양회, 2003.
서준섭, 「한용운의 십현담주해 읽기」, 『한국현대문학연구』 13, 2003.6.
유석재, 「만해와 계초의 돈독했던 우정」, 「조선일보」, 2003.10.23.
유승무, 「사회진화론과 만해의 사회사상」, 『2003 만해축전』, 만해사상실천선양회, 2003.
윤세원, 「한용운의 정치사상에 관한 연구」, 『2003 만해축전』, 만해사상실천선양회, 2003.
윤창화, 「한용운의 님의 침묵」, 「법보신문」, 2003.7.2.
______, 「한용운의 불교대전」, 법보신문, 2003.4.23.
______, 「한용운의 조선불교유신론」, 법보신문, 2003.5.21.
이관구, 「한용운에게서 들은 불교대의」, 『언행록』 2003.
이도흠, 「조선불교유신론에서 근대적 세계관 읽기」, 『2003 만해축전』, 만해사상실천선양회, 2003.
이상국, 「다시 생각하는 만해」, 『현대시학』 2003년 10월호.
이선이, 「한용운 문학에 나타난 탈식민주의적 인식」, 『어문연구』 31권 2호, 2003.
이수영, 「대중소설의 시대와 흑풍의 자리」, 『만해학보』 5, 2003.
이혜원, 「전인적 인격과 의지의 시. 한용운론」, 『새로 쓰는 현대시인론』, 백년글사랑, 2003.1.
장시기, 「만해 한용운의 불교적 '노마돌로지'에 나타난 근대성과 탈근대성」, 『2003 만해축전』, 만해사상실천선양회, 2003.
전보삼, 「만해 한용운 선사의 민족정신에 대하여」, 『2003 만해축전』, 만해사상실천선양회, 2003.
______, 「만해 한용운과 신간회」, 『유심』 가을·겨울호, 2003.
정광호, 「조선불교유신론 집필의 배경과 개혁 방향」, 『2003 만해축전』, 만해사상실천선양회, 2003.
허도학, 「근대계몽철학과 조선불교유신론」, 『2003 만해축전』, 만해사상실천선양회, 2003.
황수남, 「1930년대 신문연재 소설 박명의 생태비평적 고찰」, 『충남대 인문학연구』 30집, 2003.
고재석, 「한용운과 그의 시대(2)」, 『국어국문학』 138, 2004.
구모룡, 「만해사상의 동아시아적 맥락」, 『2004 만해축전』, 만해사상실천선양회, 2004.
김광식, 「만해, 암흑기 청년의 삶의 나침반. 한용운과 김관호」, 『유심』 여름호, 2004.
_____, 「만해 민족운동 연구의 회고와 전망」, 『2004 만해축전』, 만해사상실천선양회, 2004.
_____, 「志節詩人의 표상. 한용운과 조지훈」, 『유심』 겨울호, 2004.
_____, 「만해, 불교 청년들을 단련시킨 용광로. 한용운과 김법린」, 『유심』 봄호, 2004.
_____, 「생활선의 계승과 구현. 한용운과 이춘성」, 『유심』 가을호, 2004.
_____, 「한용운 불교 연구의 회고와 전망」, 『만해학보』 8, 2004.12.
_____, 『만해 한용운 평전; 첫키스로 만해를 만난다』, 장승, 2004.3.1.
김광원, 「만해 한용운의 선시」, 『유심』 겨울호, 2004.
김상영, 「불교대전의 특성과 인용경전 연구(하)」, 『만해학보』 7, 2004.
김윤태, 「만해문학의 현실주의」, 『2004 만해축전』, 만해사상실천선양회, 2004.
_____, 「만해 문학과 현실주의에 관한 단상」, 『만해학보』 8, 2004.12.
김재홍, 「만해문학 연구 어디까지 왔나」, 『2004 만해축전』, 만해사상실천선양회, 2004.
김종태, 「한용운 시의 역설적 세계관 연구」, 『한국문예비평연구』 14집, 2004.
데이비드 맥캔, 「만해 시에 나타난 단상」, 『유심』 가을호, 2004.
서준섭, 「한용운의 불교 관계 저술 연구의 현황과 과제」, 『2004 만해축전』, 만해사상실천선양회, 2004.
_____, 「한용운의 선과 시. '겸대'와 '전위'의 사유와 님이 없는 세속사회 글쓰기」, 『시와 세계』 2004, 여름호.
석길암, 「만해의 현담주해에 나타난 선교관」, 『만해학보』 8, 2004.12.
손홍규, 「만해 한용운과 아들 한보국」, 『민족 21』 34호 2004.
유석재, 「삭풍 속에 피어난 금란지교(金蘭之交). 만해와 계초 방응모」, 『유심』 봄호, 2004.

윤세원, 「한용운 자유 개념의 철학적 토대와 논리구조에 관한 연구」, 『동양사회사상』 9, 2004.
윤재근, 「만해 선사의 일대시교(一代時敎)」, 『2004 만해축전』, 만해사상실천선양회, 2004.
이범진, 「역사추적: 불교 항일투쟁의 선봉, 만당과 만해」, 『주간조선』 2004.3.11.
이선민, 「만해 한용운이 쓴 가장 오래된 글.발견」, 『조선일보』, 2004.3.1.
이선영, 「한용운의 실천과 사상과 선과 문학」, 『2004 만해축전』, 만해사상실천선양회, 2004.
이선이, 「근대불교와 만해」, 『2004 만해축전』, 만해사상실천선양회, 2004.
이원길, 「북한에서의 한용운에 대한 평가」, 『유심』 가을호, 2004.
이재형, 「고은의 만해론을 비판한다」, 『불교평론』 18, 2004 봄.
이홍섭, 「조선불교유신론에 담긴 한용운의 세계관과 건봉사와의 영향관계.불교문학 연구의 모색과 전망」, 『한국어문학연구』 제43집, 한국어문학연구학회, 2004.8.
임헌영, 「만해의 민족정신과 통일문학」, 『2004 만해축전』, 만해사상실천선양회, 2004.
전봉관, 「한용운 시 연구의 흐름과 전망」, 『만해학보』 8, 2004.12.
정남영, 「한용운 시의 현재성」, 『2004 만해축전』, 만해사상실천선양회, 2004.
최두석, 「님의 침묵과 한국 현대시사」, 『2004 만해축전』, 만해사상실천선양회, 2004.
호테이 토시히로, 「일본에 있어서의 한용운」, 『유심』 가을호, 2004.
홍정자, 「만해 한룡운의 자손들」, 『하나는 전체를 위하여 전체는 하나를 위하여』, 평양출판사, 2004.
고재석, 「운명의 지침을 돌려놓은 미의 빛. 만해의 3일간의 고서화 배관과 민족의 뿌리 인식」, 『유심』 겨울호, 2005.
권영민, 「만해 한용운의 문학」, 『문학사상』 396호, 2005.
김광식, A Study of Han yong-un's on the Reform of Korean Buddhism, *Korea Jounal* vol.45, no.1(2005.3).
______, 「사제이자 동지인 아름다운 인연. 한용운과 김경봉」, 『유심』 여름호, 2005.

김광식, 「한용운의 조선독립의 서 연구」, 『만해학연구』 창간호, 만해학술원, 2005.
김광원, 『만해의 시와 십현담주해』, 바보새, 2005.6.
김순석, 「한용운과 백용성의 불교개혁론 비교 연구」, 『한국근현대사연구』 35, 2005.
김완하, 「창작 방법론을 통해서 본 만해 시의 이해」, 『문학사상』 396호, 2005.
김윤식, 「소설 죽음과 님의 침묵간의 거리 재기」, 『만해학연구』 창간호, 만해학술원, 2005.
김재홍, 『님의 침묵 (외)』, 범우사, 2005.
김현자, 「한용운 시의 어법과 세계관」, 『만해학연구』 창간호, 만해학술원, 2005.
김혜영, 「불교와 근대의 만남이 낳은 지성인, 만해 한용운－김광식의 『첫 키스로 만해를 만나다』를 읽고」, 『문학사학철학』 3, 2005.
맹문재, 「한용운 시에 나타난 '님' 새로 읽기」, 『2005 만해축전』, 만해사상실천선양회, 2005.
박민수, 「한용운의 시 다시 읽기」, 『시와 세계』 12호, 2005.12.
박희병, 「매월당과 만해」, 『2005 만해축전』, 만해사상실천선양회, 2005.
서준섭, 「세간과 출세간 사이, 또는 경계선에서 글쓰기」, 『만해학연구』 창간호, 만해학술원, 2005.
______, 「한국 근대 시인과 탈식민주의적 글쓰기; 한용운, 임화, 김기림, 백석의 경우를 중심으로」, 『한국시학연구』 13, 2005.
심종숙, 「미야자와 겐지와 한용운 시의 역설 연구. 주체의 분열과 소멸을 중심으로」, 『일본언어문화』 6, 2005.
여지선, 「한용운의 시조세계와 문학사적 의의」, 『2005 만해축전』, 만해사상실천선양회, 2005.
염무웅, 「만해의 시대인식과 오늘의 민족현실」, 『2005 만해축전』, 만해사상실천선양회, 2005.
이선이, 「님과 얼, 그 매운 정신의 만남; 한용운과 정인보」, 『유심』 봄호, 2005.
______, 「구세주의와 문화주의; 만해와 육당」, 『유심』 가을호, 2005.
이성원·이민섭, 『한용운의 채근담 강의』 필맥, 2005.4.
이종건, 「만해 한용의 시조와 한시」, 『2005 만해축전』, 만해사상실천선양회,

2005.

인권환, 「만해시에 있어 법신의 현현과 보살정신」, 『만해학연구』 창간호, 만해학술원, 2005.

임효림, 『만해 한용운의 풀뿌리이야기』, 바보새, 2005.6.

최동호, 「심우도와 한국현대선시」, 『만해학연구』 창간호, 만해학술원, 2005.

허우성, 「간디와 만해; '위정척사'와 '동도서기'」, 『만해학연구』 창간호, 만학술원, 2005.

강미자, 「한용운의 민족주의와 근대주의에 대한 일고찰」, 『역사와 경계』 58, 2006.

고재석, 「깨달음의 미학과 행동적 수양주의」, 『우리말 글』 38, 2006.

구모룡, 「만해사상에서의 자유와 평등」, 『만해학 연구』 2호, 2006.

김광식, 「지옥속에서 천당을 구하다; 한용운의 항일투쟁과 서대문형무소」, 『유심』 가을호, 2006.

______, 「천진보살의 평생의 정신적 사표, 만해 한용운과 강석주」, 『유심』 여름호, 2006.

______, 「강석주의 삶에 나타난 민족불교」, 『정토학 연구』 9집, 2006.

______, 「만당과 효당 최범술」, 『동국사학』 42집, 2006.

______, 「한용운의 '조선불교의 개혁안' 연구」, 『유심』 봄호, 2006.

김상웅, 『만해 한용운 평전』, 시대의 창, 2006.

김상일, 「최근 공개된 만해의 유묵에 담긴 심우송에 대하여」, 『유심』 여름호, 2006.

김재홍, 「만해사상의 구조와 특성」, 『만해학 연구』 2호, 2006.

박노자, 「1920~30년대 만해 한용운의 불교사회주의」, 『천태학연구』 8, 2006.

박수연, 「만해사상의 구조와 특성」, 『만해학 연구』 2호, 2006.

박태원, 「만해의 열린 실천; 그 불교적 연원과 시대적 과제」, 『2006 만해축전』, 만해사상실천선양회, 2006.

엄성원, 「한용운 시의 탈식민주의적 연구」, 『한국문학이론과 비평』 31집, 2006.

윤호병, 「한용운의 시, 『님의 침묵』에 대한 해체적 읽기」, 『만해학연구』 2호, 2006.

이민호, 「한용운 시의 탈식민주의적 여성성 연구」, 『한국문학이론과 비평』 31집,

2006.
이성천, 「한용운, 『님의 침묵』의 해체적 읽기」, 『만해학연구』 2호, 2006.
이원섭, 「만해 스님의 십우도송에 대하여」, 『유심』 겨울호, 2006.
이혜원, 「한용운 시에 나타난 자연과 여성의 재해석」, 『한국문학이론과 비평』 31집, 2006.
전보삼, 「만해와 효당」, 『효당 최범술 스님의 생애와 업적 추모학술대회효당사상연구회, 2006.
______, 「만해와 효당의 인연을 생각하며」, 『찻잔에 비친 노불미미소』, 효당사상연구회, 2006.
______, 「만해와 효당의 인관관계 연구」, 『불교연구』 25, 2006.
강미자, 「한용운의 新幹會와 反宗教運動 인식에 대한 일고찰」, 『한국불교학』 48호, 2007.
고재석, 「한용운과 그의 시대(3)」, 『유심』 여름호, 2007.
김기봉, 「21C 만해 한용운의 '님'은 누구인가」, 『만해학연구』 3, 2007.
김순석, 「한용운의 정교분리론」, 『한국독립운동사 연구』 28집, 2007.
김연숙, 「만해와 페미니즘」, 『만해학연구』 3, 2007.
김정순, 「잡지 유심 연구」, 『만해학연구』 3, 2007.
박재현, 「만해 한용운의 선적(禪的) 역할 의식에 관한 연구」, 『불교학연구』 16호, 2007.
박종욱, 「신비주의 문학과 선 문학에 나타난 '죽음' 이미지 분석과 문학치료적 고찰. 십자가의 요한과 한용운의 시를 중심으로」, 『지중해지역연구』 9권 1호, 2007.
배병삼, 「만해 한용운의 사회사상과 실천에 대한 비판적 고찰」, 『만해학연구』 3, 2007.
송현주, 「한용운의 불교·종교담론에 나타난 근대사상의 수용과 재구성」, 『종교문화비평』 11호, 2007.
심종숙, 「미야자와(宮 賢治)와 한용운 문학의 個와 全體」, 『만해학연구』 3, 2007.
윤석성, 「『님의 침묵』의 不二的 해석」, 『한국사상과 문화』 37, 2007.
이경수, 「한용운 시에 쓰인 '이다' 구문의 활용과 문체적 효과」, 『한국시학연구』

19호, 2007.
이선이, 「'문명'과 '민족'을 통해 본 만해의 근대 이해」, 『만해학연구』 3, 2007.
이지중, 「만해 한용운 교육론 고찰」, 『교육문제연구』 27집, 2007.
조정래, 『한용운』, 문학동네, 2007.10.16.
주 현, 『韓龍雲 詩에 나타난 女性的 사랑과 逆說 연구」, 『어문연구(語文研究)』 35권 3호, 2007.
구명숙, 「한용운 시의 창작환경과 민족정서 형상화 방식」, 『한국사상과 문화』 41호, 2008.
김광식, 「한용운의 大衆佛教·生活禪과 救世主義·入泥入水」, 『한국민족운동사연구』 54호, 2008.
______, 「한용운의 불교 근대화 기획과 승려결혼 자유론」, 『대각사상』 11호, 2008.
______, 「불교의 근대성과 한용운의 대중불교」, 『한국불교학』 50호, 2008.
김광원, 「만해 한용운의, '님의 침묵'과 '번뇌즉보리'」, 『한국언어문학』 63호, 2007.
김옥성, 「한용운의 생태주의와 시학」, 『동양학 41호』, 2007.
김윤정, 「문학과 종교의 유사성에 관한 언어적 고찰; 오장환, 한용운, 김소월 시를 중심으로」, 『한국언어문학』 66호, 2008.
김종인, 『날카로운 첫 키스의 추억; 만해 한용운 『님의 침묵』, 평설』, 나남출판, 2008.
김형중·김문수, 「3·1운동의 기수 만해 한용운」, 『불교, 교과서 밖으로 나오다』, 운주사, 2008.4.14.
문정희, 「韓龍雲 詩에 나타난 逆說과 慈悲意識 研究」, 『우리문학연구』 24, 2008.
이향순, 「한용운의 「박명」에 나타난 보살도의 이상과 비구니의 근대성」, 『한국불교학』 51호, 2008.
임형진, 「한용운의 민족주의 이념과 실천」, 『애산학보』 33집, 2007.
장석원, 「한용운 시의 수동성」, 『Comparative Korean Studies』 16권 1호, 2008.
______, 「한용운 시의 리듬」, 『민족문화연구』 48호, 2008.
전보삼, 「만해 문학사상이 정치·사회에 미친 영향」, 『창작21』 봄호, 2008.

정정호, 「만해 한용운의, 『님의 침묵』에 나타난 기독교적 요소; 하나의 시론」, 『문학과 종교』 13권 3호, 2008.
정효구, 「'님의 침묵과'달마의 침묵 '에 나타난 禪의 세계」, 『한국문학논총』 50, 2008.
최동호, 『한용운; 혁명적 의지와 시적 사랑』 (E북), 한국문학도서관, 2008.
고봉준, 「만해사상과 근대의 기획」, 『만해학연구』 5호, 2009.
김동우, 「숭고와 계몽의 역설. 한용운 시의 현재성」, 『한국시학연구』 24호, 2009.
김상일, 「근대 불교지성과 불교잡지. 석전 박한영과 만해 한용운을 중심으로」, 『한국어문학연구』 52호, 2009.
김영진, 「한국불교와 국가의 관계; 한국 근대 한용운의 민족불교론」, 『천태학연구』 12, 2009.
김용직, 「님의 침묵 판본과 본문비평」, 『불교평론』 40호, 2009.9.
류승주, 「사회진화론의 수용과 『朝鮮佛敎維新論』; 한용운의 불교적 사회진화론」, 『원불교사상과 종교문화』 41호, 2009.
신진숙, 「만해사상과 양계초의, 『신민설』에 나타난 마음의 의미」, 『국어국문학』 152, 2009.
양병호, 「만해 한용운 시의 인지시학적 연구」, 『국어문학』 46, 2009.
엄경선, 『설악의 근현대 인물사』, 마음살림, 2009.
유세종, 「루쉰과 한용운의 자유, 월경(越境)의 정치학」, 『외국문학연구』 33호, 2009.
이평전, 「한용운 소설에 투영된 근대 사상 연구」, 『한국어문학연구』 52호, 2009.
인권환, 「만해사상과 문학에 있어 전근대성의 문제」, 『만해학연구』 5호, 2009.
장시기, 「만해 한용운의 탈근대적 언어와 인식, 그리고 지식체계」, 『만해학연구』 5호, 2009.
하재연, 「'조선'의 언어로 한용운에게 찾아온 '생각'」, 『한국 근대문학연구』 1, 2009.
고재석, 『한용운과 그의 시대』, 역락, 2010.
김광식, 「한용운의 아들, 한보국의 삶」, 『만해학보』 10호, 2010.8.
______, 『우리가 만난 한용운』, 참글세상, 2010.
김용직, 『님의 침묵 총체적 분석 연구』, 서정시학, 2010.6.

김윤정, 「'마음'을 통한 한용운 문학의 불교해석학적 고찰」, 『한국시학연구』 29, 2010.
남정희, 「불교의 인과율로 본 한용운 문학의 존재양상」, 『우리문학연구』 31, 2010.
______, 「한용운 시의 역설과 그 의미; 유식학과, 『금강경』을 중심으로」, 『國際語文』 53, 2011.
석길암, 「아직 버릴 수 없는 화두」, 『불교평론』 45호, 2010.12.
석성환, 「만해 한용운 시조시 연구」, 『사림어문연구』 제20집, 사림어문학회, 2010.4.
유문선, 「국어교과서와 만해」, 『만해학보』 10호, 2010.8.
이병욱, 「「조선불교혁신론」과 비교를 통해 본 『조선불교유신론』의 특색·현대성·한계」, 『만해학연구』 6, 2010.
이선이, 「사랑을 통해 본 만해의 근대인식」, 『민족문화논총』 45집, 2010.
이재복, 「한용운 시 「알 수 없어요」에 대한 일고찰; 구조와 의미의 문제를 중심으로」, 『한국언어문화』 41, 2010.
이지엽, 「만해 한용운 연구의 새로운 방향」, 『만해학보』 10호, 2010.8.
이혜숙, 「한용운 소설의 여성 인물과 주제의식」, 『돈암어문학』 23, 2010.
임동확, 「만해 시와 생명사상」, 『만해학보』 10호, 2010.8.
한동민, 「일제 강점기 사지 편찬과 한용운의 건봉사 사적」, 『정토학연구』 14집, 2010.
김광식, 「김용담 삶의 복원. 한용운 사상의 계보 모색」, 『만해학보』 11호, 『만해 한용운 연구』, 동국대출판부, 2011.
김영진, 「신간회 경성지회 주도세력과 '비타협' 논쟁」, 『향토서울』 78, 2011.
김용태, 「만해의 불교인식과 조선적 전통의 단절과 연속」, 『만해학연구』 7, 2011.
변창구, 「만해 한용운의 구국투쟁에 관한 연구」, 『민족사상』 11, 2011.
서준섭, 「한용운의 님의 침묵에 나타난 사유의 특성과 동양과 서양사상의회통」, 『국어교육』 134호, 2011.2.
석길암, 「조선불교유신론, 반성과 전망」, 『만해학보』 11호, 2011.
유세종, 「화엄과 혁명.5.4의 루쉰과 3.1의 만해」, 『만해학보』 11호, 2011.

윤석성, 『님의 침묵 연구』, 지식과 교양, 2011.
윤종갑, 「한용운의 근대인식과 서양철학 이해」, 『한국민족문화연구』 39집, 2011.3.
이선이, 「한용운의 근대 인식 방법」, 『만해학연구』 7, 2011.
이성천·이은영, 「만해의 도덕적 상상력과 문학의 상관성」, 『인문학연구』(경희대) 19, 2011.
이홍섭, 「건봉사와 만해 한용운 시문」, 『금강산 건봉사의 역사와 문화』 인북스, 2011.4.
이희내, 「만해 한용운, 『님의 침묵』 의 상징성」, 『논문집』(대전대) 13-1, 2011.
장철환, 「한용운, 『님의 침묵』 연구. 주체와 '님'의 관계를 중심으로」, 『어문론총』 55집, 2011.
전보삼, 「만해 한용운의 불교사상」, 『만해학보』 11호, 2011.
정경환, 「만해 한용운의 정치사상에 관한 연구」, 『민족사상』 5권 4호, 한국민족사상학회, 2011.
정광수, 「한용운의, 『님의 침묵』과 『十玄談註解』에 관한 談論」, 『해동문학』 76, 2011.
정연정, 「한용운의 "기룸"과 상생의 시학-불교생태학적 관점을 중심으로」, 『문학 사학 철학』 25.26 합호, 2011.
정천구, 「만해 한용운의 개혁적 불교사상에 관한 연구」, 『민족사상』 11호, 2011.
최정규, 「만해사상의 근대성과 전통, 그리고 불교」, 『만해학연구』 7, 2011.
한경희, 「한용운, 『님의 침묵』 연구」, 『어문학』 113, 2011.
고영섭, 「만해와 태허」, 『만해학보』 12, 2012.
김광식, 「한용운 민족사상의 연원」, 『한국선학』 31집, 2012.
______, 「한용운의 불교개혁사상과 동아시아」, 『만해학보』 12, 2012.
김나현, 「1970년대, 『창작과 비평』의 한용운론에 담긴 비평 전략」, 『대동문화연구』 79, 2012.
김성옥, 「민족 또는 '님'을 통한 공동체 구상」, 『만해학보』 12, 2012.
박재현, 「만해: 아직도 유효한 조선불교유신론」, 『불교평론』 50, 2012.
박현수, 「『십현담주해』의 언어관과 한용운의 시론」, 『한국현대문학연구』 38, 2012.
방영준, 「다르마팔라와 만해」, 『만해학보』 12, 2012.

송위지, 「그라난다와 만해」, 『만해학보』 12, 2012.
오주리, 「릴케의 『두이노의 비가』와 한용운의, 『님의 침묵』에 나타난 '사랑'의 의미 비교 연구」, 『비교문학』 53집, 2012.
원영상, 「한용운과 세노오기로의 불교혁신사상연구」, 『만해학보』 12, 2012.
이행선, 「식민지배체제의 실정성에 긴박된 한용운의 '혁명'」, 『성신여대인문과학연구』 30집, 2012.
이호순, 「만해 한용운 시에 나타난 화엄적 생명사랑에 대한 연구」, 『白岳論叢』 6, 2012.
정경환, 「만해 한용운의 평화사상과 한반도 통일」, 『통일전략』 12, 2012.
정효구, 「韓龍雲 시집, 『님의 沈默』 의 창작원리와 그 의미」, 『한국문학논총』 62, 2012.
______, 「韓龍雲의 시집, 『님의 沈默』 속의, 「군말」, 再考」, 『한국시학연구』 35, 2012.
최원규, 「님의 침묵과 십현담주해에 관한 담론에 대하여: 만해시 깊이 보기」, 『해동문학』 77, 2012.
한상길, 「이동인과 만해」, 『만해학보』 12, 2012.
허우성, 「제국에 맞서기; 니시다와 만해」, 『불교학보』 61집, 2012.
김광식, 「만해사상과 현대사조」, 『만해학보』 13, 2013.
김옥성, 「일제 강점기 시인의 분노와 저항; 한용운, 이육사, 윤동주를 중심으로」, 『일본학연구』(단국대) 39, 2013.
김종인, 「만해와 간디」, 『만해학보』 13, 2013.
김종주, 「라깡의 정신분석으로 본 만해」, 『만해학보』 13, 2013.
류양선, 「만해 한용운의 '철창철학(鐵窓哲學)': 옥중시(獄中詩) 두 편에 대한 소고(小考)」, 『시와 시학』 89, 2013.
박노자, 「만해 한용운의 불교적 근대 문명관」, 『만해학연구』 8, 2013.
박현수, 「번역과 초월언어, 그리고 문학적 사유의 방향; 한용운의 주해와 창작의 의미를 중심으로」, 『인문논총』(서울대) 69, 2013.
백원기, 「서구 초현실주의 시와 만해의 시」, 『만해학보』 13, 2013.
서준섭, 「한용운의, 『십현담 주해』와, 『님의 침묵』 거리」, 『2013 만해축전』, 만해사상실천선양회, 2013.

서준섭, 「한용운 소설의 전근대성과 동시대성」, 『만해학연구』 8, 2013.
이도흠, 「탈식민주의자로서 만해 한용운의 사상 읽기」, 『만해학보』 13, 2013.
이승훈, 「하이데거와 만해」, 『만해학보』 13, 2013.
임곤택, 「축제의 의미로 읽은 한용운의 시」, 『2013 만해축전』 만해사상실천선양회, 2013.
장은영, 「수사화된 '민족'의 또 다른 얼굴들」, 『만해학연구』 8, 2013.
전형철, 「들뢰즈와 만해의 『님의 침묵』」, 『만해학보』 13, 2013.
정연정, 「만해 한용운 시에 나타난 '바다' 의식 연구: 레비나스의 타자철학을 중심으로」, 『문학과 환경』 12, 2013.
정효구, 『한용운의 '님의 沈.' 전편 다시 읽기』, 푸른사상, 2013.
최라영, 「김억의 창작적 번역과 한용운 시에서의 '님의 시학'」, 『2013 만해축전』, 만해사상실천선양회, 2013.
고재석, 「만해 한용운과 석전 박한영, 그 영혼의 도반」, 『2014 만해축전』, 만해축전추진위원회, 2014.
김광식, 「만해 사상, 연구의 전망」, 『2014 만해축전』, 만해축전추진위원회, 2014.
_____, 「만해와 심우장의 정신사」, 『2014 만해축전』, 만해축전추진위원회, 2014.
김순석, 「한용운의 민족주의 운동 연구 전망」, 『2014 만해축전』, 만해축전추진위원회, 2014.
김익균, 「만해 한용운이라는 기념비」, 『2014 만해축전』, 만해축전추진위원회, 2014.
김종인, 「한용운 연구에 대한 평가」, 『2014 만해축전』, 만해축전추진위원회, 2014.
김종훈, 「한용운의 시, 「알 수 없어요」에 나타난 긴장의 양상」, 『어문논집』 70집, 2014.
서승석, 「시적 상상력과 독립운동」, 『2014 만해축전』, 만해축전추진위원회, 2014.
서준섭, 「한용운, 『님의 침묵』과, 『십현담』, 『십현담주해』의 상호텍스트성: '정위(正位)'에 머물지 않은 선(禪)과 '방편'으로서의 시 쓰기를 중심으로」, 『한국현대문학연구』 42, 2014.
_____, 「한용운 연구 어디까지 왔나」, 『2014 만해축전』, 만해축전추진위원회,

2014.
윤석성, 「한용운 문학 연구의 개관 및 과제」, 『2014 만해축전』, 만해축전추진위원회, 2014.
이선이, 「만해와 지훈」, 『2014 만해축전』, 만해축전추진위원회, 2014.
장영우, 「심우장 시절의 만해문학」, 『2014 만해축전』, 만해축전추진위원회, 2014.
조미숙, 「만해 신문연재소설 속 말하기」, 『2014 만해축전』, 만해축전추진위원회, 2014.
박재현, 『만해, 그날들』, 푸른역사, 2015.
이천용, 「만해 한용운과 홍성 결성의 숲」, 『숲과 문화』 24-1호, 숲과문화연구회, 2015.

민족문화연구총서 출간현황(~2020.05.15)

NO	서명		저자	정가
1	총서1	19世紀 韓國 傳統社會의 變貌와 民衆意識	진덕규	9,000
2	총서2	洪武正韻譯訓의 新研究	박병채	10,000
3	총서3	고조선에 대한 새로운 해석	김정배	35,000
4	총서4	韓國 近代教育法制 研究	안기성	13,000
5	총서5	韓國 近代戲曲史 研究	서연호	11,000
6	총서6	韓國 巫俗의 綜合的 考察	김인회	9,000
7	총서7	朝鮮 後期의 詩經論과 詩意識	김흥규	8,000
8	총서8	高麗時代 佛教詩의 研究	인권환	9,000
9	총서9	韓國 現代詩意識 研究	이기서	8,000
10	총서10	道家思想의 研究	이강수	8,000
11	총서12	西學에 대한 韓國實學의 反應	최동희	9,000
12	총서13	朝鮮前期 制度言論 研究	목정균	9,000
13	총서14	韓國 現代詩史의 代位的 構造	오탁번	7,000
14	총서15	개정증보-金鰲新話 研究	설중환	17,000
16	총서16	韓國의 傳統婚禮 研究	박혜인	9,000
17	총서17	古小說의 原始宗教思想 研究	박용식	10,000
18	총서18	가톨릭과 朝鮮後期 社會變動	노길명	10,000
19	총서19	1920年代 韓國小說 研究	송하춘	8,000
20	총서21	朝鮮後期 天主敎史 研究	조광	8,000
21	총서23	朝鮮後期 小說讀者 研究	대곡삼번	7,000
22	총서24	전면개정판-한국의 옛길 嶺南大路	최영준	28,000
23	총서25	金東仁 研究	김춘미	9,000
24	총서26	韓國古代社會의 軍事와 政治	김영하	13,000
25	총서27	古墳出土 副葬品 研究	윤세영	10,000
26	총서31	云丁散藁	김춘동	15,000
27	총서32	韓國現代詩의 意識現象學的 研究	최동호	9,000
28	총서34	韓國 家庭小說 研究	우쾌제	10,000
29	총서36	國語被動 研究	배희임	8,000
30	총서37	韓國古典文學의 原典批評的 研究	정규복	11,000

31	총서38 企齋記異 硏究	소재영	10,000
32	총서40 法을 통한 朝鮮植民地 支配에 관한 硏究	영목경부	14,000
33	총서42 국어내용연구1	배해수	14,000
34	총서43 日帝末期의 韓國小說 硏究	김종균	12,000
35	총서44 國語 體言化構文의 硏究	홍종선	8,000
36	총서45 羅末麗初의 豪族과 社會變動 硏究	김갑동	10,000
37	총서46 古代國語學 硏究	박병채	13,000
38	총서47 牧民心鑑 硏究	김성준	8,000
39	총서48 韓國傳統音樂 論究	한명희	9,000
40	총서49 漢字語系 歸化語 硏究	조세용	7,000
41	총서51 韓國近代教育思想 硏究	차석기	11,000
42	총서53 古代國語의 語彙 硏究	천소영	9,000
43	총서54 春香傳의 辭說形成 原理	전경욱	9,000
44	총서55 近代轉換期의 言語와 文學	홍일식	9,000
45	총서56 北青方言의 音韻論	이기동	7,000
46	총서57 韓國文學의 考證的 硏究	최강현	14,000
47	총서58 현대시·시조통합이론	민병기	15,000
48	총서59 高麗 武臣政權期 農民·賤民抗爭 硏究	이정신	10,000
49	총서60 白頭山 說話 硏究	정재호	18,000
50	총서63 朝鮮朝 畿湖學派의 禮學思想에 關한 硏究	배상현	13,000
51	총서65 栗谷李珥의 聖學硏究	장숙필	7,000
52	총서66 韓國古地名辭典	전용신	14,000
53	총서67 高麗·朝鮮時代 敍事文學 發展의 硏究	성택승	8,000
54	총서68 渤海史의 綜合的 考察	한규철	14,000
55	총서70 韓國 近代小說論 硏究	윤충의	9,000
56	총서72 韓國近世 禪家文學	서규태	8,000
57	총서73 조선 중기 정치권력구조 연구	정홍준	9,000
58	총서75 조선후기 운서 한자음 연구	정경일	11,000
59	총서77 高麗 前期 私田 硏究	윤한택	8,000
60	총서78 근대 한국 고등교육 연구	한용진	25,000
61	총서79 심능숙 문학의 연구	장효현	15,000

62	총서81	韓國 近代 文學批評論 硏究	신재기	10,000
63	총서85	한국 현대비평의 문체	이병헌	11,000
64	총서87	조선후기 시가의 현실인식	박노준	12,000
65	총서89	고구려 전기 정치사 연구	금경숙	9,000
66	총서90	독립국가연합 고려인의 생활과 의식	윤인진	10,000
67	총서91	美軍政下의 敎育政策 硏究	김용일	10,000
68	총서92	조선시대 성리학의 연구	윤사순	10,000
69	총서93	朝鮮後期 中人層 漢文學의 硏究	윤재민	14,000
70	총서94	범주문법	강범모	8,000
71	총서95	조선 후기 우화소설 연구	정출헌	12,000
72	총서96	高麗後期 政房 硏究	김창현	12,000
73	총서97	토끼傳·水宮歌 硏究	인권환	16,000
74	총서100	日帝下의 朝鮮貿易 硏究	송규진	10,000
75	총서101	지리산지 농업과 촌락 연구	정치영	20,000
76	총서103	高麗時代 中樞院 硏究	박용운	14,000
77	총서104	조선초기 전세제도 연구	강제훈	13,000
78	총서106	기정진 철학사상 연구	박학래	9,000
79	총서107	조선후기 인성·물성논쟁의 연구	이애희	13,000
80	총서109	서사문법시론	강헌국	9,000
81	총서110	북간도 한인사회의 형성과 민족운동	김춘선	32,000
82	총서111	주자학에서 실학으로	김용헌	35,000
83	총서113	朝鮮初期 性理學과 歷史學-기억의 복원, 좌표의 성찰	오항녕	18,000
84	총서114	조선후기 사회변화와 시가문학	정흥모	20,000
85	총서117	조선후기 시가사와 가곡 연행	신경숙	20,000
86	총서119	性理學 受容器 佛教 批判과 政治思想的 變容-鄭道傳과 權近을 중심으로	이정주	13,000
87	총서122	조선후기 가집 연구	이상원	27,000
89	총서123	개정판-학교문법교육론	이관규	24,000
90	총서124	근대 동아시아와 한국 자본주의	김윤희	18,000
91	총서125	조선후기 자연학의 동향	김문용	13,000
92	총서127	한국 고전소설과 정신분석학	강상순	25,000
93	총서128	미국의 헤게모니와 한국민족주의	허 은	23,000

94	총서130 한용운과 근대성	김종인	15,000
95	총서131 大韓帝國期 民族談論과 國家構想	백동현	16,000
96	총서132 19세기 문예사와 기생의 한시	박영민	20,000
97	총서137 규방가사의 전통성과 근대성	백순철	20,000
98	총서138 일제 강점기 설화·동화집 연구-우리 옛이야기의 정체성 찾기	권혁래	18,000
99	총서139 신문관의 출판 기획과 문화운동	권두연	30,000
100	총서140 아동문학의 숨은 의미와 가치	노제운	16,000
101	총서142 한국의 자유민주주의와 『사상계』	이상록	24,000
102	총서144 조선조 오륜시가의 역사적 전개 양상	하윤섭	24,000
103	총서145 정약용의 철학사상과 체제개혁론-주희와의 비교를 중심으로	전성건	15,000
104	총서146 누정기를 통해 본 한국한문산문사	안세현	16,000
105	총서147 시적 정의와 시의 윤리	여태천	24,000
106	총서148 16세기 후반~17세기 전반 산문 연구	안득용	23,000
107	총서149 검열, 실종된 작품과 문학사의 복원	문한별	22,000
108	총서150 낙하생 이학규의 시문학 연구	이국진	20,000
109	총서151 방각본 영웅소설의 지역적 특성과 이념적 지향	엄태웅	22,000
110	총서154 19세기 상·하층 소설의 접점과 문화적 의미	장예준	30,000
111	총서157 한국 근대시의 형성과 한문맥의 재구성	정기인	23,000

民族文化硏究叢書 130

한용운과 근대성

2020년 5월 15일 초판 1쇄 펴냄

저　자 김종인
발행인 김형찬
발행처 고려대학교 민족문화연구원

등록번호 1964년 9월 28일 제6-18호
주소 서울특별시 성북구 안암로 145
전화 02-3290-1610~4
팩스 02-926-8385
http://riks.korea.ac.kr

ISBN 978-89-7155-175-2 94150
978-89-7155-073-1 (세트)

정가 15,000원

이 도서의 국립중앙도서관 출판예정도서목록(CIP)은 서지정보유통지원시스템 홈페이지(http://seoji.nl.go.kr)와 국가자료종합목록 구축시스템(http://kolis-net.nl.go.kr)에서 이용하실 수 있습니다. (CIP제어번호 : CIP2020016803)